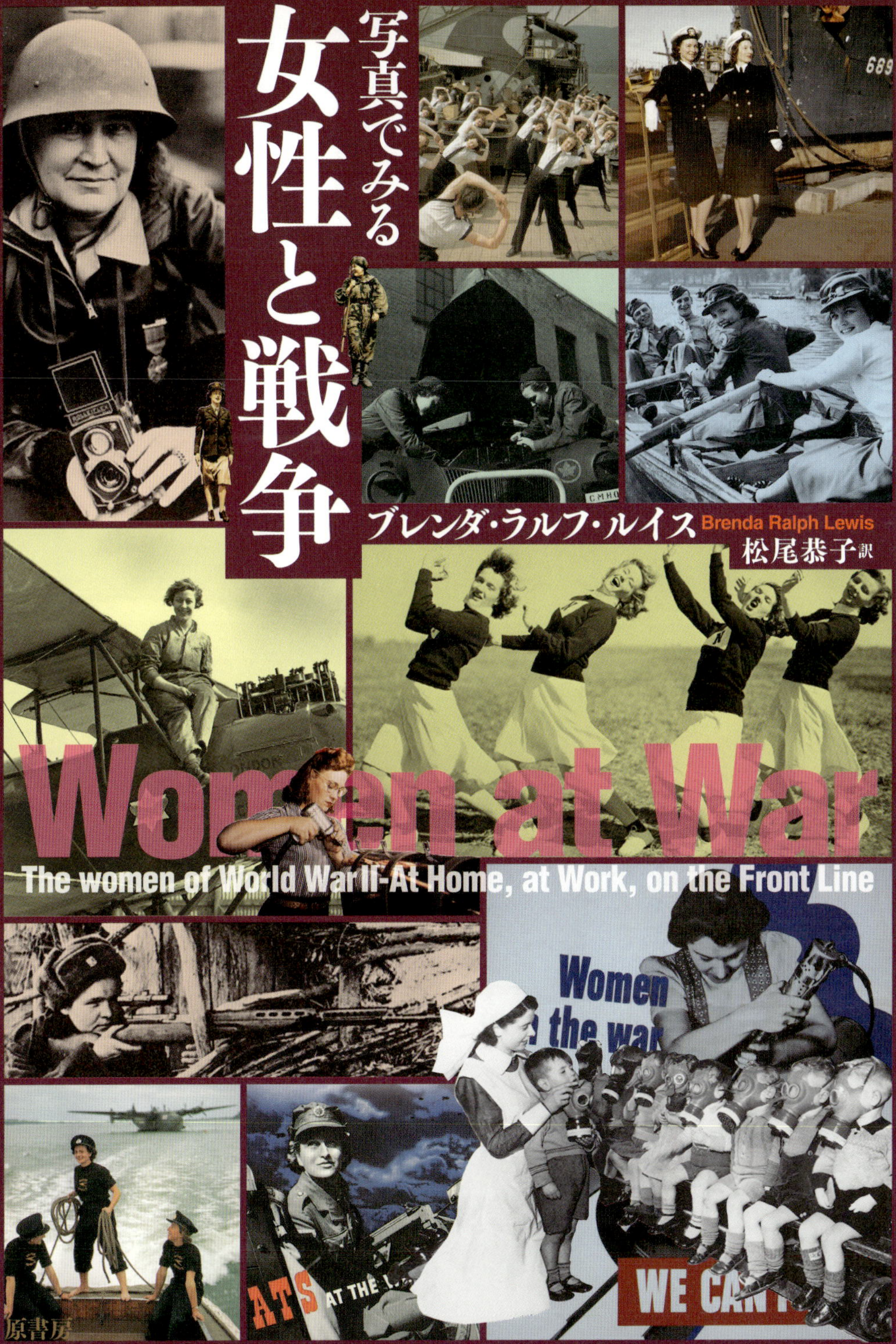

写真でみる

女性と戦争

Women at War

The women of World War II-At Home, at Work, on the Front Line

ブレンダ・ラルフ・ルイス Brenda Ralph Lewis
松尾恭子訳

原書房

目次

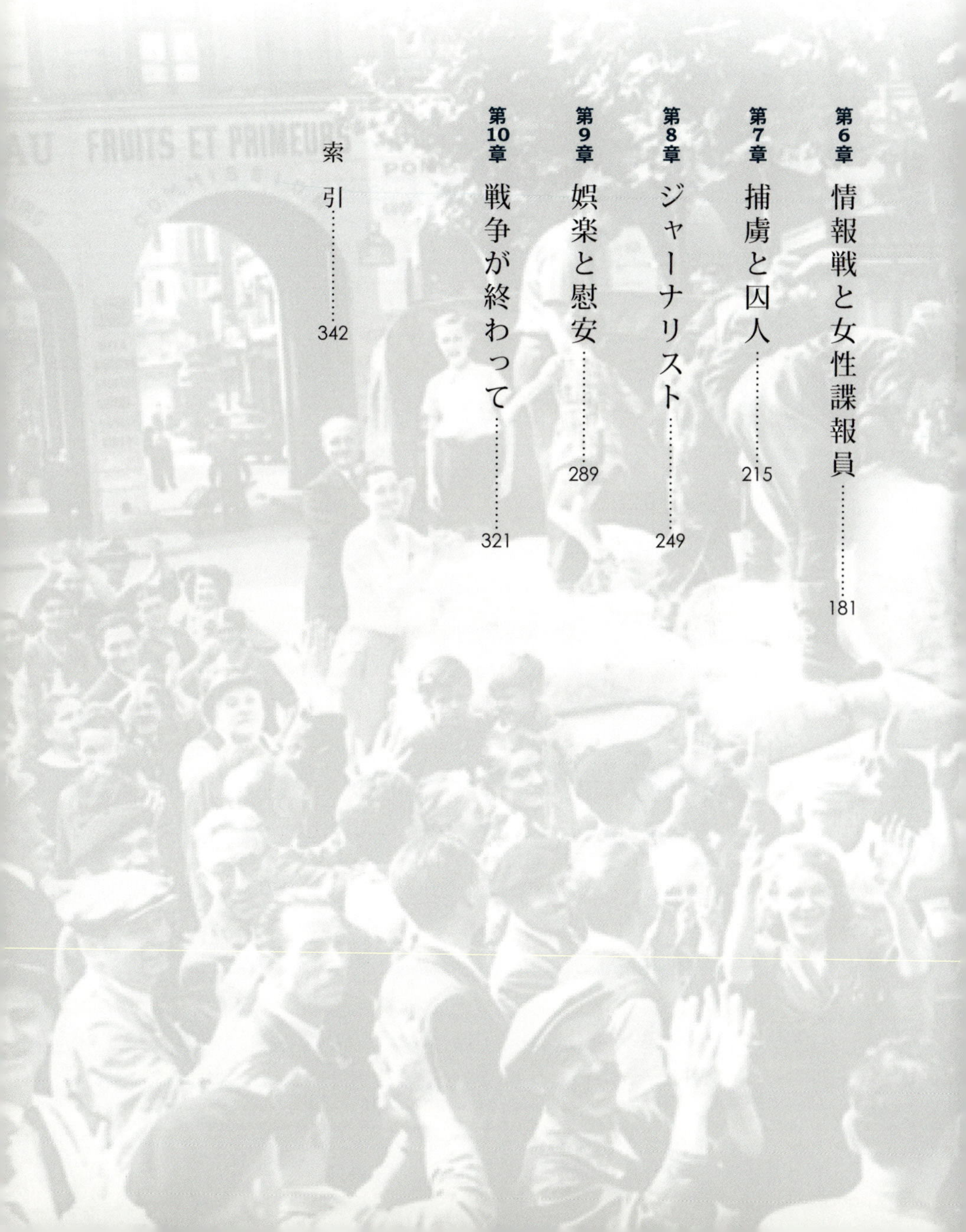

AU FRUITS ET PRIMEURS

Weather Observer
ARMY AIR FORCES
IRVING COOPER
WOMAN'S PLACE IN WAR

はじめに

「女性の居場所は家庭である」という考え方はもう古い。しかし、第二次世界大戦が始まった頃はまだ、それがあたりまえの考え方だった。すでに多くの女性が家庭を出て働いていたものの、女性は家庭にいて、家族の世話に専念すべきだという意見が一般的だった。

一九四一年一二月七日日曜日の朝。アメリカ海軍看護部隊大尉ルース・エリクソンは目を覚ました。前日は、パールハーバー（真珠湾）の海軍病院で七時間の勤務、この日は心待ちにしていた休日だった。ハワイは楽園だから、休日はこのうえなく愉快だった。デートやテニス、ビーチパーティー、ピクニックを楽しみ、時にはただのんびりと過ごした。夜になると、太平洋の星空の下で踊り、軽やかなハワイの音楽に耳を傾けた。

しかし、この日曜日のエリクソンの休日は、朝食の時に終わってしまった。

「私は二、三人で遅めの朝食をとり、コーヒーを飲みながらおしゃべりをしていました」。エリクソンは後にこう語っている。「突然、飛行機の轟音が聞こえてきたので、私たちはフォード島のパイロットが飛んでいるのだと思い、『今朝はずいぶん早くから飛んでいるのね』などと話しました」

アメリカ陸軍の募集ポスター。第二次世界大戦が始まると、女性は、伝統的に従事していた仕事とは異なる仕事にも従事するようになった。

◉上空の日の丸

「でもその音が、いつもの音とは違うような気がして、近くの窓へ駆け寄って外を見ました……飛行機が一機、私たちの宿舎の方へまっすぐ向かって来ました……飛行機の翼の裏側に、日の丸が描かれていました。それで敵機だと分かりました。ゴーグルをつけたパイロットの顔も見え、飛行機には爆弾が装備されていました。そして飛行機は〈カリフォルニア〉や〈アリゾナ〉、〈オクラホマ〉などの戦艦が停泊している方へ飛んで行きました……婦長のガートルード・アーネストが電話で私たちに告げました。『みんな、すぐに制服を着なさい。これは演習ではありません』」

それから数分後には、戦艦群からもうもうと立ちのぼる煙のため、太平洋の晴れた朝が不気味なほど薄暗くなった。八時二五分、海軍病院に最初の負傷者が入ってきた。大きく裂けた腹部から血が流れ出ていた。その負傷者は一時間後に亡くなった。この日の攻撃により、パールハーバーでは二〇四三人が犠牲となり、一八隻の艦船と一八八機の航空機が損害を受けた。そしてその翌日、アメリカは日本に宣戦布告した。

エリクソンのハワイの休日は、世界の歴史が大きく変わる日となった。アメリカの社会と未来も一変した。この日から六〇年後の二〇〇一年九月一一日には、ニューヨークの世界貿易センタービルとワシントンの国防総省庁舎がテロリストに攻撃されるが、この事件の時と同様に、アメリカはパールハーバー攻撃によって、アメリカも決して安全ではないという現実を思い知らされることになった。

2 CENTS Chicago Daily Tribune FINAL
U.S. AND JAPS AT WAR
BOMB HAWAII, PHILIPPINES, GUAM, SINGAPORE
NIPPON TROOPS LAND IN MALAYA; BATTLE BRITISH
We All Have Only One Task
RAIDERS BLAST HONOLULU, AIR AND NAVY BASES
CONGRESS GETS F.D.R. MESSAGE IN CRISIS TODAY
WAR BULLETINS
Jap Raiders Bomb 2 Isles in Philippines
PRIVATE PLANES IN U.S. GROUNDED
Parliament Convenes Today; Expected to Declare War

日本との戦いについて伝えるアメリカの新聞。パールハーバーの太平洋艦隊への奇襲攻撃を受けたアメリカは、孤立主義者の反対の声を抑え、参戦を決めた。

◉孤立主義の終わり

パールハーバーが攻撃される以前、アメリカでは孤立主義を望む者が多かった。一九一七年に第一次世界大戦に参戦して以降、他国の問題には関与しない方が得策だという考えが強まった。一九一九年、ヴェルサイユ条約締結によって第一次世界大戦は正式に終了するが、アメリカ議会が条約の批准に反対したのも孤立主義からだった。議会は、ウッドロー・ウィルソン大統領の念願だった国際連盟への加盟にも反対した。

しかし、こうしたアメリカの態度も、一九四一年一二月七日を境に変わった。日本軍が行った二時間にわたるパールハーバー攻撃によって、アメリカももはや安全ではないという事実を突きつけられたからだ。二年前に始まっていたヨーロッパにおける戦争も、対岸の火事ではなくなった。そしてアメリカは参戦した。その後、徴兵が開始されるが、それにともないアメリカでは労働力が不足するようになった。そのためアメリカ政府は女性の就労を促す取り組みを始めた。軍需工場をはじめとする各種工場の

攻撃を受けた後のパールハーバーのようす。破壊された戦艦が燃えながら沈んでいくさまを目の当たりにしたアメリカ人は、日本への報復を心に誓った。

他、列車やバスなどの交通機関も女性を必要としていた。仕事に就けば女性の生活は大きく変わることになり、また、伝統的に女性が従事していた仕事とは異なる仕事をすることになるため、政府は女性を上手く説得しなければならなかった。

◉プロパガンダ

アメリカは女性に向けて大々的なプロパガンダを展開した。さまざまなポスターを使い、女性も戦争に直接的にかかわらなければならないこと、男性の代わりに仕事を行わなければならないこと、その仕事を行う能力や体力があることを訴えた。イギリスも同様にプロパガンダを行って就労を促した。しかし効果は上がらなかった。そのため一九四一年、イギリスの歴史上初めてとなる、女性の徴用を開始した。戦争を遂行するためには、徴用しなければならないほど女性の力が必要だったのだ。第二次世界大戦では、カナダ、オーストラリア、ニュージーランド、南アフリカなどのイギリス連邦諸国やアメリカの軍がイギリスに協力した。カナダやニュージーランドなどのイギリス連邦諸国は、地理的にドイツと日本から離れていたため、両国による空襲や進攻のおそれはなかった。オーストラリアの北部沿岸地域が戦争後期に日本軍による空襲を受けたが、恐れられていた日本軍の上陸は現実のものとはならなかった。

カナダでは、イギリスのように空襲によって工場生産が滞《とどこお》ることはなかった。農村も平穏だったため、敵に囲まれた「宗主国」イギリスへ供給するための食料も生産することができた。ただし、食料を運ぶ航海は危険をともなうものだった。カナダには一五一の航空学校が開設され、イギリ

戦時中のアメリカの家族を描いた絵。マントルピースの上に、出征した男性の写真が飾られている。国民の愛国心や戦意を高めるため、こうした絵を使用したプロパガンダが展開された。

ス連邦航空訓練計画（ＢＣＡＴＰ）が進められた。一九四〇年から一九四五年の間に、各国から集まった一三万一五五三人が訓練を受け、イギリス、オーストラリア、ニュージーランド、カナダの空軍において、パイロットや通信士、射手、航法士として任務に就いた。カナダでは、男女合わせて一〇万四一一三人が航空訓練計画に協力しており、イギリス首相ウィンストン・チャーチルは、カナダがこの計画を通じて連合国軍に多大な貢献を行ったと評価している。

女性も訓練を受け、空軍少佐などの階級を得た。そして、会計、制服や航空機部品の販売、パラシュート整備、航空機エンジン整備、機体整備と組立、兵器整備、地上及び上空での写真撮影、通信、車両操縦などの地上任務に就いた。航空機への給油も行い、指導員となる者もいた。

Ｒ・Ｂ・カットリフはトロントの航空学校で訓練を受け、女性として初めて燃料給油車を担当した。

「格納庫で働いていた男性陣の表情は見ものでしたよ」。カットリフはこう回想している。「女の私が給油すると言うと、驚きと恐怖が入り混じったような顔になりました」

燃料給油車の訓練はわずか二〇分しか受けていなかったが、カットリフは任務を果たした。「しばらくすると、男性陣も私を認めてくれるようになりました」

カットリフはトラック運転手を務めることもあった。ある日、軍曹と兵士ふたり、それに航空燃料が入った四〇ガロンのドラム缶ひとつをトラックで移動させた。

「次に、格納庫でひとりの士官をトラックに乗せ、彼のパラシュートを畳んでから、マウント・フォレストへ向かいました。そこの農場にハーヴァード練習機が不時着したからです。士官は途中ずっと、トラックがのろいだのガソリン臭いだのと文句を言っていました。それから、生徒が不時着したことにひどく腹を立てていました」

ドイツ軍に占領されたヨーロッパ諸国の人々は、ラジオを聴く時は音をできる限り小さくし、耳を押し付けるようにして聴いた。その間、外にナチスがいないかどうかを誰かが窓際から見張っていた。住民がラジオを隠し持っていることはナチスも分かっており、取り締まりを行っていた。

ハーヴァードはすぐに見つかり、カットリフは点検して燃料を補給した。でも士官は生徒が練習機で飛行場へ戻ることを許さず、こう言った。「だめだ。おまえは、あの臭いトラックに乗って帰るんだ！」

カットリフは空になった燃料ドラム缶をトラックに積み、臭いがこもらないように窓をすべて開けて帰途についた。

◉家庭生活の変化

戦争が始まると、女性の生活が変化した。イギリスをはじめ各国の女性は生活の質を保とうと努めたが、食料や衣類、ガソリンが配給制となるなど、生活は厳しくなった。そして女性は家事だけでなく、工場などの仕事にも従事するようになった。

女性はさまざまな活動も行うようになった。アメリカの女性は、戦争資金調達のための募金活動や戦時債券の販売に多くの時間を費やした。また、食料とする作物を育てるために自宅の庭を畑にした。こうした庭はヴィクトリー・ガーデンと呼ばれ、全国のヴィクトリー・ガーデンで生産された作物は、合わせて八〇〇万米トン（七二五万トン）に上った。カナダの女性もヴィクトリー・ガーデンで作物を育て、戦時債

送る活動も行った。

券を売った。また、アメリカの女性と同じく、資源となる金属屑を集める活動や、軍へ慰問品を

◉イギリスの危機

イギリスの女性は、アメリカやカナダの女性と違い、大きな危険に晒《さら》されていた。ナチス・ドイツは、一九四〇年四月からわずか三か月の間にヨーロッパ諸国を占領した。そのためヨーロッパにおいてドイツと戦えるのはイギリスのみとなった。ところが、フランス北部で戦っていたイギリス海外派遣軍がダンケルクに追い詰められ、一九四〇年五月二六日から六月四日にかけて脱出には成功したものの、戦車や重装備は放棄しなければならなかった。この時期、装備がじゅうぶんに整っているのは、イギリス本土に配置されている師団だけだった。そのうちのひとつはカナダ軍の師団だった。

イギリスは、いずれドイツ軍がイギリス本土に上陸するのではないかという恐怖に陥った。女性は、ドイツ空軍の空襲を知らせるサイレンが鳴ると、防空壕へ逃げ込んだ。そして、人でいっぱいになった防空壕の中で空襲が終わるのを待った。

一九四〇年一〇月のバトル・オブ・ブリテンでは、ドイツ空軍がイギリス空軍に敗れ、ヒトラーはイギリス本土上陸作戦の「無期延期」を決めた。しかし、その後もロンドンやリバプールなどの都市への空襲は続き、広い地域が破壊された。

ドイツ軍に占領されたヨーロッパ諸国では、ナチスの存在が人々の生活に暗い影を落としていた。ナチスは都市部だけでなく小さな町や村にも入り込んでいたため、人々はつねに緊張した状態で暮らしていた。発言や行動、表情ひとつにも気をつけなければならなかった。ナチスの敵と

1939年8月29日、ロンドンに到着したポーランドの子どもたち。この3日後、ドイツがポーランド進攻を開始し、第二次世界大戦が始まった。

イギリスのある家族の話

1939年9月3日、イギリスとフランスがナチス・ドイツに宣戦布告した。この日、エスター・アルバートはロンドン郊外の自宅で荷物をまとめた。それから、7歳と生後10か月のふたりの娘を連れ、バッキンガムシャー州の田園地帯の町アマーシャムへ向かった。この町は、ロンドンから北西に50キロほど離れている。アマーシャムへ行くことにしたのは、エスターが夫サイモンや子どもらと住んでいた家が、とても危険な地域に位置していたからだ。家からわずか400メートルの場所にいくつかの工場が建っていた。当然ながら工場はドイツ空軍の攻撃対象だった。

苦しい生活

豊かで心地よい暮らしから一転、子どものベビーシッターや華やかな社交、お洒落な服、海外旅行などとは無縁の生活が始まった。食料や衣類は配給制となった。配給量は厳しく制限されており、卵は1か月間でひとりにつき1個しか配給されなかった。そのためエスターは数羽の雌鶏を買い、それを農家に世話してもらった。そしてその雌鶏が産んだ卵をもらっていた。石炭の配給量も少なかったため、エスターの長女パトリシアは友だちと近くの森へ行き、薪を集めた。

空襲

エスターたちは、夜はいつも1階の部屋で寝ていた。空襲を知らせるサイレンが鳴ると、エスターは明かりをすべて消し、子どもたちを連れて裏庭の防空壕へ入った。ある夜、パトリシアはドイツ空軍の爆撃機を見た。爆撃機の翼には黒十字が描かれていた。青白い月の光を受けたその黒十字が、今でも目に焼きついているという。

1945年に戦争が終わり、一家はロンドンに戻った。再び平和が訪れ、パトリシアが16歳になった1948年頃には、昔のような生活を取り戻すことができた。そしてパトリシアは、戦時中の生活がいかに異常なものであったかをあらためて感じた。

見なされてゲシュタポに捕まると、後に解放されたとしても、それ以降は男女の区別なく監視されることになった。またゲシュタポは、ナチスが新たに定めた規則に人々が違反しないかどうか、つねに目を光らせていた。

◉疑いの目

ヨーロッパ諸国をまたたく間に占領したドイツは自国の勝利に沸いた。そして興奮がおさまると、占領地域の本格的な統治に乗り出した。ドイツは当初より、住民たちによる抵抗運動を警戒していた。ゲシュタポは、サボタージュにかかわる者やスパイを摘発するため、家々をまわった。住民はだれもが疑いの目を向けられており、次は自分の家の玄関をゲシュタポがノックするのではないかと恐れていた。また、ゲシュタポは各地のユダヤ人を次々に捕らえた。アドルフ・ヒトラーがユダヤ人の根絶を目指していたからだ。ユダヤ人の子どもが学校から家へ帰ると、父親か母親が、あるいは両親がいなくなっていた、などという例も少なくなかった。ゲシュタポに捕まった親たちは強制収容所へ送られ、その後子どもに会うことも、連絡を取ることもできなかった。

人々は恐怖に怯え、静かに顔を伏せ、面倒に巻き込まれまいとした。イギリス放送協会（BBC）のラジオ放送を聴く者もいたが、それはとても危険な行為だった。戦時中、ロンドンのイギリス放送協会は一九か国語でラジオ放送を行っていた。

太平洋地域の人々も同じように緊張状態に置かれていた。一九四一年以降、日本軍に占領されたシンガポールや香港などでは、植民地行政官や軍人の妻、従軍看護婦、その他の民間人女性が日本軍の捕虜となっている。

空襲によって住居が瓦礫となり、打ち沈む家族。エスター・アルバートと娘も、ロンドンを離れていなかったら、空襲の被害を受けていたかもしれない。

◉女性の活躍

第二次世界大戦では女性のパイロットや記者、カメラマンが活躍した。諜報員や軍の婦人部隊の隊員になる女性もいた。映画女優や舞台女優、歌手などの女性エンターテイナーは、兵士たちに娯楽を提供した。また、多くの女性が危険を顧みず、抵抗運動に身を投じた。ソ連の女性はパイロットや陸兵として前線で戦った。ソ連の女性は他国の女性よりも苦難に慣れていた。

◉戦後

一九四五年に戦争が終わると、工場などで仕事に従事していた女性の多くは家庭へ戻った。しかし、女性は戦時中の仕事を通じて自分の新たな能力を発見し、自信を持つようになった。女性は戦時中、困難に耐え、勇敢に、献身的に活動した。その活動を通じて女性たちが得た自信は、一九六〇年代の女性解放運動を起こす力となった。そして、今日の女性の地位の向上へとつながることになるのである。

カナダ陸軍司令部において、文書管理を行うカナダ陸軍婦人部隊の隊員。事務の仕事には戦前より多くの女性が従事していた。

アメリカの募集ポスター。女性が工場などの仕事に就くことに対して反対の声も上がる中、政府はポスターを使って就労を促した。

第1章

戦争準備と開戦

一九三九年、ヨーロッパにおいて第二次世界大戦が始まり、一九四一年にはアメリカが参戦した。この戦争はある程度予想されていたものだったが、社会には混乱が生じた。人々はその混乱の中、戦争を遂行するために行動を起こした。

山本《やまもと》五十六《いそろく》提督はパールハーバー奇襲攻撃の立案者だったが、本心では、アメリカとの戦争を望んでいなかった。戦前にアメリカへ留学していた山本提督は、その間のさまざまな経験から、アメリカ人の気質をよく理解していた。アメリカ海軍の強さも分かっていた。そして、アメリカが屈辱を受けた場合は、それに対する報復を行い、味わわされた屈辱以上の屈辱を、敵の顔に投げつけるに違いないと考えていた。

山本提督は次のように語っている。「我々は、眠れる巨人を目覚めさせてしまった。アメリカは戦う決意を固めた」

◉アメリカの女性

アメリカの女性は、強い愛国心とともに行動した。一九四四年までにおよそ二三〇万人が艦船や航空機、車両、兵器を製造する工場の仕事に従事した。一九四五年の夏までに、およそ

アメリカ海軍の看護婦。アメリカやイギリスの海軍では婦人部隊が設立された。イギリスでは1939年にイギリス海軍婦人部隊（WRENS）が設立され、隊員は専門的な任務を含むさまざまな任務に就いた。

五万七〇〇〇人が陸軍看護婦として、一万一〇〇〇人が海軍看護婦として任務に就いた。そして、陸軍婦人補助部隊（WAAC）におよそ一〇万人、海軍婦人予備部隊（WAVES）に八万六〇〇〇人、婦人海兵隊に一八〇〇〇人、沿岸警備隊婦人予備部隊（SPARS）に一万一〇〇〇人が入隊した。

◉カナダの女性

カナダの女性は一三三万一三八三人が戦争を遂行するために行動している。このうち四万三三八三人が軍務に就き、カナダ陸軍婦人部隊（CWAC）に二万四九七人、カナダ空軍婦人補助部隊（CWAAF）に一万六二二一人、王立カナダ海軍婦人部隊（WRCNS）に六六六五人が入隊した。そしてこの三つの婦人部隊から、合わせて四四三九人が医療活動に派遣された。また、軍需品の製造におよそ二六万一〇〇〇人、通信の仕事に三万一〇〇〇人、サービスや製造、金融、建設などにかかわる仕事に九九万六〇〇〇人が従事した。

◉障害

アメリカやカナダの女性は戦争に勝つために活動した。しかしそれは順調に進んだわけではない。性や人種、階級、伝

大阪で行われた国防婦人集会。国民の士気と愛国心を高めるために、こうした大規模な集会が開催された。ドイツでも同様の目的でナチス党大会などが開催された。

統といったものが活動の障害となった。

伝統主義者は男女とも、女性が戦争のために活動するなどもってのほかだと激しく反発した。また、とくにアメリカの白人の中には、黒人と一緒に活動することを嫌う者が少なくなかった。しかし、パールハーバー攻撃などの衝撃的な出来事を経るにつれ、人々の考え方は変わっていった。伝統的に「女性の仕事」とされていたもの以外の仕事に従事する女性も増えた。

アメリカ国民は、戦争が始まることをまったく予想していなかったわけではない。一九三〇年代に入ってから、世界でさまざまな不穏な動きが起こっていたからだ。

ロードアイランド州マトゥヌックのメイベル・スミスは、一九三七年にヨーロッパを訪れているが、その時すでにヨーロッパにはきな臭さが漂っていた。スミスは一九三九年一月に結婚し、戦争中は夫が出征したため、三人の子どもをひとりで育てた。スミスは訪れた当時のオーストリアのようすを次のように回想している。

「オーストリア国民はアドルフ・ヒトラーに熱狂していました。彼らはヒトラーを支持していたのです！　ヒトラーはいつも若者に対し、アーリア人であること、そしてドイツ民族であることに誇りを持てと語っていました。ドイツ民族は強くて偉大な支配民族であるとも言っていました。私はそのようすになにか空恐ろしいものを感じました……ヒトラーは反ユダヤ主義を信奉し、ユダヤ人を憎悪していました。私は当時はまだ、反ユダヤ主義についてよく知りませんでした」

行進する海軍婦人補助部隊（WAVES）。隊員は旗に従って行進することで、軍人としての自覚と勝利への決意を新たにした。

◉メイベル・スミスの不安

一九三八年にミュンヘンで行われた会談において、イギリスとフランスの首相はヒトラーの要求通り、チェコスロヴァキアのズデーテンラントをドイツへ割譲することを認めた。オーストリアの状況を知るメイベルは、この結果に不安を覚えた。

「多くの人が不安を感じていました。首相はこれでヨーロッパに『平和が訪れた』と言いましたが、私は長くは続かないだろうと思いました」

スミスの予感は的中し、ヨーロッパの平和は一九三九年に崩れ去った。この年、ドイツ軍はヒトラーの命令によりポーランドに進攻し、たちまちのうちに占領した。一九四〇年にはノルウェー、デンマーク、ベルギー、オランダ、フランスに進攻した。これらの国も敗北してドイツ軍に占領された。イギリスは侵略を免れたものの、予断を許さない状況が続いた。

◉仮想敵国、日本

ヨーロッパで戦争が始まるのではないかという噂が囁《ささや》かれていたころ、太平洋地域では日本がアメリカの

脅威となっていた。

日本軍は一九三一年に満州を占領し、一九三七年には中国に進攻した。日本軍の一連の動きから、日本がさらなる領土拡大を狙っていることは明らかだった。フランクリン・ルーズヴェルト大統領は日本の野望を挫《くじ》くため、アメリカ国内にある日本の資産を凍結し、石油などの日本への輸出を禁止した。

一九三九年に入ると、太平洋地域における緊張がさらに高まった。海軍看護婦のルース・エリクソンはその年の四月、ニューヨークのフラッシング・メドウズ・パークで行われる万国博覧会で開会式の手伝いをする予定だったが、任務のため手伝いに行くことはできなかった。「日本軍はアメリカ軍に対して威嚇行為を行っていました」。エリクソンはその時のことをこう振り返っている。彼女が乗る〈リリーフ〉を含む艦船はすべて、ただちに西海岸へ戻るよう命じられた。艦船は燃料補給と食料の積み込みを終えると、すぐに出航した。「私たちはパナマ運河に到着しました。そこを全艦船が通過するのに、まる一日かかりました。〈リリーフ〉はいちばん最後に通過しました。運河の太平洋側に出ると、そこに二、三日停泊し、それからカリフォルニアの母港サンペドロへ戻りました」

その年の夏の終わり、太平洋艦隊はハワイのマウイ島沖で大規模な軍事演習を行った。

軍事演習が終わると、エリクソンは報告のため、パールハーバーの海軍病院へ行くよう命じられた。

この時期、エリクソンや仲間の看護婦たちの心には、戦争など本当に始まるのだろうかという気持ちも残っていた。だが、到着したパールハーバーではすでに厳戒態勢が敷かれていた。

ヒトラーに面会する女性たち。ドイツの女性は支配民族「アーリア人」を産み育てることを第一に求められた。そしてそのための厳格な教育を受けた。

◉ジンジャーの日記

ジンジャーは、オアフ島のヒッカム空軍基地に駐在する軍人の一七歳になる娘で、家族とともに基地で暮らしていた。ジンジャーは一九四一年一一月二八日金曜日、日記に次のように綴っている。「高まる緊張！　私たちは再び厳戒態勢に入った。基地では実戦さながらの演習が行われている」。それから二日後の日記には「厳戒態勢下の基地はとても奇妙だ。歩哨がいたるところに立っている。みんな銃を持って駆けまわっている。サイレンがあちこちで鳴っている……」と記している。

この日の日記には「来月には戦争が始まるのではないかしら……戦争なんて嫌だ。日本人と戦うなんて！」という気持ちも綴られている。そして一二月二日火曜日、ハワイの厳戒態勢は一段と強化され、ジンジャーは「やっぱり、もうすぐ戦争がはじまるのだ」と思った。

◉アメリカ本土の国民

アメリカ本土の国民は、ハワイにいる国民ほど危機感を持っていなかった。ロードアイランド州ナラガンセットに住んでいたアイリーン・ヒューズはこう語っている。「パールハーバーが攻撃されるまで、私はヨーロッパの戦争をそれほど重大事だとは思っていませんでした。とても遠い所で起こっていることでしたから。ドイツはアメリカから遠く離れていました。でも、同じように遠く離れている日本から、パールハーバーは攻撃されました。それで、ヨーロッパからの攻

リベット工のロージーは、女性の就労を促すために生み出された。力強いロージーは女性に大きな影響を与えた。

軍の女性は「兵士を誘惑している」などと言われ、偏見が付きまとった。このような写真はそうした偏見を助長した。軍の女性は正しく評価されず、「家庭を捨てた女性」だとも言われた。

撃もじゅうぶん起こりうるのだと考えるようになりました」

　パールハーバーが攻撃された日曜日、ヒューズは家族とともに自宅にいた。家族と昼食を終えた時、台所にいた母親が「ああ、なんてことなの。パールハーバーが攻撃されるなんて！」と叫んだ。「私は母の言葉を確かめようと『どこが攻撃されたの？』と聞き返しました。すると母は『パールハーバーよ。ハワイにあるでしょ。あそこにはどれくらい軍隊がいるのかしら？』と私に尋ねました。私はただ『そんなこと知らないわ！』と答えました」

　戦争が始まると家族の生活が変わった。兄は退学して陸軍に入った。ヒューズは当時高校生で、同じクラスの男子も、卒業を待たずに次々と軍に入隊した。「みんな愛国心が強かったのよ」。

　ヒューズ自身も陸軍に入りたいと思った。一八歳になり、親の許可が下りれば、陸軍婦人補助部隊（WAAC）に入隊することができた。ところがヒューズが一八歳になる前に、入隊年齢が二一歳に引き上げられてしまった。ヒューズはルーズヴェルト大統領に手紙を送り、年齢を引き上げるのはおかしいと訴えた。しかしその声は大統領には届かず、ヒューズは結局、民間防衛隊に入隊した。

イギリスの海岸で休暇を過ごす空軍婦人補助部隊の隊員。当時のイギリスの海岸のようすはこの写真とは異なり、敵軍の上陸を阻止するための有刺鉄線や障害物がいたるところに設置されていた。

◉反対の声

女性が軍へ入隊するのは、ヒューズが考えるほど簡単ではなかった。「男性の世界」に女性が入るべきではないと多くの人が反対の声を上げたからだ。女性を守りたいとの思いから反対する者も少なくなかった。一九世紀のアメリカでは一般的に、女性は繊細で傷つきやすく、家庭の外の世界の荒々しさには耐えられないと考えられていた。この考え方は二〇世紀半ばになっても社会に残っていた。

戦時中の世論調査では、女性は軍務に就くべきではないと答える者が多かった。男性の場合、女性が軍務に就くことには賛成でも、自分の母親や姉、妹、妻、娘が軍務に就くことは容認できないとする者が多数だった。女性の募集を担当する者が暴行を受ける事件も起こった。

兵士の手紙はすべて検閲されていたが、その中には、入隊を止めるよう親類の女性を説得する内容の手紙が少なくなかった。入隊すれば離婚する、あるいは縁切りすると妻や家族を脅すような内容の手紙もあった。

軍から女性を解放するよう求める怒りの手紙や電報を、ルーズヴェルト大統領やヘンリー・スティムソン陸軍長官、議員に送る男性もいた。

アメリカの宗教指導者たちも黙ってはいなかった。カトリック教会は「陸軍婦人補助部隊が活動を続けていくことに何の価値もありません。私たちの社会の魂が失われていくだけです」と断じた。マサチューセッツ州のある司教は、軍の女性は「カトリック教会の教えと規律に背いている」と語った。ニューヨーク市ブルックリンのカトリック教

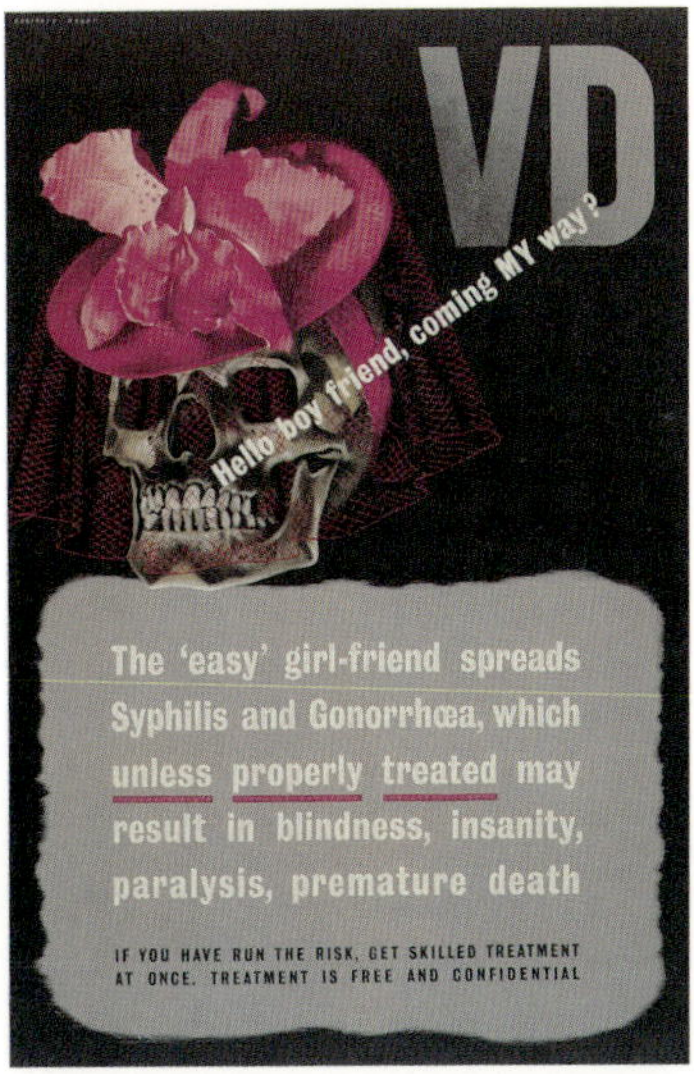

性病の恐ろしさを伝えるポスター。性病は敵からの攻撃と同じくらい危険なものと見なされていた。

会は、一九四二年六月に次のように批判している。「陸軍婦人補助部隊の存在は社会の分裂を招きます。伝統を重んじるアメリカ国民とカトリック教会は、女性を家庭から離すことに反対してきました。彼らはその反対の声を潰そうとしています。そして、女性を堕落させようとしています。このままでは女性は、好色でかつ子どもを産まない異教の女神となってしまうでしょう」

カトリック教会によってこのような批判がなされる中、軍の女性は不道徳だという噂が流れるようになった。北アフリカ戦線に派遣されている陸軍婦人補助部隊の隊員五〇〇人すべてが「不義」を働き、そのうち数名は妊娠してアメリカへ送還された、などという噂も流れた。こうした噂は絶えることがなかった。アメリカ政府は当初、噂を流しているのはドイツではないかと疑った。当時のドイツでは、ナチスの狡猾な宣伝大臣ヨーゼフ・ゲッベルスが、プロパガンダにおいて辣腕を振るっていた。しかし政府が調査した結果、ゲッベルスの仕業ではなく、アメリカ陸軍の非戦闘員らの仕業であることが判明した。彼らは女性が軍に入ること、そして女性と一緒に働くことを嫌い、悪質な行為に及んだのだった。一連の噂について新聞や雑誌は、真偽を確かめることなく「事実」として報道しており、その責任は重いと言わなければならない。

◉募集への影響

軍は、徴兵された男性の代わりに事務や通信、補助業務を行う女性を募集していたが、数々の噂が軍の募集活動に影響し、入隊する女性がなかなか増えなかった。また軍には、すでに入隊している女性が噂のせいで辞めてしまうのではないかという懸念もあった。女性が自ら進んで入隊してくれることを望んでいた軍にとっては、たいへん由々しき事態だった。

ルーズヴェルト大統領をはじめ、ヘンリー・スティムソン陸軍長官、ジョージ・C・マーシャル陸軍元帥、ドワイト・D・アイゼンハワー陸軍元帥、ヘンリー・アーノルド陸軍航空軍司令官など軍の上層部も事態を憂慮し、噂は事実ではないと公式に否定した。また、噂を流した者と噂を真実として記事にした新聞などを非難し、噂を信じる国民を諫めた。議会は特別に公聴会を開き、軍に関する統計を作成して公表した。その統計によると、無許可外出をする者の数は、女性の非戦闘員よりも男性の非戦闘員の方が八九倍多かった。過度の飲酒をする者は八五倍、軍の規則を破る者や犯罪行為を行う者は一五〇倍多かった。また、性病にかかっている者は男性には大勢いたが、女性には罹患者はほとんどいなかった。

北アフリカ戦線の陸軍婦人補助部隊についての噂もはっきりと否定された。ふたりの隊員が本国に送還されているが、ひとりは事故で負傷したからであり、もうひとりは夫との間に子どもができたからだった。そして北アフリカ戦線の指揮官は、部隊にはいかなる不義も存在しなかったと報告した。

◉誹謗

政府は、軍の女性の汚名を晴らすための取り組みを行った。また、新聞などが噂をそのまま記事にすることもなくなった。しかし、女性の軍への貢献を評価せず、「陸軍婦人補助部隊の

イギリス国防義勇軍補助部隊（ATS）のプロパガンダ・ポスター。軍のポスターでは女性が力強く献身的に働く姿が描かれた。また、女性の軍における重要性が強調された。

イギリスの女性と戦時活動

　第二次世界大戦は、1939年9月3日日曜日に始まった。ドイツ軍のポーランド進攻から2日後のことだった。これより1年近く前の1938年10月、イギリスの婦人奉仕団（WVS）は、戦争が始まった場合に空襲を受けるおそれのある都市の子どもたちを、田舎へ疎開させた。ミュンヘン会談が行われた後も、ヨーロッパ情勢は不安定なままだった。1939年9月に戦争が始まると、大規模な児童疎開を実施した。田舎の多くの家庭が子どもたちを受け入れ、中には一夜にして大所帯となる家庭もあった。

志願

　1939年から多くの女性が戦時活動に志願し、その数は1943年には150万人に達した。各地の学校では、徴兵された男性教師に代わり、元教師の女性が教鞭をとった。空襲監視員や伝令員として民間防衛に従事する女性もいた。空襲監視員は空襲を受けた時に、負傷者を探し出して救護に当たった。婦人農業部隊に入隊する女性、酒保などを運営する陸海空軍厚生局（NAAFI）で働く女性もいた。武器弾薬の製造、冶金、木工、運送、車両管理、艦船や航空機の製造などの仕事にも従事した。

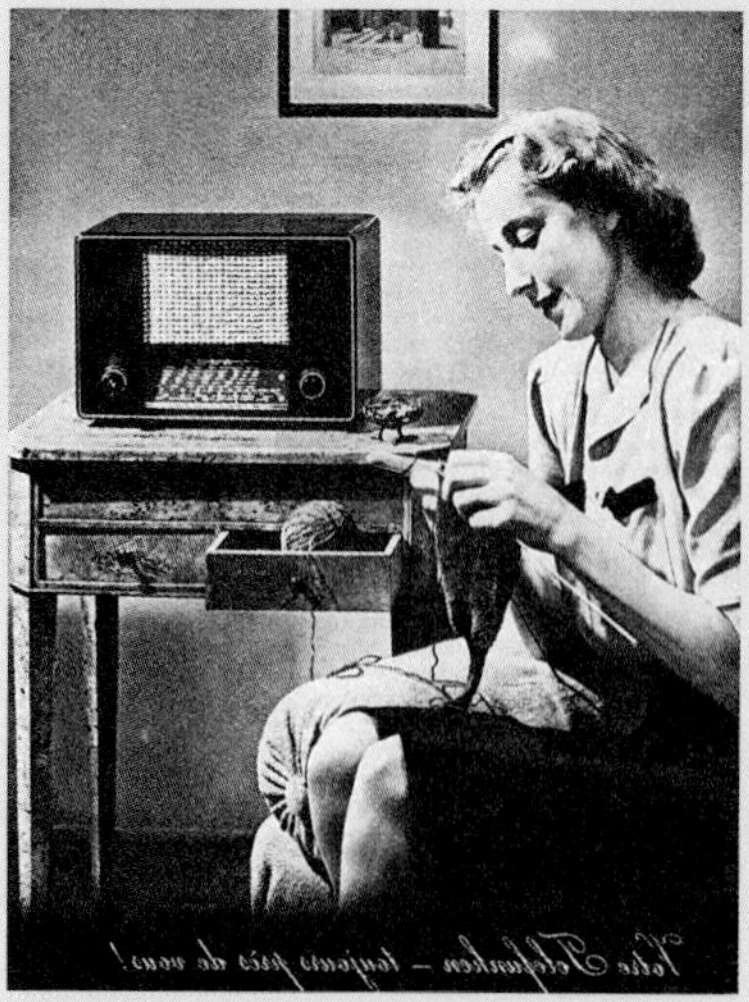

銃後の女性。戦場で戦う男性と同じく、女性も困難の中で勝利のために行動した。

労働者の休み時間

　イギリス放送協会は、工場で長時間働く女性の士気を保つため、「労働者の休み時間」と名づけた特別番組を放送していた。女性たちは工場の食堂や作業場で放送を聴いた。番組の途中、司会者はいつも「みなさん、落ち込んでいますか？」と尋ねた。それに対して女性たちは揃って大きな声で「まさか！」と答えた。そう答えるのがお決まりだったのだが、実際、女性労働者は明るく元気で、それが生産性の向上につながっていた。

出征するイギリス軍兵士。家族と祖国を守るために男性は戦場へ向かった。1940 年

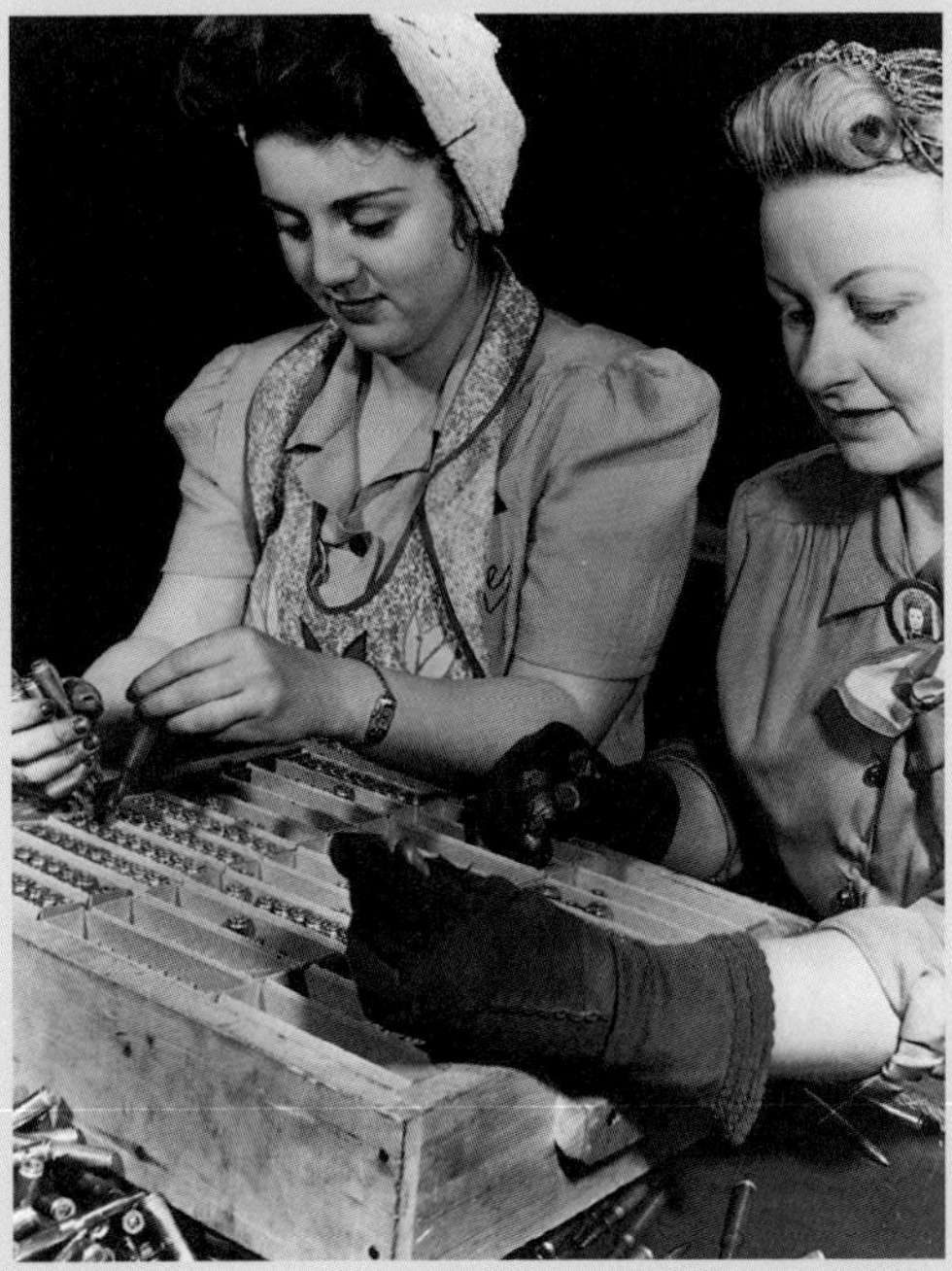

工場の仕事を器用にこなす女性たち。イギリスでは戦前から多くの女性が工場で働いていた。

仕事ぶりはいかにも女性らしい」などと揶揄《やゆ》したり、軍服をスリップと呼んで「女性隊員がスリップ姿で海に繰り出す」などとからかったりする新聞や雑誌も相変わらず存在した。

軍の女性への誹謗中傷は執拗《しつよう》に続いた。また伝統主義者は、軍の女性は妻や母としての務めを果たしていないと批判し続けた。結局、この問題が解決することはなかった。そして誹謗や批判は戦後も続き、募集活動の妨げとなった。

世間から誹謗されていたのはアメリカの女性ばかりではなかった。イギリス海軍婦人部隊（WRENS）の隊員は、欲求不満の同性愛者、軍服を着た色情狂などと誹《のの》られ続けた。一九九三年に海軍婦人部隊がイギリス海軍に正式に組み入れられた際、「ロンドン・タイムズ」紙は、イギリス社会には今も軍の女性に対する偏見が残っていると指摘した。

アメリカでは、軍の募集に応じる女性は軍が望むようには増えなかったが、それは軍自体に問題があったからでもある。アメリカでは、高度な技術や知識を持つ女性が入隊を避けるようになった。軍では女性の能力が無視され、それを生かすことができなかったからだ。例えばカリフォル

イギリスの女性はそれぞれが持つ能力や技術に応じて仕事を与えられた。工場の仕事に就く他、軍や婦人農業部隊に入隊する女性もいた。小さな子どもを持つ女性は基本的に仕事を免除された。

ニア州では、陸軍婦人補助部隊の隊員が、陸軍士官の家庭の使用人やベビーシッターとして働かされていた。ある女性は日本語が堪能で、日本軍の中国進攻を前線から伝えた経験もある記者だったが、軍で与えられた任務は兵士のための食事作りだった。

メアリー・マクミリンは、ジョージア州のフォート・ベニング基地で働いていた。彼女は高高度パラシュート降下のヴェテランで、世界記録である高度二万五〇〇〇フィートからの降下を行ったこともあった。戦前は空中サーカス団で活躍し、パラシュート降下で飛行機から飛行機へ乗り移るマクミリンの曲芸は、サーカスの呼び物だった。しかし彼女の基地での任務はパラシュート整備だった。こうした状況から、軍を辞める女性も後を絶たなかった。戦時中、陸軍婦人補助部隊隊員の三分の一が陸軍婦人部隊（WAC）へ移っているが、その後軍を辞めて民間人へ戻る者もいた。批判、誹謗、能力の軽視、性に関する下劣な噂。そうしたものが女性を追い込んでいった。

◉戦意高揚

アメリカ国民の中には、戦争を深刻に受け止めていない者が少なくなかった。政府はそのことを問題視し、戦時情報局（OWI）を中心に対策に乗り出した。アメリカ国民が戦争を深刻に捉えていなかったのは、カナダや南アメリカ、オーストラリア、

戦艦〈ミズーリ〉を訪問した海軍婦人補助部隊の隊員。軍服姿の隊員は明るく健康的で、笑顔が美しい。アメリカはこうした写真を使用し、軍の女性のイメージ向上を図った。1944年

ニュージーランドなどと同様、本土が戦場となっていなかったからだ。カリフォルニア州に日本の気球が飛んで来たことが幾度かあり、その際は西海岸に警戒態勢が敷かれ、日系アメリカ人を内陸部の強制収容所に収監するなどの措置が取られた。一九四二年二月と一九四三年五月には、オーストラリア北部のポート・ダーウィンが日本軍による空襲を受けた。しかしこれらの例を別にすれば、アメリカもその他の国も、生命や財産を直接脅かされるような空襲や砲撃を受けていなかった。

戦争を遂行するためには、戦争は決して他人事ではなく、家庭や生活や自由が脅かされているのだということを国民に理解させる必要があった。戦時情報局が作成した「映画産業に関する政府情報マニュアル」には次のように述べられている。

「民間人の戦意を高める必要がある。ひとりひとりに危機感を持たせなければならない……戦争に勝つためには国民全員の力が必要であること、もしも戦争に負ければ、すべてを失うのだということを理解させなければならない」

政府は民間人の戦意を高めるために演説を行い、ポスターを作った。そして、ハリウッドにも協力を求めた。

ハリウッドはその求めに応じて映画を製作した。アイリーン・ヒューズは次のように語っている。「パールハーバーが攻撃されて戦争が始まると、映画は戦争

海軍の募集ポスター。描かれた女性隊員は顎が角ばり、目が鋭く、力強さを感じさせる。海軍はアメリカ軍の中でとりわけ「マッチョ」だと言われ、任務は苛酷だった。女性隊員の非戦闘任務もまた苛酷だった。

ものが増えました。戦争映画は好んで観ていました。きっと戦争に勝てる、という気持ちになることができたからです」

◉プロパガンダ・ポスター

アメリカでは色々なプロパガンダ・ポスターが製作された。とくに女性向けに製作されたポスターもあり、それには女性と子どもが危険に晒されている姿がよく描かれた。女性の感情に訴えるのが狙いだった。あるポスターには、赤ん坊を抱いた若く美しい母親と、その頭上にナチスのシンボルである鉤十字が刻まれた黒い手が描かれ、「その手で触れないで！」という文言が入っていた。

ノーマン・ロックウェルも女性向けのポスターを手がけている。ひとつのポスターには「祈りの場を守るために――戦時国債を買おう」という文言が入り、教会でお祈りをする男女の姿が描かれていた。一番手前に老齢の女性、その奥に若い女性が配され、このふたりの女性が目立つような構図となっていた。ロックウェルの別のポスターには「不足のない暮らしのために戦おう」という文言が入り、女性が食卓に七面鳥の丸焼きを出す姿が描かれていた。イギリスでは、そのような家庭の風景を見ることはできなくなっていた。肉類の配給量はほんのわずかで、七面鳥を丸ごと手に入れることなどできなかった。イギリスではひと家族がひと月以上の期間を、七面鳥一羽分の肉でしのいでいた。このポスターは、イギリスで使っても効果を上げたことだろう。

労働参加を呼びかけるソ連のポスター。ソ連の女性は西欧諸国の女性とは違い、戦前から厳しい生活や肉体労働に慣れていた。

サーク島のデイム・シビル・ハサウェイ

イギリス海峡には、ジャージー島、ガーンジー島、オルダニー島、サーク島という 4 つの島を中心とするチャンネル諸島が浮かんでいる。フランス北岸から 40 キロ沖に位置するこの諸島は、第二次世界大戦中に唯一、ドイツ軍に占領されたイギリス領だった。サーク島は 4 つの島のうちで一番小さく、面積はわずか 5 平方キロほどである。この島には近年までヨーロッパの封建制が残っていた。

デイム・シビル・ハサウェイは、1927 年にサーク島の領主となった。それから 13 年後の 1940 年にドイツ軍がわずか 6 週間でフランスを占領し、その後の 7 月 3 日、チャンネル諸島に上陸した。

サーク島に留まる

イギリス政府はチャンネル諸島の住民のため、イギリス本土に避難所を用意した。それを受けて、ジャージー島とガーンジー島から 2 万人以上がイギリス本土へ避難した。しかし、サーク島からは誰も避難しなかった。サーク島の領民 471 人は、ドイツ軍による占領がいつまで続こうと、デイム・シビルとともに島に留まることを決めたのだ。

56 歳のデイム・シビルは強い女性だった。彼女は自身と領民の意思をはっきりと示すため、ガーンジー島に駐留するドイツ軍の指揮官アルブレヒト・ランツ少佐に対し、サーク島の領主の館へ来るよう伝えた。領主の館へ到着した少佐は、参謀長と通訳のマース博士とともに、引見が行われる広間へ通された。デイム・シビルは夫のロバート・ハサウェイとともに、広間の奥の背の高い椅子に座っていた。少佐らはふたりの前へ進んだ。彼らを待つデイム・シビルは領主らしい威厳に満ちていた。

島を守ったデイム・シビル

この引見は、後の占領体制に影響を及ぼすことになった。ドイツ軍はロバート・ハサウェイをドイツに抑留するなどの措置を取ったものの、1945 年まで続く占領期間中、ドイツ軍は節度ある態度を保った。デイム・シビルは、ドイツ軍と一定の距離を保ちつつ、良好な関係を維持するよう務めた。そしてつねに領主として堂々と振る舞った。そのためドイツ軍の中には彼女のことを女王と呼ぶ者もいた。領民の間にはドイツ軍に抵抗すべきだという意見もあり、デイム・シビルの態度を批判する声も上がったが、サーク島のような小さな島で抵抗運動を起こすのは難しく、デイム・シビルが抵抗する道を選ぶことはなかった。しかし、彼女がドイツ軍に与することも決してなかった。デイム・シ

◉「国家の危機！」

アメリカでは、恐怖心や危機感を煽《あお》るようなプロパガンダ・ポスターも製作された。あるポスターには、刀を持った日本人と機関銃を構えたアドルフ・ヒトラーが、地球儀上の北アメリカ大陸に忍び寄る姿が描かれ、「警戒せよ！　わが国は今、危機にある」という文言が入っていた。

戦時情報局は、プロパガンダ・ポスターに象徴的な物や色を取り入れた。例えば、力強さを表現したい時には、握りしめた拳や盛り上がった筋肉、工具、武器などを描いた。赤色、白色、青色は愛国心を刺激する色として多用した。

女性に対し、工場の仕事に就くよう促すためのポスターの製作にも力を入れた。工場の仕事は荷物運びや機械の操縦など、過去に女性が経験したことのない、肉体的な強さを必要とする仕事だった。二〇世紀半ば、女性はまだ「弱い性」だと見なされていた。女性たち自身もそう考え、力仕事などできないと思っていた。また男女とも、肉体的に強くて「男っぽい女性」には魅力を感じなかった。政府はこうした社会の意識

ビルは毅然とした態度を貫くことで、島と領民を守った。

ロバート・ハサウェイはドイツへ出発する際、友人のルイス・ギュメットから、君の奥さんは君なしでやっていけるのだろうかと尋ねられた。それに対しハサウェイはこう答えた。

「やっていけるのかって？　僕の妻が？　ねえルイス、彼女ならアメリカとだって渡り合っていけるさ。編み物でもしながらね」

サーク島のデイム・シビル・ハサウェイ。彼女はまさに、戦争の時代のサーク島の領主であるべき女性だった。たいへん手強く、ドイツ軍にも一目置かれていた。

を変えなければならなかった。

◉リベット工のロージー

「リベット工のロージー《ロージー・ザ・リベッター》」は、アメリカのプロパガンダ・ポスターに描かれ、たいへん有名になったキャラクターだ。ノーマン・ロックウェルもロージーを描いている。ロージーは一九四三年に初めてポスターに登場し、同年の五月二九日には「サタデー・イブニング・ポスト」紙の表紙も飾った。ロージーは顔はかわいらしいが、捲り上げた袖、露になった腕の盛り上がった筋肉、大きな拳、顎をぐっと上げた様には肉体的な強さと意思の強さが感じられた。そしてポスターには「わたしたちはできる！」という文言が入っていた。ロージーの力強い姿は、多く

リベット工のロージー。ロージーはあえて女性らしさを排して描かれた。捲り上げた袖、握り拳、力瘤、前を見据える目、引き結んだ唇は女性の「弱さ」を感じさせない。

の女性の心に「わたしたちはできる」という気持ちを生んだ。

他にも「女性の力――それがなければ戦えない」と訴えるポスターなどが多数製作されたが、ロージーのポスターの効果は群を抜いていた。ロージーが社会に与えた影響は大きく、戦後も国民の心の中に残った。今日では、ロージーは愛国心と責任感を持つアメリカ人女性を象徴する存在となっている。また、第二次世界大戦において女性が果たした役割の大きさを思い起こさせる存在ともなっている。

一九八〇年には『リベット工のロージーが生きた時代とその人生』と題するドキュメンタリーが製作された。この作品では五人の「ロージー」が戦時中の体験を語っている。ところどころに当時の募集活動に関する映像や写真、広告が挿入され、音楽は一九四〇年代に流行した音楽が使用された。

一九九八年には戦時中の女性工場労働者の功績を伝えるため、ロージー・ザ・リベッター協会が設立された。その二年後には、議会の承認を経て、リッチモンドにロージー・ザ・リベッター第二次世界

航空写真をもとに地図を製作する軍の女性。忍耐強さ、器用さ、細やかさといった女性の美徳が軍務においても生かされた。

大戦国内戦線国立歴史公園が設立された。リッチモンドのマリーナ・パーク・ベイにはロージー・ザ・リベッター記念碑が建てられ、二〇〇〇年一〇月の記念式典には一〇〇人の「ロージー」が参列した。

二一世紀になってもロージーは人々の記憶に残っている。六〇年前、ロージーの姿を見て多くの女性が工場の仕事に従事するようになった。そしてそれがアメリカの工業品生産量の増加につながった。一九四三年の工業品の生産量を見ると、枢軸国のドイツ、イタリア、日本のそれを上回っている。日本はこの四か国のうちで生産量がもっとも低く、アメリカのわずか一〇パーセントしかなかった。

◉移動

戦時中のアメリカには、仕事を求めて暮らし慣れた故郷を離れる女性もいた。当時のアメリカには、一九二九年のウォール街大暴落に続く大不況の影響が残っており、働き口がほとんどないような地域も存在した。そうした地域ではよその土地へ移る者が多かった。

戦時中、仕事のため、あるいは兵役に就くため各地へ移動した国民の数はおよそ四〇〇〇万人

陸軍婦人部隊の募集ポスター。地図を製作する隊員の写真とともに「軍もまた女性の居場所である」という文言が入っている。「女性の居場所は家庭である」という社会の通念に対抗している。

ヒトラーの映画監督レニ・リーフェンシュタール

ドイツでは、1933 年にアドルフ・ヒトラーが政権を獲得すると、多くの女性が家庭へ戻ることを余儀なくされた。大学の教授など、社会的に地位の高い職業に就いていた女性も同じだった。女性の役割は、ナチスの下に始まった第三帝国が「千年王国」としていつまでも続くよう、子どもを産み育てることだとされたからだ。しかし、例外として仕事を続けることを認められた女性もいた。俊才の映画監督レニ・リーフェンシュタールもそのひとりだった。彼女はナチスの映画監督及び映画製作者としてヒトラーに抜擢された。

最高傑作

リーフェンシュタールは 1902 年、ベルリンで生まれた。彼女はヒトラーの下で映画を撮るようになる以前から、映画の監督や製作者としてはもちろん、女優としても有名だった。雑誌カメラマンとしても活躍し、膝を痛めるまではダンサーとして舞台にも立っていた。出演する映画では、切り立った山の斜面を素足で登るなど、命知らずのスタントもこなしていた。

リーフェンシュタールはヒトラーの下で、ふたつのすばらしい映画を作り上げた。1934 年に行われたニュルンベルク党大会を記録した『意志の勝利』と、1936 年に開催されたベルリン・オリンピックを記録した『オリンピア』である。

苦しみ

このふたつの映画は、斬新なカメラワークにより、ナチスの力と強い意志を観る者に印象づけた。そして数々の賞を受賞し、リーフェンシュタールは国際的な評価を得た。しかし戦争が終わると、リーフェンシュタールはナチス協力者と見なされ、映画界から追放された。さらに、戦争犯罪人として連合国軍に捕らえられた。それから 4 年間を牢獄で過ごした後、裁判で無罪が確定し、1952 年に自由の身となった。1972 年から 88 歳となる 1990 年にかけて、数々の水中写真を撮るなど活動を続けたが、かつてのような大作を製作することはなかった。2000 年、98 歳になったリーフェンシュタールはインタビューを受けた。そのインタビューで彼女は『意志の勝利』を撮ったことを後悔していると語っている。リーフェンシュタールは晩年になるまで、自分の撮った映画によって苦しめられていたのだろう。

ナチス党大会で行進のようすを撮影するレニ・リーフェンシュタール（白いコート姿の女性）。ヒトラーは女性に対して家庭にいるよう求める一方で、リーフェンシュタールのような才能のある女性を登用した。

にのぼる。そのうちの三パーセントは移動に列車を使っている。ただし、列車は軍が優先的に利用していた。

移動には自動車を使うのが便利だったが、燃料が配給制となっていたため長距離移動は難しかった。そのため人々はいくつかの交通機関を利用した。はじめに数人で一緒に自動車で出発し、途中から列車と飛行機とバスを乗り継いで行くこともあった。

◉ルイジアナ州からカリフォルニア州へ

ルイジアナ州に住んでいたアフリカ系アメリカ人のアニー・グリーン・スモールは、マリンシップ造船所で働くため、一家でカリフォルニア州へ移動した。

「水曜日の夜に列車で出発して、日曜日の夜にようやく到着しました」とスモールは回想している。「カリフォルニアに着いた時、ポケットには八ドルしか残っていませんでした」

造船所では、溶接の仕事に従事した。

「私たちはいつもバンダナを巻き、ヘルメットをかぶらなければなりませんでした。髪はひっつめ髪です。でも、みんな前髪は下ろしていました。その方が女らしいでしょ。男性との見分けもつきやすいですからね」。しかし、女性の下ろした前髪は男性労働者には不評だったらしく、スモールはこんな風に言われた。「あんたは女だ。それはよく分かっているから、前髪は上げてしまえ。溶接の熱でちりちりに縮れちまうぞ」

お金は「たんまり」稼ぐことができた。ルイジアナ州での稼ぎよりもはるかに多かった。ただ、夫と一緒に過ごす時間はほとんどなかった。スモールは朝からの仕事、夫は夜からの仕事に就い

ドリルを使って作業をする女性。多くのアメリカの女性がリベット工のロージーに触発され、自信と熱意を持って工場の仕事に従事した。伝統主義者には受け入れがたいことだった。

ていたからだ。戦時中は多くの者が同様の生活を送っていた。

◉軍用列車でタコマへ

ジェニー・ファイン・フォランは、アーカンソー州で四人の子どもを育てながら農場を営んでいた。しかし、育てていた牛と馬が病気に罹《かか》り、折からの干ばつの影響もあって一頭残らず死んでしまった。そのため新しい仕事を探し始めたが、長引く不況のため地元には仕事がなかった。その後、戦争が始まり、一九四二年にワシントン州タコマの造船所が働き手を募集していることを知り、すぐにタコマへ行くことを決めた。フォランが二七歳の時のことだった。フォランは子どもたちを連れ、人でいっぱいの軍用列車に乗り込んだ。それから三日三晩列車に揺られ、ようやくタコマに到着した。

「移動中は立っていなくてはならない時もありました」。フォランはこう回想している。「列車には食料が積まれていませんでした。私は大きなバスケットに食べ物を入れて持って行っていましたが、兵隊さんたちは列車が停まった時におりて、牛乳などを手に入れていました……移動中はみんな辛そうでした。でも私は平気でした。私は辛いことに慣れていましたから」

タコマの造船所では、砕氷船や航空母艦などの艦船を建造する仕事に従事した。作業は危険を伴うものだった。ある日、建造中の船の隔壁が足場とともに崩れ、フォランとふたりの男性取り付け工が、一〇メートル下の地面に落下した。フォランは幸いにも打撲傷で済んだが、男性ふたりは肋骨を折る大怪我を負った。

アメリカでは多くの人が仕事のため故郷を離れた。しかしそれによって人との出会いが生まれ、視野が広がった。

フランスの空襲

イギリス人女性のパトリシア・ムーアハウスは、フランス北部沿岸に位置するブローニュの中心地で、4人のイギリス人女性とともに食堂を営んでいた。1940年、ドイツ軍がフランスに進攻すると、何千人もの避難民がイギリスへ逃れようとブローニュの港へ殺到した。そしてドイツ空軍による空襲が始まった。

機銃掃射

ムーアハウスは次のように回想している。「最初の空襲は日曜日の夕方に始まり、翌日の未明まで続きました。日曜日の夕方、突然街の明かりが消え、対空砲が火を噴き始めました。私たちはそれでドイツ軍の襲来を知ったのです。警官が笛を吹いていましたが、砲撃音にほとんどかき消されていました。家々から人が飛び出しました……榴散弾や窓ガラスの破片が身体に突き刺さっている人が大勢いました。空を見上げたまま立ち尽くしている人もいました。ブローニュの海岸の方に目をやると、敵機が見えました。敵機は飛行高度を下げながら街の上空へ入りました。そして機銃掃射が始まりました」

避難民

ブローニュではそれから3日間、夜間空襲が続いた。ムーアハウスと仲間の女性たちは、避難民に食事を提供し、負傷している者がいれば、傷口に包帯を巻くなどの手当を施した。空襲の時は頭部を守るために手で頭を覆って逃げるので、手に怪我を負う者が多かった。

「避難民はおもにオランダ人とベルギー人でした。彼らはおんぼろの自動車や荷馬車、自転車で逃げて来ました。長い道のりを歩いて来る人もいました。ある日ブローニュにたどり着いた1台の自動車はぎゅうぎゅう詰めで、小さな女の子ふたりは自動車のステップに立っていました。落ちないように身体を紐で車体に縛り付けていました」

ある日、イギリス軍の駆逐艦が避難民を救出するため、ブローニュの港へ入った。しかしその駆逐艦に乗ることができた者はわずかだった。

「女性や子どもや負傷した兵士たちが船へ向かって走りました。でも多くの人が爆撃によって亡くなりました。船まであと5メートルという所まで行きながら、機関銃で撃たれて命を落とす人もいました」

◉「黒人も白人も同じだ」

スモールやフォランのように故郷を出た女性は、新しい人との出会いを通して、アメリカにはとても多様な習慣や生活様式、方言があることを知った。

また、アメリカでは第二次世界大戦中にひとつの重要な変化が起きた。それは白人と黒人の関係の変化である。一九四一年、ルーズヴェルト大統領は、軍需産業における人種差別を禁止する大統領令を発した。この大統領令は、黒人に対する考え方を変えることをアメリカ社会に求めるものだった。七六年前に南北戦争が終結した後、黒人奴隷は解放された。しかしそれ以降も、第二次世界大戦にいたるまで、黒人が白人と平等に扱われることはほとんどなかった。例えばハリウッド映画では、黒人には召使いや使用人、組織の下っ端などの役しか与えられなかったし、軍では人種隔離が徹底して行われていた。そして工場でも黒人差別は存在した。しかし大統領令が発せられた後は、少しずつではあるものの、黒人が白人と対等な立場で働くようになった。

これはアメリカ社会にとって驚くべき変化だっ

脱出

1940年5月21日、パトリシア・ムーアハウスと4人の仲間の女性は、船でイギリスへ脱出した。「私がフランスを離れる時もまだ戦闘は続いていました。多くの人が傷つけられ、殺されていました」

イギリスへ避難したフランスの女性。イギリスは、ドイツ占領下の国の人々の避難先となっていた。

エジプトへ向かうイギリス軍兵士。これが永遠の別れのキスとなったのかもしれない。エジプトでは名将エルヴィン・ロンメル陸軍元帥が率いるドイツ・アフリカ軍団との対戦が待っていた。

た。シアトルのサンドポイント海軍航空基地において、負傷兵の輸送用航空機を整備する仕事に従事していたベティ・キルスティン・ギャノンは次のように語っている。

「私たち家族は三、四年ほど南部に住んでいました。私たちが南部にいた頃はまだ、黒人の多くは白人の下で働いていました。うちでは黒人女性をひとり雇っていました……彼女には食事を作ってもらうだけでした。それ以外で彼女とかかわることはありませんでした……彼女はうちへ来て料理を作り、それが終わるとすぐに帰って行きました。

南部からシアトルに移り、サンドポイントで働き始めました……基地の人間の半分くらいは黒人でした。黒人と一緒に働くのはもちろん初めてでした。私は一緒に働くうちに、黒人も白人も同じだと思うようになりました。彼らと一緒に働くことで、私の考え方が変わったのです」

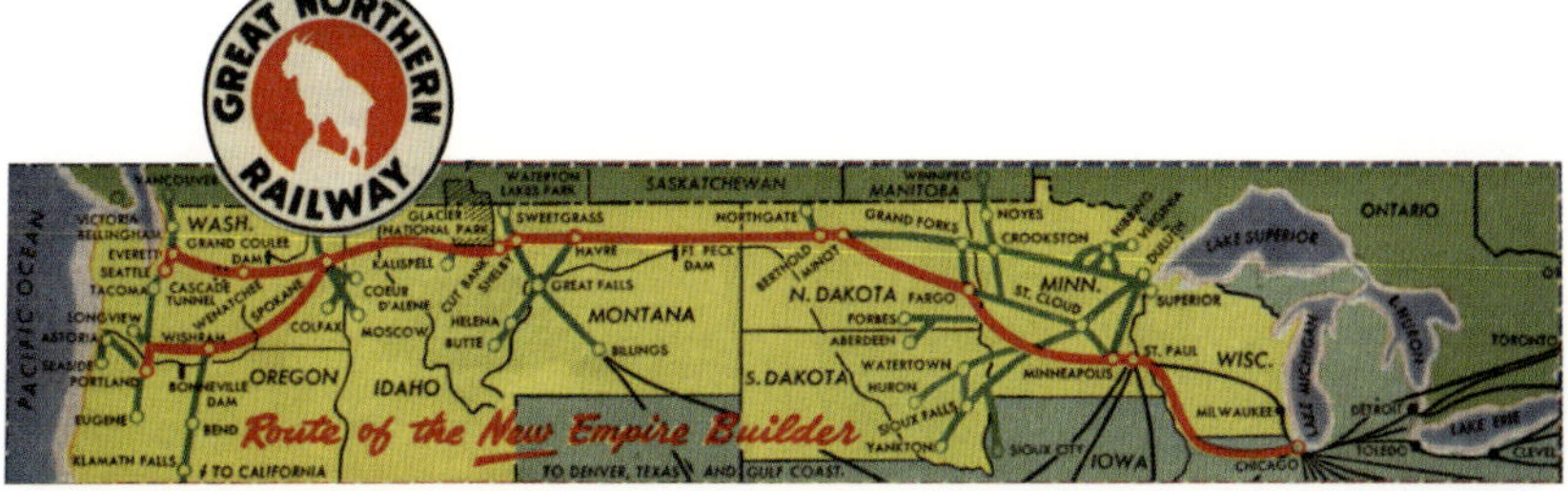

多くの女性が遠い土地の工場で働くために、列車で移動した。列車はぎゅうぎゅう詰めで、移動中は新鮮な食べ物はほとんど手に入らなかった。

Vogue
INCORPORATING: VOGUE BEAUTY BOOK,
VOGUE HOUSE AND GARDEN BOOK
PARIS SPRING FAS
WITH VOGUE PATTERN
MARCH 1940 (3)

第2章
銃後の暮らし

第二次世界大戦では、民間人の居住地域に対しても激しい攻撃が行われた。そして女性たちは、配給制や空襲に懸命に対処し、子どもを持つ女性はひとりで親の務めを担った。

第二次世界大戦では、戦線の後方にある民間人の居住地域に対して本格的な攻撃が行われるようになった。第一次世界大戦では、ドイツのツェッペリン飛行船がイギリス海峡を越えることに成功し、イギリスの都市に爆弾を投下している。この頃はまだ、民間人の大多数は敵軍からの攻撃に晒されることはなかったが、第一次世界大戦時の各国の軍の攻撃能力は、一世紀前にイギリスとフランスが戦ったナポレオン戦争の頃と比べると格段に上がっていた。そして一九三九年までには、大量の爆弾の搭載と長距離飛行が可能な航空機が開発され、民間人の居住地域への攻撃が容易になった。それまで人々が安全だと思っていた場所を、破壊することができるようになった。

◉毎日の空襲

イギリスは一九四〇年以降、ほぼ毎日空襲を受けた。そのため、防空壕で一夜を過ごさなければ

戦時中は、1930年代の華やかなファッションは影を潜め、肩が角ばったジャケット、ピルボックス型の帽子、タイトスカートなど「軍服調」のものを身につける女性が増えた。

ばならないこともしばしばだった。イギリスでは空襲に備え、各地に公共の防空壕が作られていた。また、モリソン・シェルターと呼ばれる屋内シェルターを持つ家や、アンダーソン・シェルターと呼ばれる屋外シェルターを裏庭に設置している家もあった。ロンドンでは地下鉄の駅も避難所として使用されていた。地下鉄駅の使用は政府が指導したのではなく、ロンドン市民が勝手に防空壕代わりに使い始めた。そしてそれが常態化し、政府もやむなく駅構内に寝台を設置するなどして環境を整えた。こうして地下鉄駅は「政府公認防空壕」となった。

◉緊張状態

戦時中、イギリスの女性はいつも緊張状態に置かれていたが、その原因のひとつが空襲だった。人の死を予告するという妖精バンシーの泣き声のようなサイレン、轟くような爆発音、破壊の跡、灯火管制などが女性に深刻な影響を及ぼしていた。女性にとって空は恐ろしい空間となっており、空襲が比較的少ない田舎の女性でも、空を航空機が飛んでいたらまず考えるのは

アンダーソン・シェルターに避難しているイギリスの家族。アンダーソン・シェルターは波状鉄板で作られていた。多くの家庭が、裏庭にこのシェルターを設置していた。

「あれは敵か味方か？」ということだった。

「たいていは味方の飛行機です。つまりイギリス軍かアメリカ軍の飛行機なのです」。パトリシア・アルバートはこう語っている。彼女は戦時中、ロンドンに近いバッキンガムシャー州の田舎町に住んでいた。「でも、どうしても敵機ではないかと疑ってしまうのです。そして、何を見ても悪い方へ捉えるようになっていました。一度こんなことがありました。上空を飛んでいた飛行機のエンジン音が突然止まり、飛行機がくるくると回転しながら降下しはじめたのです。私は墜落すると思いました。でもそれは思い違いでした。おそらくパイロットは、空中戦で敵機を翻弄するための訓練を行っていたのでしょう。今なら、降下する飛行機を見ても、パイロットが操縦技術を見せびらかしているのだろう、などとしか思いませんが、あの頃は悪い方にばかり考えていたから、墜落すると思ってしまったのです」

　戦時中、苦しい状況に置かれていたイギリスでは「我われは耐え忍ぶのだ！」という愛国的なスローガンが盛んに叫ばれた。そして実際、国民は耐え忍ぶしかな

日本の家族。日本でも多くの家族が空襲によって家を失った。その後は木の板や石、藁などを集めて仮の家を建てた。1945年、東京

空襲監視員

　戦時中、空襲を受けていたイギリスでは、空襲監視員と住民との間に次のようなやりとりもあった。ある日、パトリシア・アルバートの母親エスターは、自宅の裏庭に不発弾が落ちているかもしれないと思い、アマーシャムの空襲監視員に通報した。前の日の夜、ドイツ空軍が北部の都市を攻撃するためアマーシャムの上空を通過した。その時に爆弾の一部が投下されたかもしれないとエスターは考えたのだ。

　しかし、消防部隊の隊長も務める空襲監視員は、いらいらしたようすで答えた。

「奥さん！　僕は忙しいんです。通報するのは、建物に爆弾が落ちた時だけにしてください！」

地下鉄駅で過ごす夜

　ロンドンに住んでいたリリー・パーヴィスは、空襲の時はふたりの子どもを連れて地下鉄の駅に避難していた。ロンドンは 1940 年から 1941 年にかけて激しい空襲を受けた。

「駅構内は安全だと分かっていましたが、それでもとても恐かったです」。パーヴィスはこう回想している。「環境も良くありませんでした。埃っぽくて、空気が淀んでいました。寝台が設置される前は、自分で寝具を持って行き、それを地べたに敷いて寝ていました。日暮れ近くになると、誰かに先に駅へ行ってもらい、寝る場所を確保していました。場所の取り合いでひと悶着起きることもありました。

　若い男女が一緒に寝るなど、不道徳な行為が行われているという噂もありました。地下は寒く、みんな凍えていました。私も他の人も、我が家が瓦礫となってしまうのではないかという不安でいっぱいでした。子どもたちはわりと元気でした。地下で寝泊りするのが面白かったようです。私のように子どもを持つ女性は、子どもの将来を心配していました。もちろん、自分自身の将来のことも心配でした」

　ロンドン市民は空襲の間、地下の駅や地上の公共防空壕、家庭のシェルターなどへ避難していた。しかしそれでも、空襲で亡くなった市民の数は、1942 年はじめの時点で 6 万人に達していた。

消防部隊の募集ポスター。空襲時は焼夷弾による火災が発生した。女性隊員も夜を徹して火災監視任務に就き、ポンプを使って消火作業を行った。

空襲監視員。人々がガスマスクを携帯しているかを確認し、負傷者の救護に当たった。給料は、男性は常勤で週に4.35ドル、女性は2.9ドルだった。

防空壕で夜を過ごす女性たち。楽しそうなようすだが、多くの人は恐怖と不安の中にいた。空襲は人々の生活の場を破壊した。

かった。イギリスの女性は、戦時中でも「普通の生活」を送りたいと思っていたが、それは不可能だった。一九四三年まで、大西洋ではドイツ軍の通商破壊活動が活発だった。とくに一時期は通商破壊艦や潜水艦Uボートが猛威を振るい、Uボートの乗組員らはその頃のことを「幸せな期間」と呼んでいた。ドイツ軍は、アメリカからイギリスへ食料や生活必需品を運ぶ護送船団を次々に沈めた。イギリスにとって海上輸送は生命線だったため、首相のウィンストン・チャーチルはこの「大西洋の戦い」がイギリスの命運を分けることになると考えていた。

◉配給制

物資不足に陥った国々では配給制度が敷かれた。イギリスでもアメリカでも各家庭に配給手帳が渡された。手帳には家族分の配給切符が付いていた。人々はこの切符を使って食料や衣類などの生活必需品を手に入れていた。カナダではガソリン、肉、コーヒー、お茶、バター、ビール、ウイスキー、ワインなどが配給制となった。また、戦時価格通商局によって高級品の売買が厳しく管理されていた。イギリスでは自動車、トラック、トラク

戦時中、イギリス国民は毎日のように列に並んだ。食料はつねに不足しており、多くの人が市民農園で食物を育てた。

ターが市場から姿を消し、戦争が終わるまでその状態が続いた。

カナダの配給手帳にも配給切符が付いており、切符は、店員や係員の目の前で必要な分を切り取るよう指導されていた。カナダ国民には砂糖の不足がひどくこたえた。そのため人々の間で砂糖をめぐる「争奪戦」が起こることもあった。砂糖を賭けてポーカーで勝負する者もいた。イギリスではお風呂の水の使用も制限され、浴槽に一三センチ以上水を溜めてはならないというお達しが出ていた。国王ジョージ六世は自ら刷毛を持ち、宮殿内のすべての浴槽に目印となる線を引いたという。

イギリスではお茶、ジャム、肉、魚、牛乳、チーズ、バター、卵などの配給量がしだいに減っていった。しかし戦争後期になると、供給量が増えて配給量も元に戻る物もあった。衣類の場合、配給切符の枚数は、一九四二年にはひとり当たり六〇枚だったが、一九四三年には四〇枚に減った。しかし一九四四年は四八枚に増えている。毛織りの服は一一枚、ブラウスは五枚、婦人用コートは一五枚の切符が必要だった。

イギリスでは卵などの配給量がとても少なかったため、不満の声が上がった。商店経営者の中には闇市で仕入れた食料を売る者もいたが、発覚すれば投獄されるおそれがあった。

チョコレートなどの嗜好品の配給量は極めて少なく、何か月間も手に入らないこともあった。バナナやオレンジなど外国産の果物の配給も途絶えがちだった。外国から送られてくる食料は、それを運ぶ船がドイツ軍の攻撃を潜り抜けることができなければ、当然配給できなかった。アイスクリームは完全に消えていたが、戦争末期には口にすることもできるようになった。

「オレンジやバナナを手に入れるために、いつも朝の六時には配給の列に並んでいました」。パトリシア・アルバートはこう回想している。「その時間でも、すでに長い列ができていました。当時、私はまだ一〇歳か一一歳くらいでしたが、戦争で建物が破壊され、人が殺されていることを知っていました。そして、外国から果物を運ぶ過程で多くの人の命が失われていることも聞いていました。だからいつも、犠牲になった人たちに申し訳ないと思いながら、自転車をこいで家に帰っていました」

戦時中、イギリス国民は何かを得るために毎日のように列に並んだ。「三、四人の人が列を作っていたら、それを見た人は、何のための列なのか分からないまま、無意識的に後ろに並んでしまうんだ」と皮肉まじりの冗談も言われるようになった。

◉代用品とスパム

食料品店の前の長い列に並び、ようやくカウンターにたどり着いても、まともな食べ物が手に

夏野菜の瓶詰保存を勧めるポスター。女性は保存できる果物や野菜はすべて保存し、食料不足に備えた。

Where our men are fighting
OUR FOOD IS FIGHTING
BUY WISELY – COOK CAREFULLY – STORE CAREFULLY – USE LEFTOVERS

イギリスは、大西洋におけるドイツ軍の通商破壊活動によって、戦争初期から食料不足に陥った。このポスターは、食料を確保することの難しさを伝えている。

入るとはかぎらなかった。卵は乾燥卵しかない場合もあった。黄身の色は残っているが、卵とは呼べないような代物だった。バターは少なく、マーガリンは比較的簡単に手に入ったものの、酸味があって塩気が強かったのでみんなその味を嫌っていた。とくに子どもが嫌がった。ジャムタルトは野菜から作られており、ケーキには油脂が使われていなかった。戦時中の料理やデザートには、肉類や砂糖、油脂がほとんど入っていなかった。

人々の食生活を少しでも良くするため、新聞やラジオは、手に入りやすい食材を使った料理を紹介した。料理には「勝利のパイ」や「必勝タルト」など、士気が高まるような名前がついていた。一九四一年には『キッチン・パレード』という料理本が出版された。「配給問題を解決――すべての人に送る毎日の献立」という副題が付き、色々なレシピが載っていた。ただ、キャベツとビーツのスープなど、あまり食欲をそそられない料理のレシピが多かった。

戦争が始まってしばらくたった頃、スパムと呼ばれる缶詰が市場に出回るようになった。名前が示す

健康のために野菜を多く食べるよう呼びかけるポスター(左)。戦前のイギリスでは、貧しさのため「腹持ち」の良いパンやジャガイモばかりを食べる家庭が少なくなかった。食料を大切に食べることでドイツに対抗しようと訴えるポスター(右)

ようにスパイス入りのハムのようなもので、おもな原材料は肉である。しかし、当時はソーセージに大量のパン粉が混ぜ込まれていたため、スパムも同様なのではないかと怪しまれていた。スパムにはおが屑が混ざっている、などとまことしやかに噂する者もいた。

戦時中のイギリス国民は、意外にも、戦前よりも栄養のバランスが良い食事を取っていた。戦前は大恐慌によって多くの人が職を失い、その家族は失業手当で生活していた。そうした貧しい家庭の女性は、腹持ちが良いという理由で、パンやじゃが芋など炭水化物が多い物ばかりを夫や子どもに食べさせていた。

ところが戦時中は、健康のために野菜やたんぱく質の多い物を食べるよう政府が呼びかけたため、国民の食生活が変わっていった。また、油脂や砂糖の配給量が少なかったため、自然に健康的な食生活になった。共同給食場でも、安くて健康的な食事が提供されるようになった。共同給食場は後に英国食堂と呼ばれるようになった。給食場や工場の食堂では、大量の料理をまとめて作るので燃料の節約にもつながった。

◉直して使う

イギリスでは物資が不足していたため、物が壊れたり古くなったりしても「直して使う」のがあたりまえだった。破れたシーツやタオルは繕《つくろ》い、破損した屋根瓦は別の用途に再利用した。衣類は、手持ちの物を繕ったり継ぎを当てたりしながら使っていた。パトリシア・アルバートの学校用の靴下は継ぎはぎだらけだったという。

女性は知恵を絞って生活していた。時には闇市の世話になることもあった。アマーシャムのある商店は、闇市で仕入れた品物を売っていた。しかし女性客のひとりがそのことを警察に通報し

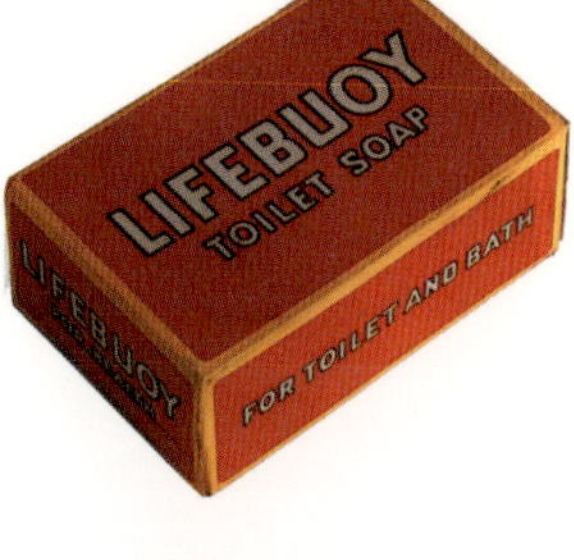

イギリスでは石鹼も貴重品となった。「ライフボーイ」のような品質の良い石鹼が手に入らなくなると、女性は石炭酸石鹼や配給制から外れていたシェービング用石鹼を買った。

たため、店主は捕まってしまった。アルバートは店主が逮捕された時、ちょうどその場に居合わせた。

「その店主のおかげで私たちはどんなに助かっていたか知れません。だから、店主を牢獄送りにした女性は村八分になりましたよ」

女性は「勝利のために土を掘ろう」という政府の呼びかけに応じ、自宅の庭や空き地を畑にして食物を育てた。石鹸がなくなれば床屋へ行き、配給制から外れていたシェービング用石鹸を買い込んだ。石炭を積んだトラックが道を通れば、トックから落ちた石炭を、どんな小さな欠片でも拾った。リンカンシャー州に住んでいたキャロル・バートンは次のように語っている。

「母は、荷馬車から落ちる甜菜《てんさい》を拾い集め、それを大きな深鍋に入れ、焚き火で何時間も煮てシロップを作っていました。そのシロップを使って果物を甘く煮たりしていました。でもシロップは変な臭いがしたので、食料難の当時でもあまり食べる気になれませんでした」

◉暮らしの変化

イギリスの女性は戦争に勝つために多くのものを犠牲にし

た。アメリカの女性も、イギリスの女性ほどではないものの、やはり犠牲を払った。作家兼ジャーナリストのマックス・ラーナーは一九四三年に次のように述べている。「女性の歴史をひもとけば、女性の暮らしを変えるもっとも大きな力となったのは、いつの時代も戦争であったことが分かる」

実際、第二次世界大戦はアメリカの女性の生活を変えた。参戦後のアメリカにまず変化をもたらしたのは大西洋の戦いだった。この戦いは大西洋全域で繰り広げられ、アメリカの東方海域でも、アメリカの艦船がUボートの攻撃により大きな損害を受けた。なお、ラテンアメリカ諸国にも脅威が迫ったため、一九四二年にブラジルが参戦し、その後幾つかの国がブラジルに続いて参戦している。

アメリカもラテンアメリカ諸国も多くの艦船を失った。そのため、民間の船を軍隊輸送船として使用するなどの処置が取られ、民間人が使うことのできる船が少なくなった。また、日本軍が東南アジア諸国を占領すると、アメリカではゴムや絹が不足するようになった。アメリカは参戦から半年後の一九四二年六月には、ゴムなどを輸入することが困難な状況に陥った。日本はいわゆる大東亜共栄圏の建設を目指しており、その狙いのひとつは、アジアや太平洋地域に眠る、石油をはじめとする資源を手中に収めることだった。

ロンドン地下鉄の駅で体重を量るアメリカ軍の女性。イギリス政府は配給制度を敷き、それと同時に栄養のバランスが良い食事を取るよう国民に呼びかけた。

イギリスの女性は配給品を受け取るために、各店に登録しなければならなかった。この写真は、登録を行うために店を訪れた女性たちを写したもの。1939年11月23日

「直して使おう」というスローガンが入ったイギリスのポスター。戦時中にもっとも重視されていたスローガンのひとつだった。衣類も配給制となったため、手持ちの衣類を大切に使わなければならなかった。

◉金属不足

しかし、日本軍の勢いは長くは続かなかった。一九四二年六月はじめに始まったミッドウェー海戦でアメリカ軍が勝利すると、日本軍は劣勢に転じ、その後の戦いにおいて主導権を握ることはなかった。

ただ、それから終戦までの三年間の戦いは、アメリカ軍にとっても厳しい戦いだった。物資も不足するようになり、民間への供給は二の次となった。

アメリカは亜鉛、スズ、ニッケル、鋼などの金属をほとんどすべて兵器や戦車、艦船の製造に充てた。そのため自転車や自動販売機などを作るのは難しくなった。トースター、ワッフル焼き器、アイロン、電池、ファスナー、電気掃除機、金属製の玩具やゲームの道具などの生産は停止した。弁当箱は繊維板で作るようになった。その弁当箱には次のような注意書きが印刷されていた。「弁当箱に金属を使用することは禁止されています……金属は軍需品の製造に使われます。この『勝利の弁当箱』は、金属製弁当箱の代用品として製造されました。素材には丈夫な繊維板を使用していますので、安心してお使いいただけます……ただし素材の特性上、水や湿気のある場所に放置、保管することはおやめ下さい」

金属回収運動への協力を呼びかけるアメリカのショー。鍋、シャベルなどさまざまな金属類が集められ、軍需工場へ運ばれた。

ヒトラーの報復兵器

1944年6月13日、アドルフ・ヒトラーはイギリスに向けて初めて、「報復兵器」V1飛行爆弾を発射した。連合国軍がノルマンディー上陸作戦を開始した日から1週間後のことである。イギリス国民はこの無人飛行機のことを「ドゥードゥルバグ」、「ぶんぶん爆弾」、「飛行爆弾」などと呼ぶようになった。

V1飛行爆弾は弾頭重量が約1トンあり、設定された時刻にエンジンが止まり、地上に落下した。V1飛行爆弾のエンジンは低く鈍い轟音を発した。戦時中、実際にエンジン音を聞いたことのある者は今でも、その音のことを思うと背筋が寒くなるという。サリー・ハミルトンもそんなひとりだ。ハミルトンは、ロンドン金融街にあるセント・ポール大聖堂の近くにV1飛行爆弾が着弾した時、その場にいた。当時彼女は15歳だった。

「私は自転車で大聖堂のすぐ近くを通っていました」。サリー・ハミルトンはこう回想している。「上空からあの轟音が聞こえてきました。それから轟音が突然消え、次に空気を切るような音がしました。そして、私がいた所から18メートルほど離れた場所で大きな爆発が起こりました。

爆発で自転車から飛ばされたのか、自分で自転車から飛びおりたのか覚えていませんが、気づいたら私は地面に伏せていました。金属片や土、その他色々な物が雨のように降っていました。辺りは血なまぐさく、いたる所に人が倒れていました。ひとりの女性が壊れた壁にもたれていました。女性のわき腹は大きく裂け、肋骨が見えていました。『あの人はもう死んでいるな』と私は思いました。女性のために、そう望んだのかもしれません」

ハミルトンは精神的な打撃は受けたものの、幸運にも怪我もなく助かった。自転車も壊れていなかったため、自転車に乗って家に帰った。

V1飛行爆弾とV2ロケット

V1飛行爆弾は、ヨーロッパ大陸北部沿岸の発射施設から、およそ8000発が発射され、そのうち1600発ほどが目標地に着弾した。しかし、ヒトラーが期待していたような打撃を与えることはできなかった。もうひとつの報復兵器であるV2ロケットは、V1飛行爆弾の最初の発射から3か月後に初めて使用された。V2ロケットは最高高度95キロの飛行が可能になった。そして音もなく突然姿を現すため、迎撃は不可能だった。V2ロケットはおよそ5000基が、イギリス南部やベルギーのアントウェルペンの港に向けて発射された。ドイツ軍が行った一連の「報復攻撃」により、およそ3万2500人が亡くなり、そのうちイギリス人犠牲者はおよそ2500人だった。ドイツ軍の報復攻撃は1945年3月27日まで続いた。

◉「今は戦争中である！」

アメリカでは五年間、新しい自転車が通りから消えた。アルコールは爆薬の製造にまわされ、民間への供給は減った。また、チューインガムの原料チクルを合成ゴムで代用するのは難しいということが分かった。

「直して使おう」というイギリスの精神がアメリカにも必要となり、政府は「長く使おう、古くなっても使おう、大切に使おう、あるいは使わずに済まそう」という文言を入れたポスターを国中に貼り出した。そして民間へのガソリンの供給を減らした。この措置は国民にたいへんな不便を強いることになった。アメリカ人にとって自動車は生活の一部だったからだ。アメリカでは自動車への依存度がイギリスよりもはるかに高かった。

アメリカは物資の不足から、さまざまな物を軍需品の製造に活用するようになった。例えば、ベーコンなどの肉類の脂や植物油に含まれるグリセリンを使って火薬を製造した。一ポン

アメリカ人にとってコーヒーは欠かせない飲み物だった。紅茶が主流のイギリスでは、戦時中はチコリーやどんぐりを混ぜ込んだ「コーヒー」が多く、飲めた代物ではなかった。

1945年のベルリン

1945年のはじめ、ベルリンはイギリス空軍とアメリカ空軍による激しい空襲を受けていた。東方からは、ソ連軍がひたひたと近づいて来ていた。ベルリンの女学生だったウルスラ・グロセールは、戦争末期のベルリンのようすを次のように語っている。

「だれもが途方に暮れていました……毎日、宣伝大臣ゲッベルスの演説をラジオで聴いていました。ゲッベルスは、ソ連赤軍がベルリンに進攻すれば恐ろしいことになるだろうと繰り返しました。そして、何でもよいから手近にあるものを手に持って戦えと呼びかけました」

ソ連軍による砲撃

やがてソ連軍による砲撃が始まった。

「人々は逃げ惑いました……私は砲撃音が聞こえるたびに、まだ崩れずに残っている建物に逃げ込みました……砲弾が落ちると、その場所から破片や土埃が大きく舞い上がり、続いてそれが地上へ降ってきました」

ソ連軍が市内中心部へ迫ってくると、グロセールは両親に連れられ防空壕に入った。

「防空壕の中にいたのは全部で32人でした。ほとんどは女性と子どもと老人でした……新鮮な空気を吸いたくて防空壕を出ると、外には煙が立ち込めていました。昼間なのに夜のように暗くなっていました。

戦闘の音がだんだん大きくなりました……何かががたがたと振動する音が聞こえてきました。戦車だ、と誰かが言いました……近くでロケット発射器が使われたらしく、二、三度防空壕が揺れました」

凄惨な光景

グロセール一家は、他の人々とともに別の場所へ移動するため防空壕から出た。表には凄まじい光景が広がっていた。多くの兵士や民間人や馬の死体が横たわり、車がひっくり返り、ヘルメットをかぶった人の頭が転がっていた。

1945年5月2日、ベルリンは降伏した。それから6日後、ヨーロッパにおける戦争が終わった。

「私たちは何もかも失いました……でも、生きていました。砲撃の音が止み、平和が訪れた時、私は詩人にこう告げられたように感じました。『今日この日から、世界の新しい歴史が始まり、あなたはそれを目撃した』」

ドの油脂があれば、同量の火薬を作ることができた。ナイロンや絹のストッキングを用いて、パラシュートやグライダーの引き綱を作った。シャベル一本分の鉄があれば四個の手榴弾を、一万二〇〇〇枚のカミソリの刃があれば、およそ九〇〇キロの爆弾を作ることができた。

敵軍からの直接的な攻撃に晒されていなかったアメリカ国民は、繊維板製弁当箱の注意書きや物資の不足、配給制などによって、今は戦争中なのだということを意識するようになった。物資が不足するようになると、ルーズヴェルト大統領は物価の上昇を懸念し、それを未然に防ぐために物価管理局（ＯＰＡ）を設けた。配給制はこの組織の下で実施された。まずバター、靴、ゴムなど二〇品目が配給制となった。一九四二年五月にはそれに砂糖が加わり、九月にはガソリン、その二か月後にはコーヒーも加わった。

「戦前は、欲しい物を何でも自由に買っていました」。戦時中、ニューヨークに住んでいたララ・ラフィアはこう語っている。「大恐慌の影響でお金がない人もたくさんいましたが、私は経済的に余裕がありましたから。ところが戦争が始まると、あれもこれも手に入らなくな

連合国軍の絨毯爆撃を受けたドイツの都市。ハンブルクやドレスデンなどの都市は焼き尽くされ、多くの建物が瓦礫となった。

ドイツ空軍総司令官ヘルマン・ゲーリングは、ベルリンには連合国軍の爆撃機を入らせないと豪語していた。しかし他の都市と同様、連合国軍の空襲により焦土と化した。

り、食べ物も自由に買うことができなくなりました。生活は大きく変わりました。でも、それにもだんだんと慣れました。そして、戦争中だということを常に意識しながら暮らすようになりました。私たちよりもずっと苦しい生活を送っているヨーロッパの人たちにも思いを寄せるようになりました」

◉金属、屑物、戦時債券

ラフィアのような主婦も戦争を意識し、しだいに戦争に「協力」するようになった。政府が展開する各種の「回収運動」に応じ、金属屑、新聞、ブリキ缶、ゴム、ナイロンの靴下、絹のストッキング、チューインガムの銀紙、タバコの箱などを集めてまわった。また、スペイン系アメリカ人主婦協会などの支援組織が設立された。支援組織は包帯の管理や退役軍人センターへの寄付金集め、兵士に手紙を送る活動、戦時債券の販売などを行った。

戦時債券の販売では、より多くの人に関心を持ってもらうために集会や大会を開き、演説を行った。アメリカの戦時債券は一八・七五ドルだった。戦時債券を購入することができない者のために、一枚一〇セントの戦時債券貯蓄切手も販売されていた。購入した切手は、専用の小さな手帳に

アメリカ東海岸の造船所の労働者は、給料の10パーセントを戦時貯蓄債券の購入に充てていた。この写真には、ひとつの造船所の労働者が1週間のうちに購入した戦時貯蓄債券が写っている。

戦時債券の購入を呼びかけるポスター。アメリカの女性は熱心に販売活動を行った。勝利を願って自らも購入した。

ナチスはしばしば虫の姿に描かれた。このポスターには、鉤十字の模様と悪魔のようなしっぽを持つ虫が描かれている。この虫の絵でナチスへの嫌悪感を誘いながら、戦時貯蓄債券の購入を呼びかけている。

貼る仕組みになっていた。

戦時債券の販売は、もっとも重要な戦時活動のひとつだった。アメリカは戦時債券によって莫大な戦費を賄《まかな》っていた。戦時債券は、一〇年後に購入価格の三割分、額にして六・二五ドルの利息が付くと約束されていた。

戦時債券の販売には映画俳優や舞台俳優、政治家なども協力した。政府は大量の広告を広告板はもちろん、列車の側面などにも貼った。バーナム・アンド・ベイリー・サーカスのピエロもショーの合間に購入を推奨した。戦時債券の販売所は、映画館のロビーや食料雑貨店にも設けられた。こうした取り組みは効果を上げ、戦時債券を定期的に購入する国民が増えていった。

ニュージャージー州に住んでいたドロシー・チェスニーは、週に一度、一〇セントか二五セントを持って学校へ行った。

「そのお金で戦時債券貯蓄切手を買っていました。切手は小さな手帳に貼りました。クラスの子はみんな買っていましたよ」

●ヴィクトリー・ガーデン

ロンドンのある一家が開いたパーティーで楽しむアメリカ軍兵士。イギリス人一家は貴重な食料を使って兵士をもてなした。アメリカ軍は1942年はじめからイギリスに駐留した。

チェスニー一家は、ヴィクトリー・ガーデンで作物を育てていた。これも戦時活動のひとつだった。アメリカには二〇〇〇万以上のヴィクトリー・ガーデンが作られ、合わせて七二五万トンの作物が生産された。

「私たちはレタスや大豆、トマト、ラディッシュなどを育てていました。土を掘り返す作業は父が行っていました。私の仕事のひとつは、大豆の葉に付いているマメコガネを取ることでした。取ったマメコガネは灯油の入った瓶の中に入れていました」。ある日、父親が肥料用に大量の牛糞を持って来た。チェスニーたちはその糞の山を見て仰天した。「父はそれを一輪車で少しずつ運び、シャベルで畑に撒いてまわりました。肥料には牛の糞が一番なんだと父は話していました」。チェスニーはこう語った後、「でも臭くてたまらなかったわ」とつけ加えた。

このようにアメリカでは多くの国民が戦時活動に従事していた。それまで行ったことがなかったさまざまなことを、政府に促されて行っていた。

◉旅をする母親へのアドバイス

アメリカの労働省児童福祉局は、赤ん坊や歩き始めの子どもを連れて長距離を移動する母親たちに、アドバイスを行っていた。現代の自立した女性とは違い、六〇年前の女性は自分で計画して旅をす

「愛国者」と名づけられた口紅の広告。勝利を意味するＶの文字も描かれている。女性が化粧をすることで士気が高まると考えられていた。

家庭を守る女性たち

アメリカで６人の子どもを育てていたメアリー・ガードナーは、毎日の食事作りに頭を悩ませていた。

「戦時中は切り詰めた生活をしていました」。ガードナーはこのように振り返っている。「だから食べ物は、調理したら嵩が増える物をよく買っていました。スパゲッティやマカロニなどです。それに何か他の材料を混ぜていました」

ガードナーの父親は漁師だったため、魚は豊富に手に入った。肉が配給制となっていたのでとても重宝した。でも子どものうち何人かは、戦時中にさんざん食べたため魚が嫌いになり、戦後はほとんど口にしなくなった。

苦労は絶えなかったが、それを戦地の夫に伝えることはなかった。

「本来なら男性が行う仕事も私がしていましたから、本当に大変でした……男の子には男親が必要です。男の子は父親の力強い手で導いてあげなければならないといつも思っていました。でも、夫への手紙にそういったことは決して書きませんでした。余計な心配をかけたくなかったからです」

女性は、戦前は夫に頼っていたが、戦時中はひとりで子どもを育てた。

空襲中、狭いアンダーソン・シェルターの中で赤ん坊にミルクを与える母親。1940 年、ロンドン

士気を高める

労働省は、ひとりで家庭を守る女性に生活指導を行っていた。また、本や雑誌、ラジオなどは色々なアドヴァイスを与えていた。例えば、夫への手紙には子育てについての悩みや生活への不満は書かず、「みんな元気で、お金もじゅうぶんにあり、何の問題もなく暮らしています」という風な明るい文面にするようアドヴァイスをした。

女性の士気を高めるための取り組みも行われた。戦争に勝つためには女性の士気を高めることも非常に重要だった。政府は愛国的なポスターを使って女性を鼓舞し、ハリウッドは、アメリカ軍兵士が己を犠牲にしながら勇敢に戦い、勝利する内容の映画を製作した。そして雑誌は、美容に気を使い、化粧をするよう勧めた。

イギリスの雑誌も女性に化粧をするよう勧めた。美しい女性の姿は男性の士気も高めると考えていたカナダの雑誌はこんな風に女性に説いている。「女性の美しさははかないものです。でも、女性の美しさは男性に大きな力を与えます。あなたの美しさが、勝利への道を進む力となるのです……花びらのように柔らかく張りのある肌を保ち、顎を上げ、明るい色の口紅を塗り、手肌も滑らかであるよう心がけましょう。国と兵士、そしてあなた自身のために美しさを保ちましょう」

工場で一日中働く女性工場労働者の場合、美しさを保ったり、お洒落をしたりするのはなかなか難しいことだった。でも雑誌の呼びかけにより、そうしたことに気を使う女性工場労働者が増えた。

女性工場労働者には髪を短く切った者が多かったが、長い髪の者は髪形を工夫するようになった。そして、髪をくるくると巻き、それを頭上で留める髪形が流行した。

この髪型はヴィクトリー・ロールと呼ばれるようになった。

アメリカでは 1942 年 2 月 7 日に靴も配給制となった。1 年に革靴が 3 足配給された。気の利いたデザインがショックを和らげるのに役立った。

ることはほとんどなかったため、助けとなる情報を与える必要があった。

児童福祉局は冊子を作り、列車の予約の仕方や、移動中に子どもを退屈させない方法などを教えた。また、荷物は最小限にとどめること、子どもの食べ物や着替えはじゅうぶんに持って行くことなどを助言した。

◉お洒落な実用服

アメリカやイギリスでは、お洒落な服が女性の士気を高め、それが男性の士気を高めることにもつながると考えられていた。しかし、とくにイギリスは物資が不足しており、戦前のようなお洒落な服を供給するのは難しい状況だった。そこでイギリス政府は、一九四一年に発した民間衣類令の下、「お洒落な実用服」を作った。この取り組みにはロンドン・ファッションデザイナー協会も協力した。新しい実用服は品質と価格が統制され、製品には「ＣＣ４１」のマークが付けられた。このマークのＣの文字は、右側をＶ字形に切り取った丸いチーズのような形をしていた。

新しい実用服は、使うことのできる材料は限られていたため、装飾は最小限に抑えられた。ファッション雑誌「ヴォーグ」は、新しい実用服のことを「むだのないシンプルな服」と表現した。ジャケットの場合、

収穫作業への協力を呼びかけるイギリスのポスター。色合いが明るく、収穫を「勝利のための収穫」と表現している。

使用できるボタンは基本的に三つまでとされ、多くの生地が必要になるバイアスカットは使われなかった。また、新しい実用服は軍服調のものが多かった。例えば、肩パッドを入れた、角ばったシルエットの服である。女性の士気をさらに高めるのが狙いだった。服の製作にはハーディー・エイミス、ノーマン・ハートネル、ヴィクター・スティーベル、ディグビー・モートンなどが参加した。ノーマン・ハートネルは、国王ジョージ六世の妻であるエリザベス王妃の衣装を手掛けていた人物であり、ヴィクター・スティーベルも偉才のデザイナーだった。フランスが占領される一九四〇年以前に、フランスの高級アパレルメーカーで活躍していたデザイナーもいた。こうした著名なデザイナーが製作に参加したことで、「実用服」であることを感じさせない「お洒落な実用服」に仕上がった。こうしてイギリスの女性は、衣服を「直して使う」だけでなく、お洒落な服を着ることもできるようになった。

ヘリンボーンのジャケットにシンプルなズボン姿の女性。戦争の時代を反映した実用的な服装である。オーストリアやドイツの女性も戦時中はこのような服装をしていた。

イギリスに駐留したアメリカ軍兵士

1942年1月26日、アメリカ軍兵士およそ4000人がイギリスに到着した。その数は後に15万人に達し、1944年6月6日にノルマンディー上陸作戦が実行に移された。アメリカ軍兵士は、イギリスの男性とは違っていた。彼らは逞しくて快活だった。また、話好きで人懐っこく、おおらかで自信に溢れていた。そして、女好きだった。

イギリスの女性はアメリカ軍兵士に魅力を感じた。そして娘を持つ親は、娘の純潔が失われるのではないかと心配するようになった。すべての娘が純潔を守っていたわけではないだろうが、実際、多くのアメリカ軍兵士とイギリスの女性が肉体関係を持った。そしてそれが理由だと思われるが、イギリスにおける非嫡出子の数は、アメリカ軍兵士の駐留が始まって以降、3倍に増えた。アメリカ軍兵士とイギリスの女性の間に生まれた子どもの数は、およそ2万2000人と言われている。

イギリスでの休日を楽しむアメリカ軍の女性。休日は、いつも自由に過ごしていたわけではなく、あらぬ噂が立たないように監督者が付けられることや、基地から出るのを禁じられることもあった。

女性を求める

アメリカ軍兵士は女性を盛んに追い求めた。その姿に多くのイギリス人が不安を覚えた。兵士らが女性たちの集まりに押しかけることもしばしばだった。兵士たちを追い返すためにアメリカ軍の憲兵が呼ばれることも珍しくなかったが、それで兵士がおとなしくなることはなく、また別の女性たちを求めて繰り出すのだった。

ある日、若いタクシーの運転手が、休日中のアメリカ軍兵士を乗せ、グロスタシャー州にあるコッツウォルズの村々をまわった。途中兵士たちは「軍に同行する女性と田舎屋の屋根裏で過ごしたこと」や「地元の娘との密会」について話していた。女性の身体のことについてもあからさまに話していた。兵士たちはタクシーから降りる際、一緒に女遊びをしないかと運転手を誘った。純な若者だった運転手は大急ぎで逃げてしまった。

不義

恋人や夫の出征中に、アメリカ軍兵士と肉体関係に陥る女性も少なくなかった。恋人や妻の不義を知ったイギリス軍兵士の中には、傷つきながらもそれを受け入れ、許す者もいた。一方で、悲劇を起こしてしまう者もいた。トミーという名のイギリス軍兵士が戦地から家へ戻ったところ、妻がアメリカ軍兵士と一緒にベッドの中にいた。トミーはアメリカ軍兵士をつかみ、窓から外へ投げ出した。そして殺害した。妻のその後のことは分かっていない。

女性からの誘い

女性の方からアメリカ軍兵士を誘う例もたくさんあった。娘たちは大勢で基地へ遊びに行き、街で兵士を見かけると声をかけ、しなを作って誘った。アメリカ軍兵士の給料がイギリス軍兵士の給料よりもはるかに多いことも、女性にとっては魅力的だった。アメリカ軍兵士の年収は3000ドル、イギリス軍兵士の年収は400ドルだった。アメリカ軍基地の酒保や、ロンドンのアメリカン・クラブ「レインボー・コーナー」などに行けば、ナイロンの靴下や香りの良い石鹸など、当時のイギリスでは贅沢品となっていた品々が手に入った。

また、アメリカ軍兵士の振る舞いも女性の心をとらえた。「電気冷蔵庫」などと呼ばれることもあったイギリスの男性とは違い、女性を喜ばせる方法を心得ていた。「こんにちは、公爵夫人！」、「やあ、きれいですね！」といったアメリカ軍兵士の挨拶はイギリスの女性にとって新鮮だった。その後に続く、詩のような甘い言葉や優しい態度には心が蕩けてしまいそうだった。

アメリカ軍兵士の花嫁

もちろん本当の恋もたくさん生まれ、7 万人の女性がアメリカ軍兵士と結婚し、アメリカへ渡った。しかし、恋人のアメリカ軍兵士が戦死するという悲しみを味わう女性も少なくなかった。

アメリカ軍兵士は、イギリスにおいて「給料を貰い過ぎ、食べ物を与えられ過ぎ」などと嫌味を言われることもあったし、問題を起こすこともあった。しかし戦時中のイギリスにひとときの明るさをもたらした。そしてイギリスの人々は、アメリカ軍兵士を通してひとつの事実を知った。それは、海の向こうに、刺激的で活力に溢れ、自分たちの国よりももっと自由な国が存在するということだった。アメリカ軍兵士は 1944 年 6 月、ノルマンディー上陸作戦を実行するため、イギリスを離れた。

イギリスの女性は、アメリカ軍兵士に胸をときめかせた。兵士からのたくさんの贈り物も魅力的だった。イギリス軍兵士は彼らのようにあか抜けておらず、給料も少なかった。

第3章

女性工場労働者たち

戦時中、女性は男性の代わりに工場で働いた。女性工場労働者は工場で技術を学び力仕事をこなした。工場に残る男性労働者との間に摩擦が生じることもあった。

工場で働く女性は、第二次世界大戦より二世紀近く前から存在したが、かつてないほど大規模で破壊的な戦争だった第二次世界大戦では、女性工場労働者の数が非常に増えた。そして、社会のさまざまな階層の女性が交じり合うようになった。例えば、専門職に就く女性と、社会的地位の低いタイピストが、工場の作業台で一緒に働くことになった。

第二次世界大戦以前も、夫の稼ぎが少ない労働者階級の女性などが工場で働いていたが、一般的には工場で働くのは男性だった。しかし戦争が始まると、男性に代わって女性が工場で働くようになった。戦争というのは、女性の生活を変えるものである。カナダのある女性はこう語っている。

「夫はすぐに空軍に入隊しました。夫婦での話し合いなどありませんでした。私の生活が一八〇度変わってしまうというのに、夫はひとりで入隊を決めてしまったのです」

戦争が始まり、アメリカをはじめとする各国において軍需品の増産が急務となった。しかし男性は出征するため、各国の政府は女性に対して、男性に代わって工場の仕事に就くよう求めた。

工場で働く女性。熱、埃、騒音など工場につきものの不快な物事や、男性からの偏見に耐えながら務めを果たした。

そして女性は軍需工場や造船所において、溶接やリベット打ち、旋盤を使って銃身を作る仕事などに就いた。こうした重工業分野の仕事は、女性にはできないと思われていた仕事だった。

しかし女性はその仕事を見事にやりこなした。カナダの帝国軍需局は次のように記録している。「工場主たちは、女性には工場の仕事は無理だろうと考えていた。ところが蓋を開けてみると、女性はどんな仕事でもやりこなすことが分かった。たいへんな力を要する作業でもやってのけた」

◉女性の給料

多くの女性が工場で働くようになったが、そのことに反対する者も少なくなかった。また、解決しなければならない問題も生まれた。そのひとつは給料の問題だった。女性工場労働者の給料は、男性工場労働者の給料よりも少なかった。これは戦前も同様だったが、戦前は、女性は基本的に男性と異なる仕事に就いていたから、給料の差が問題視されることはなかった。しかし第二次世界大戦中は、女性が男性と同じ仕事をするようになっ

ソ連では、女性が工場で働くことに対する反発はほとんどなく、戦時中は、男性同様に工場で働くことを当然のこととして求められた。

た。そのため、仕事は同じなのに給料は同じではない、と問題視されるようになったのだ。オーストラリアの女性は、男性と同じ仕事をしても、男性の給料の二〇パーセントから三〇パーセント分の給料しかもらえなかった。カナダの場合はその割合がわずかに増えた。また、溶接やリベット打ちの技術を習得すると、週におよそ二五ドルの特別手当をもらうことができた。

◉埋まらない給料格差

一九四二年、アメリカの戦時労働局は全国の工場に対し、同じ仕事に就く労働者には同じ額の給料を支払うよう指示した。アラバマ州のレッドストーン兵器廠とハンツヴィル兵器廠はこの指示に従い、給料の差をなくした。それまでは、例えばハンツヴィル兵器廠のマスタードガス製造部門の場合、男性の日給は五・七六ドル、女性の日給は四・四ドルだった。

しかし、すべての工場が戦時労働局の指示に従ったわけではなかった。第二次世界大戦中の工場労働者の平均週給は、男性が五四・六五ドルであるのに対し、

工場の監督官。戦前は男性が監督官を務めるのが普通だったが、戦時中は、徴兵された男性に代わって監督官を務める女性が増えた。

ある夜の空襲監視員

ドリーン・エリスはメイダ・ヴェールの空襲監視員だった。昼間は別の仕事に従事していた。メイダ・ヴェールはロンドン中心部から北西に数マイル離れた住宅地で、集合住宅が密集していた。こうした地域が空襲を受けると、被害は大きくなる。

ドイツ空軍は、ロンドン大空襲のさなかの1942年5月10日夜、メイダ・ヴェールに対し激しい攻撃を行った。ドイツが空襲を行う目的のひとつはロンドン市民の戦意を挫くことだった。しかしロンドン市民は戦意を失うことはなかった。

その夜、ドリーン・エリスと仲間の空襲監視員にはなすべきことが山ほどあった。

「とても騒々しい夜でした」。エリスはその夜のことをこう振り返っている。「空襲が始まると、たくさんの方が助けを求めてやって来ました。怪我をしている方には応急手当を施しました。午前1時頃、医師が到着しました。ひとりの方は脚を怪我していました。私はその方の膝からふくらはぎにかけて包帯を巻きました。外へ見回りに出ると、ひとりの娘さんが倒れていました。怪我を負い、気を失っていました。救急車が来るまでの応急処置として手首に止血帯を巻き、身体を起こして背中を壁にもたせかけました。娘さんは、もう一方の手首に自分の名前を記していました。

そうしている間にも、あちこちに爆弾が落ちていました。表の壁全体が崩れ落ちている集合住宅もありました。助けを求めてやって来る方は絶えませんでした。友人は爆発した榴散弾の破片が身体に刺さり、病院へ運ばれました。朝の6時ごろ任務が終わり、家に帰ってベッドに入りました。もうくたくたでした。でも、8時には起きて昼の仕事へ向かいました」

空襲監視員。崩壊した建物から犠牲者を運び出すなど、危険で恐ろしい任務にも就いた。

女性は三一・二一ドルだった。

給料の問題の他に、戦時労働局をはじめとする諸機関を悩ませる問題があった。それは女性が工場で働くことに対する国民の反発だった。とくに男性には、女性は家庭にいるのが当然であり、女性が工場で働くことなど認められないと言う者が多かった。このままでは「家庭を省みない」女性が増え、多くの家庭が崩壊することになるだろうと言う者もいた。しかし実際には、女性は子どもの世話や掃除、裁縫、買い物、料理もきちんと行っていた。なお、一九四五年には、結婚している女性の四人にひとりが仕事に従事していた。

◉政府による説得

女性の中にも、工場で働くことに抵抗を感じる者がいた。そのため、政府は女性の意識も変えなければならなかった。国家は、とくに戦時下においては、解決すべき問題がある場合、強権を発動することがある。戦時労働局が給料の格差をなくすよう指示したのも、そのひとつの例だと言え

航空機製造工場において部品を検査する女性たち。このような単純作業が軍需品生産を支えていた。

This is America..
...industrial center of the world...maker of steel...miller of flour...weaver of cloth . . . vast producer of the comforts of life. This is your America.
...Keep it Free!

る。しかしアメリカは、女性に対しては強権を振るうことはなかった。イギリスは一八歳から六〇歳までの女性を徴用したが、アメリカは、国家権力による強制は民主的ではないため、できることなら強制はしたくないという考えを持っていたからだ。

アメリカは女性に対して強制するのではなく、リベット工のロージーを描いたポスターをはじめとするさまざまなポスター、雑誌、ラジオを通して、戦場で戦っている男性の代わりに女性が工場で働かなければならないと説得した。そしてこの説得は効果を上げた。

◉レッドストーン兵器廠で働く

エウゲニア・ホルマンは、政府の説得によって意識が変わり、レッドストーン兵器廠の婦人兵器製造労働者（ＷＯＷ）となった。「工場へ初めて行った日のことはよく覚えています。私は戦争に勝ちたいという気持ちでいっぱいでした。そう思わない人などいませんよね……私は、戦争に勝つためにはたくさんの軍需品を作らなければならないこと、そして健康な女性の力が必要とされていることを知りました。そして、前線の兵士たちのように、私も何かを行わなければならないと考えるようになりました。だから工場の製造ラインで働くようになったのです……夫や兄弟、いとこが戦地から帰ってきた時、良心に恥じることなくみんなの目を見て『私もできるかぎりのことをすべてやったわよ』と言いたかったのです」

工場で働く女性。機械器具の設置や穿孔、リベット打ち、爆弾に信管を取り付ける仕事など、「女性の仕事」とは見なされていなかった仕事に従事した。

アメリカのプロパガンダ・ポスター。自国の工業生産力を讃えるとともに、自由を守ろうと訴えている。アメリカの工業生産力は連合国の勝利を決定づけた。

ホルマンのように、工場の仕事に従事する女性はしだいに増えた。そして政府は就労を促すための説得を続けた。戦時情報局が作成した『女性労働者獲得のための基本計画』という文書には次のように記されている。

「労働は愛国的行為であると労働を讃えれば、仕事に就く女性は増えるだろう。そして仕事をやり通すだろう。この戦いは総力戦であり、女性も働かなければならないということを説く必要がある」

◉愛国心とお金

政府が愛国心に訴えて就労を促す一方、経済的な理由から、自ら進んで工場の仕事に就く女性もいた。アメリカでは一九三〇年代の大恐慌により、男性と同様に多くの女性が仕事を失った。ところが戦争が始まると、工場が労働者を求めるようになった。失業中だった女性は、長く暗いトンネルの先に光を見た思いだっただろう。また、工場の仕事の方が給料が良いという理由から転職する女性もいた。

マルガリータ・サラザールは勤めていた美容院を辞め、航空機製造工場で働くようになった。

爆撃機の翼にリベットを打ち込む女性。アメリカでは多くの航空機が生産された。爆撃機はフライング・フォートレスが1万2726機、リベレーターがおよそ1万8000機、ミッチェルがおよそ9800機生産された。

アメリカのプロパガンダ・ポスター。男性の偏見をなくすため、女性が工場で立派に務めを果たしていることを伝えている。

「もちろん工場の仕事は大変でした。でも、ずっと良いお給料がもらえました」とサラザールは語っている。「だからやる気が出ました。工場で働けば、より多くのお金を稼ぐことができ、そのうえ国のためになるのですから！」

確かに給料の差は大きかった。例えば、アラバマ州のモービルでは、ウェイトレスの週給は一四ドル、販売員の週給は二一ドルだった。それに対し、造船所の労働者の週給は三七ドルだった。ヴァンクーヴァーやワシントンでは、女性の教師の給料より、造船所の労働者の給料の方が三分の二ほど多かった。時給で見ると、女性教師の時給は七五セント、造船所の労働者の時給は一・二五ドルだった。

年齢の高い女性の中にも、進んで工場の仕事に就く者がいた。戦前は、高齢の女性が就職するのは非常に難しかったが、戦争が始まると状況が変わった。ある女性はこう語っている。

「働きたいと思っても、年齢の壁が大きく立ちはだかるのです。ですから職業紹介所へ行っても無駄でした……戦争が始まってもしばらくは同じような状況でしたが、やがてどの工場も若い女性だけでは労働力を補うことができなくなりました。そのため年齢制限が四〇歳から四五歳へ、

工場で作業をすると、髪や顔に煤がこびりつき、手や腕は油にまみれた。また、工場の中は鉄粉や金属粉が舞っていた。

四五歳から五〇歳へと上がり、工場が多い地域ではついに年齢制限がなくなりました」

◉男性の世界に入る

アメリカの女性は、若い女性から年配の女性まで工場の仕事に従事するようになったが、はじめのうちは男性労働者に受け入れてもらえなかった。戦争初期に働き始めた女性は「切り込み隊」として男性の世界に入った。なお、軍需工場では、女性が全労働者に占める割合は一九四三年の時点で三四パーセントだった。

インカ・サンナ・ベントンも最初に男性の世界に入った。ベントンは、母国ポーランドがドイツに占領された後の一九四〇年にアメリカへ渡った。そしてニューヨークにあるスチューベン・グラス社の工場で働き始めた。配属された部門では一〇人ほどの男性が働いていた。女性はベントンひとりだった。ベントンは建築士の資格を持っており、いずれは奨学金をもらってハーヴァード大学で修士号を取得しようと考えていた。ある日、工場の監督官に言われた言葉をベントンはよく覚えている。監督官は親切心から言っているらしかったが、ベントンは馬鹿にされているように感じた。

「監督官は仕事のようすを見にやって来ました。『やあ、お嬢さん、今は何の仕事をしているんだい？』と尋ねられたので、『病院用のリネンを作っています』と答えました。すると監督

多くの女性工場労働者が愛国心に突き動かされ、早く正確に、より多く生産することを目指した。

イギリスの工場

イギリスでは工学、ガス、水、電気、艦船、航空機、軍需、化学などにかかわる工場の仕事に女性が従事し、その数は1943年には150万人に達した。イギリスはアメリカと同じく、工場で働く女性を集めるための取り組みを行った。例えば、パレードを行って就労を促した。あるパレードでは、女性工場労働者と航空機部品を荷台に乗せたトラックが隊列を組み、通りをゆっくりと走った。女性工場労働者はきれいな色のオーバーオールを着て、スピットファイア戦闘機などの部品の傍らに立っていた。部品には「わたしたちが作りました」という文言が刻まれていた。

ドイツ空軍の攻撃目標

イギリスの工場は、ドイツ空軍の主要な攻撃目標だった。労働者と施設を守るために地下に作られた工場もあったが、その他の工場で働く労働者はつねに危険に晒されていた。

グラディス・リーヴスは、コヴェントリーにあるアームストロング・シドレー航空機製造工場で働いていた。コヴェントリーは多くの工場が集まる都市で、たえず空襲を受けていた。出勤して仕事を始めたとたんに、空襲を知らせるサイレンが鳴るような日も珍しくなかった。サイレンが鳴ると仕事を中断し、全員シェルターへ避難した。しかしシェルターは工場内に作られていたので、リーヴスはいつも不安だった。「場合によっては、シェルターも工場もろとも破壊されるだろうと思っていました。

爆撃機は毎晩のように飛んで来ました。でもはじめの頃はそれほど激しい攻撃ではなかったので、ただヘルメットをかぶり、爆撃機が去るのを待つこともありました。戦争が進むにつれ、攻撃が本格的になっていきました。ドイツ空軍は、工場を守っていた阻塞気球も撃ち落とすようになりました。阻塞気球がなくなれば、簡単に工場に近づけるようになりますから……ある夜、工場の隣にある墓地に爆弾が落ちました。工場の屋根も吹き飛ばされました。墓地は遺体や骨や棺桶が散乱し、まるでホラー映画の一場面のような恐ろしい光景が広がっていました」

ゼネラル・エレクトリック社の工場で働く女性たち。単純作業を根気強く行い、細かなコードや部品を器用に扱った。

アメリカのプロパガンダ・ポスター。戦争に勝つためには女性の協力が必要だと訴えている。政府は女性を説得し、男性にも理解を求めた。

官はこう言ったのです。『君の働きぶりはすばらしいね。でも僕は思うのだが、君には料理や庭の手入れをする方が合っているのではないかな。君のような若いお嬢さんには、そういう仕事の方がずっとふさわしいよ』」

スチューベン・グラス社の他の男性労働者も、ベントンのことを見下すような態度を取っていた。しかし、ベントンがハーヴァード大学で学ぼうとしていることを知ると「男性の態度が変わり、私を認めてくれるようになりました」

◉冷ややかな態度

アリソン・イーリー・キャンベルは、オレゴン州ポートランドにあるカイザー造船所で働き始めた。最初は事業推進部に配属され、二か月間タイピングの仕事をした。その後、組立工場へ移動となり、溶接の仕事に就くことになった。女性の溶接工はふたりしかいなかった。

「男性溶接工の視線は冷ややかでした」とキャンベルは語っている。キャンベルともうひとりの女性は工場長から仕事の説明を受け、男性溶接工とは別の「持ち場」を与えられた。

「男性たちは無視を決め込んでいました。私たちはのけ者にされていたのです」。しかしキャンベルたちは耐えた。「私たちは

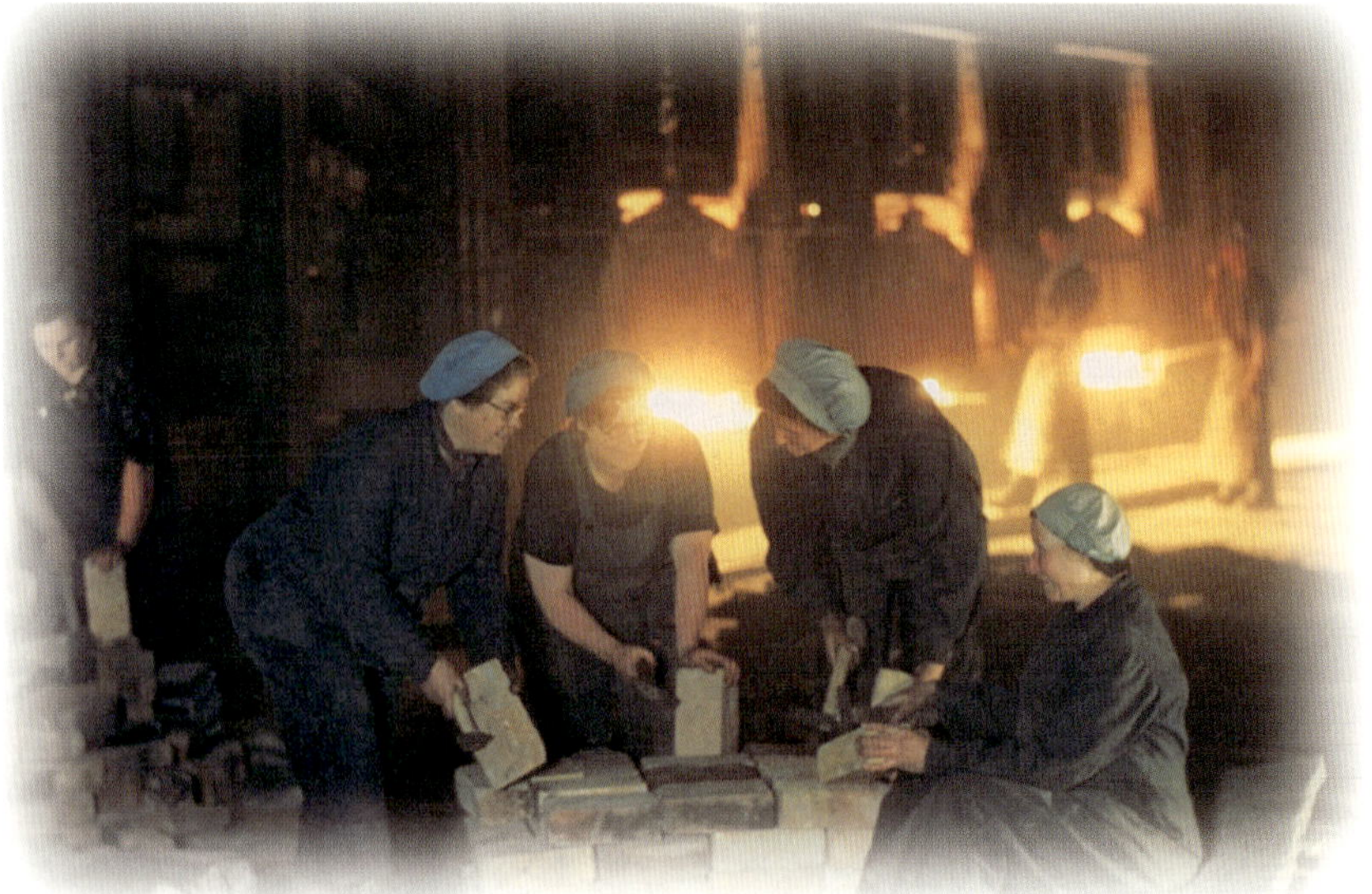

イギリスでは戦争が始まった当初は、力の弱い女性に工場の仕事が務まるのか、といった報道もなされた。しかし女性たちは力仕事をやりこなし、偏見を打ち破った。

板金加工を行う女性。当初は反発していた男性労働者も、しだいに女性を受け入れるようになった。

ロイヤル・オードナンス社の女性労働者たち。工場内に浮遊する有害な化学物質から肌を守るため、特別なクリームを塗っている。

彼らに明るく接し、懸命に働きました。するとしだいに彼らの態度が和らいでいきました。そして何週間か経つ頃には、お互いに打ち解けることができました」

ベントンやキャンベルのように、男性の世界に最初に足を踏み入れた女性はとくに苦労した。地質学者ドロシー・ヘンダーソン・スミスは、オクラホマシティのマグノリア石油会社で働き始めたが、調査のため地層のサンプルを採取しようとすると、男性労働者が「油井のまわりに座り込み」スミスの仕事の邪魔をした。

◉達成感

女性工場労働者は、はじめは能力を疑問視され、無視され、ドロシー・ヘンダーソン・スミスが経験したように、時には仕事を妨害された。しかし、仕事をきちんとこなしたため、やがて信頼されるようになった。また、女性は働くことで自分に自信を持つようになった。目を見張るような仕事ぶりを見せる女性もいた。ローズ・ボナヴィータとジェニー・フロライトは、一九四三年六月八日の六時間の夜勤中、雷撃機の翼に三三四五本のリベットを打ち込むという記録を残している。

大変な仕事をやり遂げることで、女性は大きな達成感を得た。それは多くの女性にとって、かつて味わったことのない達成感だった。

ジョアン・ハドリッキーは一八歳の時、造船所の溶接工となった。仕事の初日、ハドリッキーは保護ヘルメットをかぶり、溶接工具を持ち、作業場へ向かった。

「船の隔壁の部分の溶接作業でした」。ハドリッキーはその日のことをこう振り返っている。「隔壁の前に立ったら恐ろしくなって、どうしたらよいのか分からなくなりました。私は座り込ん

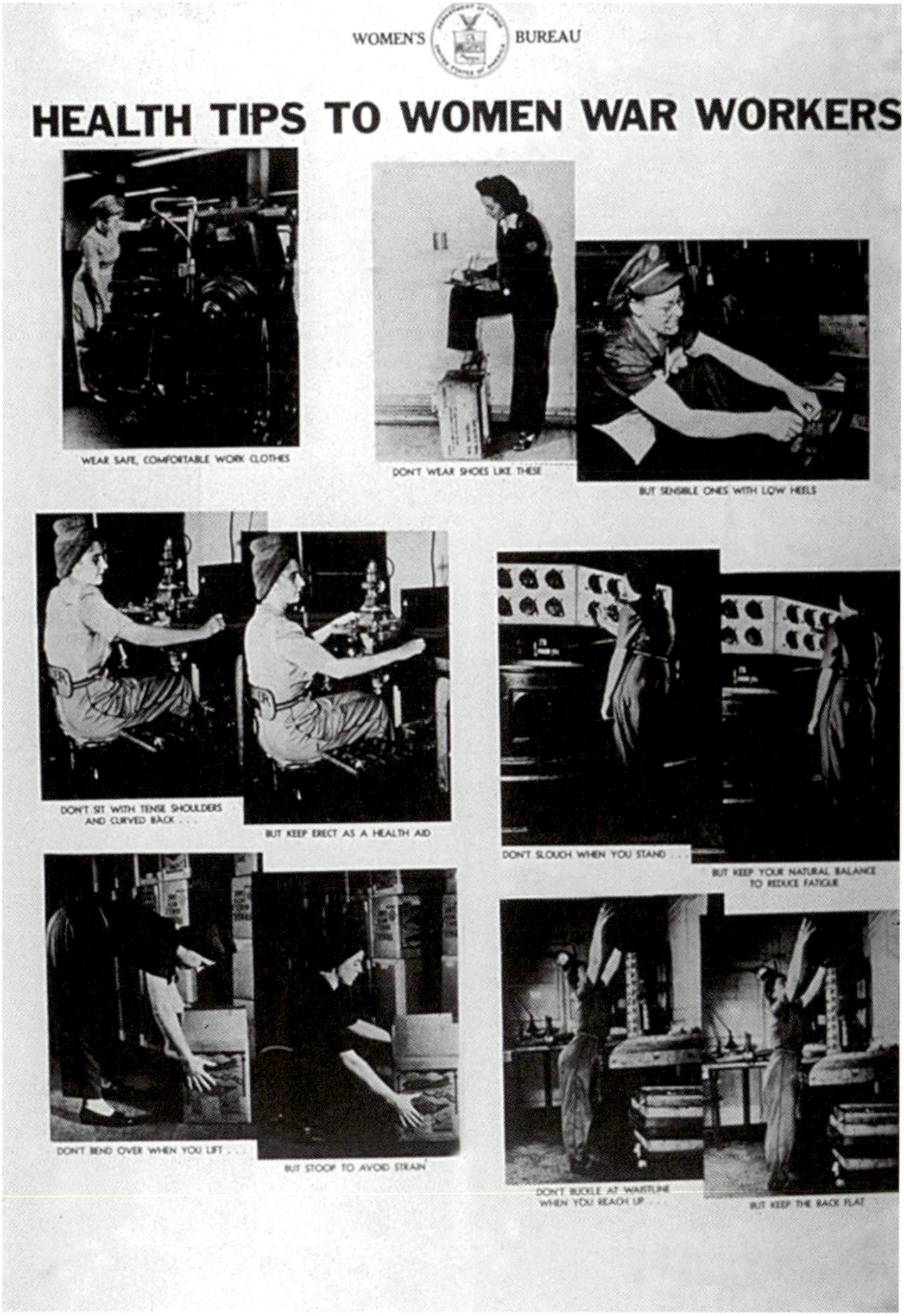

安全に仕事を行うための注意点を示した写真。どのような靴を履き、どのような姿勢で座り、重い物を持ち上げる際はどのようなことに気をつけるべきか、といったことが示されている。

農村の仕事

第二次世界大戦中、イギリスでは婦人農業部隊による農業支援が行われた。第一次世界大戦時も1917年まで、女性による農業支援が行われた。昔から女性は農村の仕事に従事していたから、婦人農業部隊の活動は批判されることもなく、社会から受け入れられた。

ある募集ポスターには、農夫が微笑みながらひとりの娘に向かい、「僕たちは、君のような娘さんがたくさん来てくれるのを待っているんだ……」と語りかける姿が描かれていた。そのポスターの娘は、頑丈そうな首当てを付けた大きな馬に犂を引かせ、畑を耕していた。婦人農業部隊が従事した仕事は、鶏に餌を与えたり、牛の乳を搾ったりするような伝統的に女性が従事していた農村の仕事だけではなかった。たいへんな体力を要するため男性が担っていた耕作などの仕事も行った。

婦人農業部隊は、夏は1週間に50時間、冬は48時間働いた。仕事は耕作、トラクターの操縦、干し草作り、収穫、わら葺き屋根の葺き替え、脱穀、開墾、家畜の番、果樹園や野菜畑の手入れなどだった。鼠の捕獲作業も心を鬼にして行った。

多岐にわたる仕事

このように農村の仕事はじつにさまざまだった。1941年に婦人農業部隊に入隊したパット・ヴォーンは次のように回想している。「どのような仕事を行うのかは決まっていませんでした。トラクターの運転や耕作、じゃが芋や根菜類の植え付け、収穫など色々な仕事を手伝いました。干し草作りはよく任されました。果物の収穫に駆り出されることもありました。同じ収穫作業でも大麦などの穀類の収穫作業や、白クローバーの刈り取り作業は重労働でした。そのうえ身体がひどく汚れました」

ポスターには農作業の風景が牧歌的に描かれたが、現実の農作業はとても骨が折れた。ただ、新鮮な空気を吸いながら働けるのは利点だった。

パット・ヴォーンは戦争後期の1944年に結婚した。牧師はヴォーンが農村の仕事に従事していることを知

ソ連のプロパガンダ・ポスター。たくましい腕を持つ女性がトラクターを運転する姿を描き、女性には、男性の代わりに農村の仕事を行う力があると訴えている。

ると驚嘆した。そして牧師の勧めで、婦人農業部隊の隊員であるということが、結婚証明書に記されることになった。

伐採隊の仕事

1942年、婦人農業部隊の下に伐採隊が結成された。伐採隊は木の伐採を行う組織で、隊員は「木こり娘」と呼ばれるようになった。

ロザリンド・エルダーは、伐採隊の結成後すぐに入隊した。エルダーは入隊した時点では、伐採隊の仕事が「想像を絶する」苛酷な仕事であることをまだ知らなかった。

ある日、エルダーは訓練を受けるため、他の隊員らと一緒にスコットランドのアンガス州にあるブレチンへ出発した。途中グラスゴーで1泊し、翌日、ブレチンに到着した。それから屋根なしトラックで森へ入り、訓練が始まった。

「木を伐採するための2キロの斧を渡された時は、戸惑ってしまいました」とエルダーは語っている。訓練では斧の使い方、伐採方法、倒した木から枝を切り落とす方法、トラクターやトラックに木材を積む方法などを教わった。

たくましくなる女性たち

その日の訓練が終わる頃には、身体のあちこちに水ぶくれができていた。その後、エルダーたちは訓練に励み、しだいに逞しくなり、ひと月もたたないうちに、伐倒作業や木材の切断作業、木材を積む作業などをこなせるようになった。

訓練が終了すると、木こり娘たちはイギリス全土へ派遣された。エルダーは寒さの厳しい 12 月、スコットランド高地に位置するマレー州のアドビーという小さな村に派遣された。野営地は原っぱの真ん中にあり、ふたつの横長の木の小屋が寝泊りする場所だった。アドビーに派遣された木こり娘は 40 人だった。

エルダーは伐り出された木材を運ぶ仕事に従事した。馬に木材を引かせて、森の外の空き地まで運ぶのだ。木材はそこで加工され、丸太、坑道支柱、電柱、パルプ材などとして使用された。エルダーは週に 5 日と半日働いた。毎週 330 本の木材を運び、毎日欠かさず馬の世話をした。

「私は毎日夜明けとともに起き、馬小屋のごみをシャベルですくい出し、馬の手入れをし、餌と水を与え、それから作業を始めました。外で一日中働くので冬の間は辛かったです。でも、夏は本当に気持ちよく、日に焼けて健康的でした……伐採隊の隊員として活動した日々のことは忘れることができません。良いこともたくさんありました。太陽の光や笑い声、切り出されたばかりの木材の香り、そして作業中の木こり娘たちの掛け声が懐かしく思い出されます」

ソ連を構成する中央アジアのキルギスの女性たち。大きなトラックでも臆することなく運転した。

でひとしきり泣き、『私はうら若い乙女よ。こんな仕事できっこないわ』と独りつぶやきました。でも、それから一五分か二〇分ほどその場に座って考え、思い直しました。そして『とにかくやってみよう』と言って立ち上がりました……その後私はこつこつと取り組み、どんどん上手にできるようになっていきました！」

アメリカではおよそ六〇〇万人の女性が、溶接、機械操作、リベット打ち、航空機や武器の製造などの仕事に従事した。女性たちは経験を積んで腕を上げ、時には男顔負けの働きぶりを見せることもあった。また、女性は日ごろ裁縫や編み物などをしており、細かい作業に慣れていたため、爆弾に信管を取り付ける仕事や、薬莢に火薬を詰める仕事を器用にこなした。

◉事故

工場の労働環境は決して良いとは言えなかった。毎日、大きな音や熱、震動の中で働かなければならない女性もいた。危険な仕事も多く、

工場で働く高齢の女性たち。アメリカの工場は労働力不足のため、髪に白髪が交じる老年の女性でも採用するようになった。

ちょっとした不注意が大きな事故につながることもあった。事故により怪我を負う者や命を落とす者も後を絶たなかった。

アメリカでは二一万人以上の女性が障害の残る怪我を負い、三万七〇〇〇人が亡くなった。レッドストーン兵器廠とハンツヴィル兵器廠では五人の死者が出た。エスター・ポージーはレッドストーン兵器廠における最初の犠牲者で、一九四二年四月二一日に亡くなった。それから五〇年ほど後の一九九四年五月一〇日、アメリカ陸軍のミサイル部隊は、保養地のひとつにポージーを讃える名称をつけ、顕彰碑を設けた。それには「国のために殉職した、レッドストーン兵器廠及びハンツヴィル兵器廠の女性労働者に捧ぐ」と記されていた。なお工場で怪我を負っても、それが治れば再び工場へ戻る女性が多かった。

危険があるにもかかわらず、女性工場労働者の数は増え続け、戦争末期の労働者数は、戦前の一・五倍以上になった。パールハーバー攻撃から二年近くは、女性工場労働者のほとんどは独身女性だった。その中には一四歳や一五歳の子どももいた。一九四三年からは、独身女性だけでは労働力を賄えなくなり、既婚女性の大規模な募集が始まった。その結果、一九四五年には女性工場労働者の四分の三は既婚女性となった。少数ではあるが、小さな子どもを持つ女性もいた。

◉ファーストレディー

既婚の女性工場労働者は、仕事と家庭を両立させなければならなかった。そのためさまざまな苦労があった。ルーズヴェルト大統領の妻エレノ

郵便物の仕分けと配達の仕事に従事する女性。女性は秘書の仕事やタイプライターを打つ仕事、事務などには戦前から従事していたが、郵便物の仕分けや配達は女性にとって新しい仕事だった。

さまざまな仕事への参加を呼びかけるアメリカのポスター。繊細な手つきで航空機の製造を行う女性の姿が描かれている。

アはそのことをよく理解していた。戦時中、エレノアはファーストレディーとして、出版物や演説を通して国民を励まし続けた。そして、女性工場労働者についてもしばしば言及した。

「既婚の女性工場労働者が苦労するのは、彼女たちが抱える問題について、私たちがきちんと考えてあげないからです」。一九四四年、エレノアは「リーダーズ・ダイジェスト」誌で次のように述べている。「彼女たちは家事も行わなくてはなりません。子どもの世話もしなければなりません。彼女たちのために、新しい保育所が各地に作られました。しかし、それらの保育所はうまく機能しているとは言えないようです。不便な場所にある保育所も少なくないようです。聞いた話によりますと、ある保育所はバス停から五ブロック離れているそうです。ですから、子どもの送り迎えのために、女性は毎日二〇ブロック歩かなければなりません。疲れているうえに子どもを抱えて歩くのですから、二〇ブロッ

ソ連のプロパガンダ・ポスター。目つきが鋭く、強い意思を感じさせる女性工場労働者が描かれている。

クは相当長く感じられるのではないでしょうか」

◉移住

仕事に就くために移住する女性も苦労した。住む家を探し、新しい生活環境や気候に慣れ、子どもを持つ女性は、子どもが通う学校を探さなければならなかった。習慣も文化も異なる地元住民との付き合いもあった。

ただ、工場では色々な女性と知り合えた。ミシガン州イプシランティにある、フォード社のウィローラン爆撃機製造工場では、元は教師やウェイトレス、専業主婦、コピーライター、パイロットだった女性が働いていた。ナンシー・シェーファーはミシガン大学出身の新進舞台女優だったが、女優業を諦めて工場労働者となった。ポーラ・リンドは女性初のリンクトレーナー（フライトシュミレーター）の教官だった。リンドは計器を用いて飛ぶ、いわゆる計器飛行をパイロットに教えていた。

こうした女性たちが、ウィローラン工場の製造ラインにおいて、リベット工や組み立て工、検査員、監督

航空機胴体内部の仕上げ作業を行う女性たち。女性の丁寧で正確な仕事が航空兵を支えていた。

官として働いていた。フォード社の創業者ヘンリー・フォードの息子エドセル・フォードは、女性工場労働者は「知恵を絞りながら、不屈の精神をもって未知の仕事に取り組んだ」と語っている。

パールハーバー攻撃以降、女性工場労働者などの移住により、人口が急激に増加する都市もあった。アリゾナ州のツーソンはそんな都市のひとつだった。ツーソンは温暖で湿度が低く、景色が美しく、周辺には牧場が広がる穏やかな土地だった。そのため、健康のことを考えて、あるいは退職後にツーソンへ移住する者も多かった。ツーソンは観光地としても人気だった。

戦争が始まると、周辺に軍の訓練施設や軍需工場が建設され、女性工場労働者などが移住した。ツーソンはサービス業が盛んだったが、それでも対応できなくなるほど多くの人々が流入した。軍の訓練施設は、ツーソンからおよそ一六〇キロ離れたフォートフュチュカに建設された。ツーソンにはデビス・モンサン空軍基地が建設され、南部にはコンソリデーテッド・ヴァルティ社の航空機製造工場ができた。

◉アラバマ州の兵器廠

アラバマ州にも多くの労働者が移住した。一九四一年後半に、レッドストーン兵器廠とハンツヴィル兵器廠が建設されたからだ。アメリカはこの年の一二月七日にパールハーバー攻撃を受けて参戦することになるが、アメリカはそれよりもずっと早い時期から参戦する機会をうかがっており、そのための準備

女性工場労働者への理解を促すためのアメリカのポスター。兵士は、恋人が工場労働者であることを誇らしげに笑顔で伝えている。

を進めていた。

また、アメリカは表向きは中立的な立場を取っていたが、裏ではイギリスを積極的に支援していた。パールハーバー攻撃の五か月前となる一九四一年七月三日、「ハンツヴィル・タイムズ」紙は号外を出し、ハンツヴィルの南西部に四〇〇〇万ドルをかけて新しい兵器廠が建設されると伝えた。

それがハンツヴィル兵器廠だった。ハンツヴィル兵器廠では着色発煙弾や油脂焼夷弾の他、ホスゲン、ルイサイト、白リン、マスタードガス、催涙ガスなどの毒性物質が生産される予定だった。この兵器廠は、陸軍の唯一の化学兵器工場だったメリーランド州のエッジウッド工場を補完するための工場だった。

アラバマ州北部に位置するハンツヴィルのおもな産業は農業だった。そのため、他の土地と比べて静かでのんびりとした暮らしが営まれていた。そんなハンツヴィルにとって兵器廠の建設は一大事だった。

危険な物質を扱うため、住民からは工場の建設に対し反対の声も上がった。しかし、ほどなくして陸軍武器科は、ハンツヴィル兵器廠の近くに、弾薬などを製造するための兵器廠を建設すると発表した。それがレッドストーン兵器廠だった。建設工事は一九四一年一〇月二五日に始まった。レッドストーン兵器廠では

ノースアメリカン社の工場で働く女性。航空機の翼の前縁部分を組み立てている。女性たちはハンドドリルなどの工具を使いこなすようになった。

炸薬《さくやく》、火砲弾薬、方形爆破薬、小銃擲弾、その他各種爆弾が生産される予定だった。

◉職業紹介所

兵器廠の建設は、ハンツヴィルの住民にとってまさに青天の霹靂《へきれき》だった。仕事を求めていた者にとっては願ってもないことであり、兵器廠の建設計画が報道されてからわずか数日後の一九四一年七月七日には、一二〇〇人の男性が職業紹介所に「怒濤のように押し寄せた」という。そして採用が始まったが、当初は女性の採用人数は男性よりも少なく、男性六人に対して女性はひとりの割合で採用された。初期に採用された女性のうち、黒人女性は二〇〇人ほどだった。兵器廠で働きたいと思う

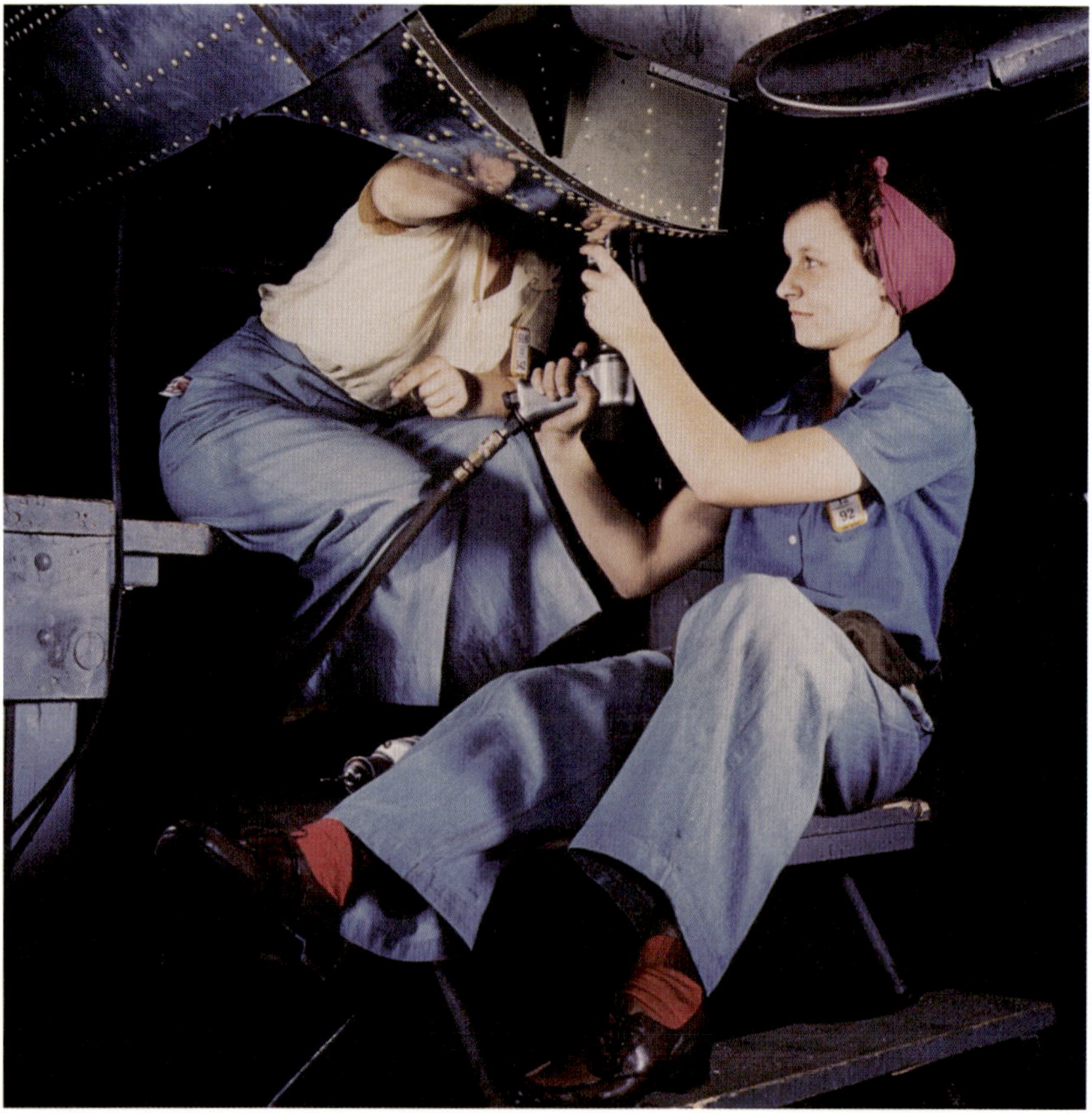

ダグラス・エアクラフト社の工場で爆撃機を製造する女性たち。男性の予想に反し、女性は上手に仕事を行った。1942年10月、カリフォルニア州ロングビーチ

黒人女性は大勢いたが、白人女性が優先的に採用された。黒人女性の採用が進まなかった理由のひとつは、工場内の化粧室の数が不足しており「白人用と非白人用」に分けることができなかったからだ。アメリカ南部ではこうした人種隔離政策が行われていた。

黒人女性は白人女性と同様にハンツヴィル兵器廠に貢献した。しかし、黒人女性の採用は遅々として進まなかった。一九四四年五月の時点では、ハンツヴィル兵器廠の労働者数は六七〇七人で、女性労働者が占める割合は三七パーセントだった。そのうち白人女性の割合は二六パーセント、黒人女性の割合は一一パーセントだった。

◉ハンツヴィル兵器廠の女性化

ハンツヴィル兵器廠では一九四三年まで、強い力を必要とする仕事にはおもに黒人と白人の男性が配属され、白人女性はおもに製造ラインに配属されていた。しかし、徴兵される男性が増えると、男性が担っていた力仕事にも女性が従事するようになった。このように、しだいにハンツヴィル兵器廠の「女性化」が進んでいった。

ハンツヴィル兵器廠の仕事には、専門的な知識や技術が必要となる仕事もあった。そのためハンツヴィル兵器廠は一九四一年

鉄道の仕事に従事する女性たち。イギリスでもアメリカでも、重い道具を使う鉄道の厳しい力仕事を男性に代わって女性が行った。

輸送と交通の仕事

イギリスの鉄道信号員。女性は責任の重い仕事や、女性にはできないと考えられていた専門的な仕事もやり遂げた。

イギリスでは1941年に徴用が始まり、女性はタンカー操縦士や機械操縦士、鉄道警備員、バスの車掌、鉄道信号員などとしても働くようになった。戦前は、電話交換のような仕事とは違い、輸送や交通にかかわる仕事に従事する女性はほとんどいなかった。ゼルマ・カティンは、この未知の仕事に従事することになった女性のひとりだった。

「初めのうちは戸惑いがあった」。カティンは著書『戦時下の女バス車掌の自伝』の中で次のように述べている。「濃紺の車掌の制服を着て、灯火管制下でも仕事に出かけ、『運賃をお払いください！』と叫び、切符を切り……女の私がなぜこんなことをしているの？　そんな気持ちだった」

乗客の驚き

バスの乗客は一様に目を丸くした。とくに車掌と運転手の両方が女性だった場合はとても驚いた。女性工場労働者や婦人農業部隊、軍の女性などとは違い、車掌のように、人々の生活の場で毎日仕事をする女性は、戦争による社会の変化を一般の人々に示す存在となっていた。

しばらくすると、人々は女性の車掌に慣れた。また、洗車、鉄道車両にホースを接続する作業、強力なポンプを使った空襲後の消火作業、オートバイなどの乗り物の修理を女性が行っていても、それを奇異に感じる者はいなくなった。

車両の整備を行うイギリス婦人国防軍の隊員。車両の整備は重要な仕事だった。女王エリザベス2世も、1945年、王女の時にこの仕事に従事した。

から、男女を対象にした無料の技術講習を始めた。講習期間は一二週間で、受講者は構造設計、機械や電気の維持管理方法、化学工学、その他工場の仕事にかかわるさまざまなことを学んだ。技術講習は一九四三年まで続けられた。なお、この頃アメリカはヨーロッパ戦線と太平洋戦線において攻勢を強めていた。また、一九四四年のフランスへの上陸に向けた準備を、イギリスにおいて着々と進めていた。

技術講習はアラバマ大学とオーバーン大学で行われた。ハンツヴィル兵器廠は、いずれは女性が男性に代わる労働力となると見越し、当初から地元の女性に対して受講するよう呼びかけていた。女性にとっても技術講習は魅力的だった。受講すれば、仕事に就いてお金を稼ぐことができ、それと同時に国に貢献することもできたからだ。

◉工場の決断

ハンツヴィル兵器廠やレッドストーン兵器廠をはじめとする工場は、アメリカが第二次世界大戦に参戦してから女性の採用を増やした。

エドセル・フォードは、ウィローラン爆撃機製造工場の女性労働者を最低でも一万二〇〇〇人にまで増やすよう政府に指示された。他の工場も同様の指示を受けて女性を採用した。その結果、一年後には女性工場労働者の数が一四万人にまで増加した。ウィローラン工場は一週間のうちに一一七人の女性を採用したこともあった。

アラバマ州のレッドストーン兵器廠の経営陣は、一九四二年二月、スティムソンやフォードに先駆けて、女性を男性と同じ仕事に配属するとの方針を発表した。そしてその発表通り、二月二八日にまずふたりの「女性製造戦士」を兵器製造ラインに配属した。その年の終わりには、四つの兵器製造ラインで働く労働者の四〇パーセントが女性になった。一九四四年には全労働者の五四パーセントが女性となり、日本との戦争が終結する一九四五年八月には六二パーセントに増えていた。

◉黒人の女学生

レッドストーン兵器廠の経営陣には、女性に工場の仕事が務まるのかという不安もあった。しかしすぐに女性の能力を疑わなくなった。レッドストーン兵器廠は、工具保管庫の管理員、フォークリフト運転手、検査員、警備員、トラック運転手、プレス機械操作員などとしても女性を採用した。レッドストーン兵器廠もハンツヴィル兵器廠も、黒人女性については能力が「未知数」だとして採用に消極的だった。ただ、ハンツヴィル兵器廠の経営陣は、製造ラインに配属した一〇〇人の黒人の女学生について、彼女たちの働きぶりに非常に満足しているとの感想を述べている。レッドストーン兵器廠は、一九四四年四月に初めて黒人女性を製造ラインに配属した。その後、工場新聞「レッドストーン・イーグル」紙、は黒人女性について「彼女たちの働く姿は、我々の良き手本である」と評した。

女性は監督官も務めるようになった。レッドストーン兵器廠では、一九四三年までに数名の女性監督官が生まれた。女性監督官は自分の監督する「娘たち」をとても誇りに思っていた。発炎筒の組み立て部門の女性監督官は、一五人の女性労働者について次のような報告を行っている。「彼女たちは極めて優秀だ。そのため生産量は、要求される生産量を上回る場合がほとんどだ。それを下回ることはまずない」

プラット・アンド・ホイットニー社の航空機エンジン製造工場で働く黒人女性。黒人女性は能力を疑われ、複雑な仕事に配属される者は少なかった。

◉貴重な存在

一九四五年八月、地元の新聞に次のような記事が掲載された。その記事は、なお地元に残っていた、兵器廠で働く女性に対する誤解を晴らすことになった。

「女性労働者は皆、その務めを果たしている。自分の働きが戦争の勝利につながると信じて仕事に臨んでいる。兵器廠の女性労働者の士気はこの上なく高い。彼女たちは、プレス機械を巧みに操作し、五六キロから六八キロもある荷台を、男性労働者並みに軽々と使いこなす……女性労働者は、自分の仕事とは異なる分野の仕事もやりこなす。自分の仕事のことだけでなく、他の仕事についても知ろうとする熱意がある。女性労働者は、ひとりひとりが貴重な存在である」

CADET
NURSE
CADET
NURSE
BE A
Cadet Nurse
THE GIRL WITH A FUTURE
For information
go to your local hospital or write
U. S. CADET NURSE CORPS
Box 88, New York 8, N.Y.
A Lifetime Education FREE
FOR HIGH SCHOOL GRADUATES WHO QUALIFY
U. S. PUBLIC HEALTH SERVICE · FEDERAL SECURITY AGENCY

第4章

看護婦の役割

第二次世界大戦中、看護婦は前線近くの野戦病院において、危険と隣り合わせで負傷兵の救護に当たった。人の命を奪うための戦いが繰り広げられる中、看護婦は人の命を守るために行動した。

イギリスのフローレンス・ナイチンゲールは、一八五三年から一八五六年にかけて行われたクリミア戦争において、負傷兵がまともな治療を受けることができず、悲惨な状況に置かれていることを知り、勇敢にも看護婦として従軍した。

その後、第二次世界大戦にいたるまでの各戦争において、多くの看護婦がナイチンゲールに倣って従軍した。そして、戦地において懸命に兵士の命を救おうとした。

◉救護活動

パールハーバーの看護婦は、激しい攻撃を受けながら救護に当たった。一九四一年一二月七日に日本軍による攻撃が始まると、パイロットは破壊を免れた航空機に乗って次々に飛び立ち、対空砲部隊は配置に就き、看護婦は病院へ向かった。

海軍看護部隊大尉ルース・エリクソンも、爆弾の破片が降りそそぐ中、病院へ走った。戦艦群

戦時中、女性はさまざまな仕事に従事したが、その中で看護婦の仕事は女性にたいへん適しており、また、戦争が終わっても続けることのできる仕事のひとつだった。

は炎上し、辺りには煙が立ち込めていた。エリクソンは整形外科病棟の処置室に入り、仕事にとりかかった。

「まず私たちは、部屋にある容器すべてに水を入れ、ボイラーを焚きました」。エリクソンはこう回想している。「幸い、電気と水道を使うことができました。八時二五分、腹部に怪我を負った兵士が入って来ました。出血がひどかったので、点滴と輸血を始めました……私は恐ろしくてたまりませんでした。その兵士は一時間後に亡くなりました。

火傷を負った人たちがどんどん入って来ました。ハワイは南国ですから、白いTシャツに半ズボンといった格好をしていた人が多かったので、火傷は、脚や腕の露出した部分や顔など広い範囲にわたっていました。そのため私たちは、空の殺虫用噴霧器を持って来てもらい、それにタンニン酸を入れ、火傷全体に吹きかけました。重傷を負った人には、苦痛を和らげるため鎮静剤を打ちました」

◉看護婦の不足

アメリカはパールハーバー攻撃後に参戦することになるが、その頃はまだ、エリクソンのような軍の看護婦は少なかった。「アメリカのナイチンゲール」と呼ばれていた陸軍看護部隊の看護婦は、一九四〇年七月

赤十字社の募集ポスター。戦争は日々激しさを増し、より多くの看護婦が必要となった。看護婦は、奉仕の精神と使命感を持って仕事に臨まなければならなかった。

の時点でわずか九四二人だった。この後、国防看護協議会が看護婦の募集を積極的に行った。赤十字看護婦だったアグネス・ローゼルは募集に応じ、一九四〇年一〇月八日に陸軍看護部隊に入隊した。その後、戦争が終わる一九四五年までに四〇一八人が入隊した。

アメリカより二年早く戦争が始まったイギリスでは、ドイツ軍がポーランドを占領した一九三九年九月末、保健省の救急医療部隊の増員が行われた。イギリス赤十字社、エルサレム・聖ヨハネ救護騎士修道会、一九〇一年に設立された応急看護団（ＦＡＮＹ）、一九一〇年に設立された救護奉仕隊（ＶＡＤ）などの組織から、正式な教育を受けた看護婦およそ一万五〇〇〇人が集められた。さらに二万人が補助要員として集められ、七万六〇〇〇人の女性に正式な看護教育が施された。結婚やその他の理由で引退した看護婦も呼び戻された。戦前の

空襲中、地下鉄駅の中で救護に当たる聖ヨハネ救急隊の看護婦たち。ロンドン大空襲の時は、ピカデリー・サーカス駅などの地下鉄駅にも多くの市民が避難した。

赤十字社の募集ポスター。写真は、攻撃後のパールハーバーにおいて救護に当たる看護婦の姿を写したものだが、この中には、肌が焼けただれた者、銃弾や爆弾で大怪我を負った者、手足を吹き飛ばされた者などは写っておらず、現場の本当の恐ろしさを伝えていない。

イギリスでは、女性は結婚すれば仕事を辞めるのが一般的だった。

応急看護団や救護奉仕隊は、第一次世界大戦の時に看護婦を派遣した実績があった。第二次世界大戦が始まった一九一四年の時点で、およそ四万八〇〇〇人の看護婦がいつでも任務に就くことができる態勢を整えていた。そして四年の戦争期間中におよそ一二万六〇〇〇人が従軍した。そのうち一二九人が活動中に命を落とした。救護奉仕隊は、戦時中の看護婦の不足を補う目的で設立された組織であり、隊員は民間人として従軍した。

◉新しい任務

第二次世界大戦では、看護婦はかつて経験したことのない新しい仕事に従事した。そのひとつは、航空機を使って負傷兵を前線から後方へ運ぶ「航空後送」である。アメリカは、陸軍看護部隊の下に航空後送班を編制した。

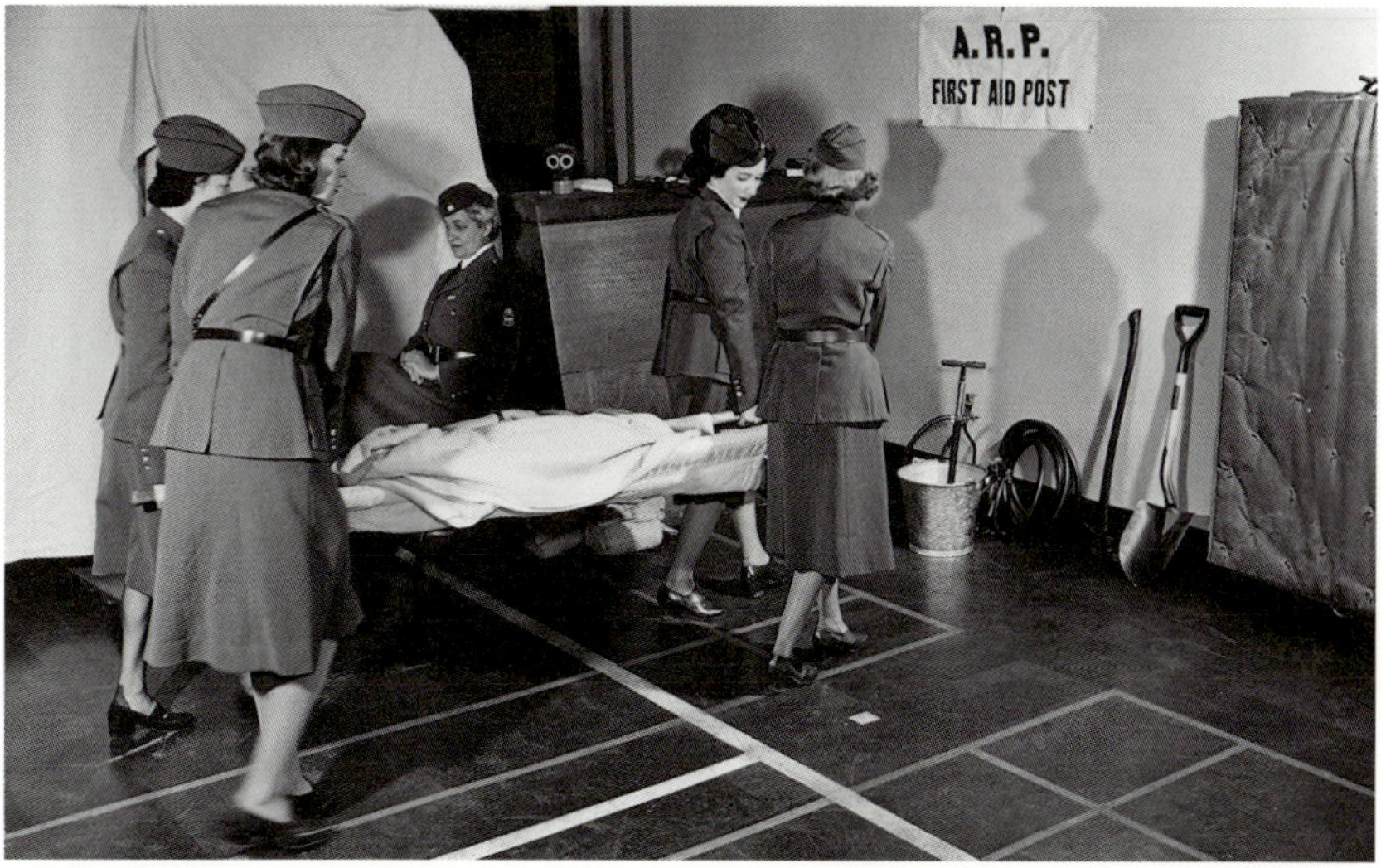

応急処置の訓練を受けるアメリカの婦人奉仕隊。空襲に備えた訓練だったが、アメリカ本土が空襲を受けることはなかった。

看護婦を監督する婦長たち。婦長たちは「ドラゴン」と呼ばれていた。軍隊並みの規律の順守と命令への服従を看護婦に求めたからだが、そう求めたのは、大切な命を救うためだった。

ダンケルクの看護婦

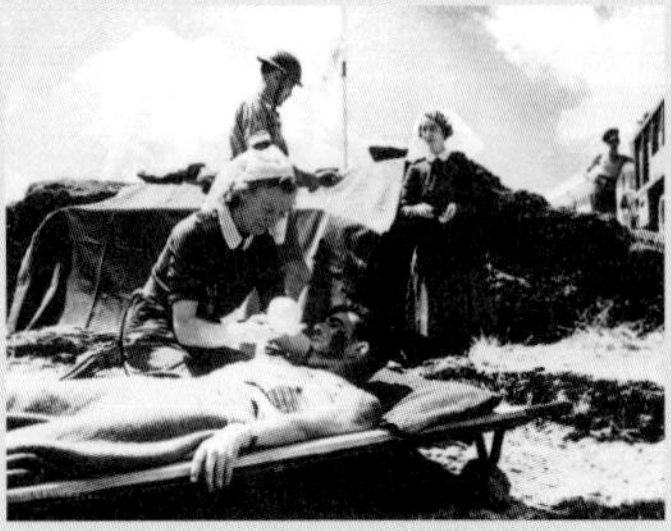

前線の近くで救護に当たる看護婦。看護婦は砲撃や爆撃を受けても落ち着いて行動するよう心がけていた。そして負傷兵を慰め、励ました。

1940 年の夏が近づく頃、ドイツ軍がベルギー、オランダ、フランスへ進攻した。1939 年 9 月からフランスに派遣されていたイギリス海外派遣軍は、ドイツ軍に包囲されるおそれが出たため、北部沿岸のダンケルクまで後退した。そしてダンケルクの浜から、フランス軍兵士とベルギー軍兵士を含む 33 万 8226 人が、イギリス海軍の艦船や民間の小型船に乗り、イギリスへ脱出した。

兵士はダンケルクの浜で救出を待つ間も、ドイツ空軍による機銃掃射や爆撃を受けた。その間、イギリスの看護婦が兵士の救護に当たった。ある負傷兵はイギリスに戻った後、その看護婦たちについて次のように語っている。

「彼女たちへの感謝の気持ちは、言葉ではとうてい言い表せません。太陽が照りつけ、ドイツ空軍が絶え間なく襲来し、砲弾があちこちで炸裂する恐ろしいダンケルクの浜で、彼女たちは何日間も休むことなく救護に当たりました。

爆撃や砲撃、銃撃が行われている浜を這って進み、怪我をして倒れている兵士を砂丘の裾まで引きずっていく姿を幾度も目にしました。ある日、爆撃後に彼女たちが浜で負傷兵の手当をしていたら、再び爆撃が始まりました。でも彼女たちはうつ伏せになって手当を続けました。そして手当が済むと、兵士に水と食べ物を与え、兵士を支えながら海の中に入り、救助船に乗せました。

彼女たちはまさに天使でした。救助船から浜へ帰る途中に攻撃を受け、数人が亡くなりました。僕たちは彼女らに、もう救助船へ戻ってほしいと頼みました。でも彼女たちは口を揃えて言いました。『みんなを助けたら戻ります。私たちは大丈夫ですから、どうか心配しないで！』」

フランスのイギリス軍基地内にある病院のようすを写した写真。看護婦が笑顔で負傷兵と話している。怪我を克服することができるように負傷兵を元気づけることも、看護婦の大切な役割だった。1940 年

航空後送により、設備の整った施設で速やかに治療を施すことが可能となり、より多くの命が救えるようになった。また、障害が残る兵士の数が少なくなった。アメリカ陸軍は戦争初期から航空後送班の要員の募集を始め、二一歳から三五歳までの看護婦の他、客室乗務員経験者などにも協力を呼びかけた。航空後送では移送中に死亡する兵士の数も少なく、移送された兵士一〇万人当たりの死者数は五人だった。

看護婦は第二次世界大戦において、航空機で負傷兵を移送するという新しい仕事を行った。また、第二次世界大戦では第一次世界大戦の時よりも前線が速く動くことが多かったため、看護婦も軍とともに戦場から戦場へ次々に移動した。また、カナダをはじめとする各国の看護婦が、海外での救護活動に従事した。一九四〇年、二四歳から二六歳までのカナダの看護婦と担当士官が、カナダ陸軍とともにイギリスへ渡った。カナダの看護婦が海外で救護活動を行うのは初めてのことだった。

◉ディエップへの上陸

カナダの看護婦は、その後三年間海外で活動した。

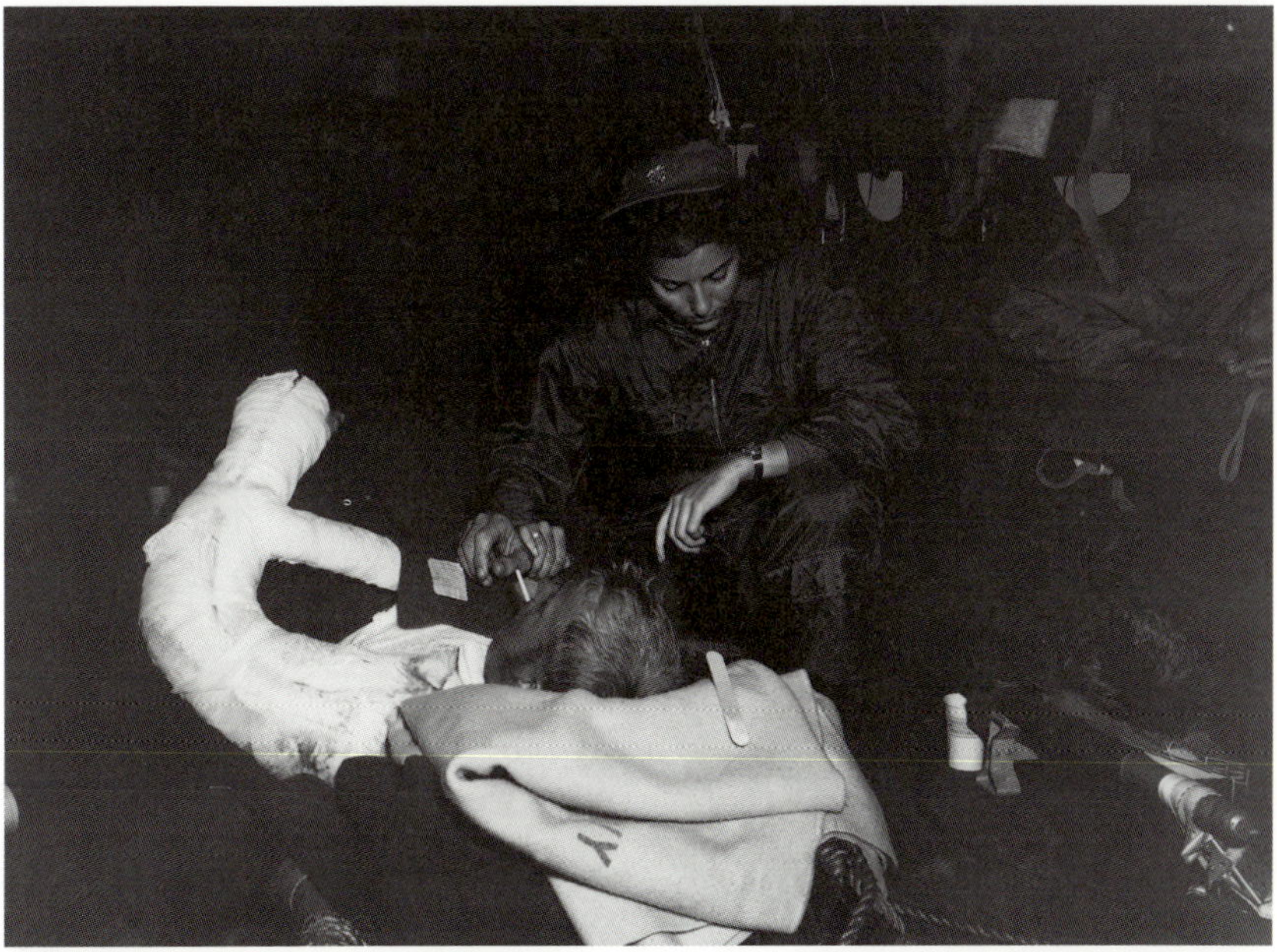

沖縄において、航空後送の途中に負傷兵の世話をする看護婦。沖縄戦は、太平洋戦線におけるもっとも苛烈な戦いのひとつであり、アメリカ軍は大きな代償を払った。1945 年

一九四二年八月一九日、およそ五一〇〇人のカナダ軍兵士と一〇〇〇人のイギリス軍兵士が、フランス北部の港町ディエップに上陸した。この二年後、連合国軍は大規模な上陸作戦を成功させるが、ディエップ上陸作戦は失敗に終わり、連合国軍は大きな損害を被った。七個大隊からなっていたカナダ軍では、死傷した兵士と捕虜となった兵士の数が、全兵力の四分の三に上った。また、イギリスへ帰還した兵士のうち半分は怪我を負っていた。ハンプシャー州のベイジングストークに設けられていたカナダ軍の病院には、およそ六〇〇人の負傷兵が運び込まれた。その多くは手術が必要だった。看護婦と医師は、二〇時間のうちに九八人の手術を行うなど、昼夜を徹して救護に当たった。

◉シチリア島とイタリア本土への上陸

およそ一年後の一九四三年六月、北アフリカ戦線においてドイツ・アフリカ軍団に勝利した連合国軍は、イギリスの首相ウィンストン・チャーチルが「ヨーロッパの柔らかな下腹部」と呼ぶイタリアへの上陸に向けて動き出した。一九四三年七月、連合国軍はまずシチリア島に上陸

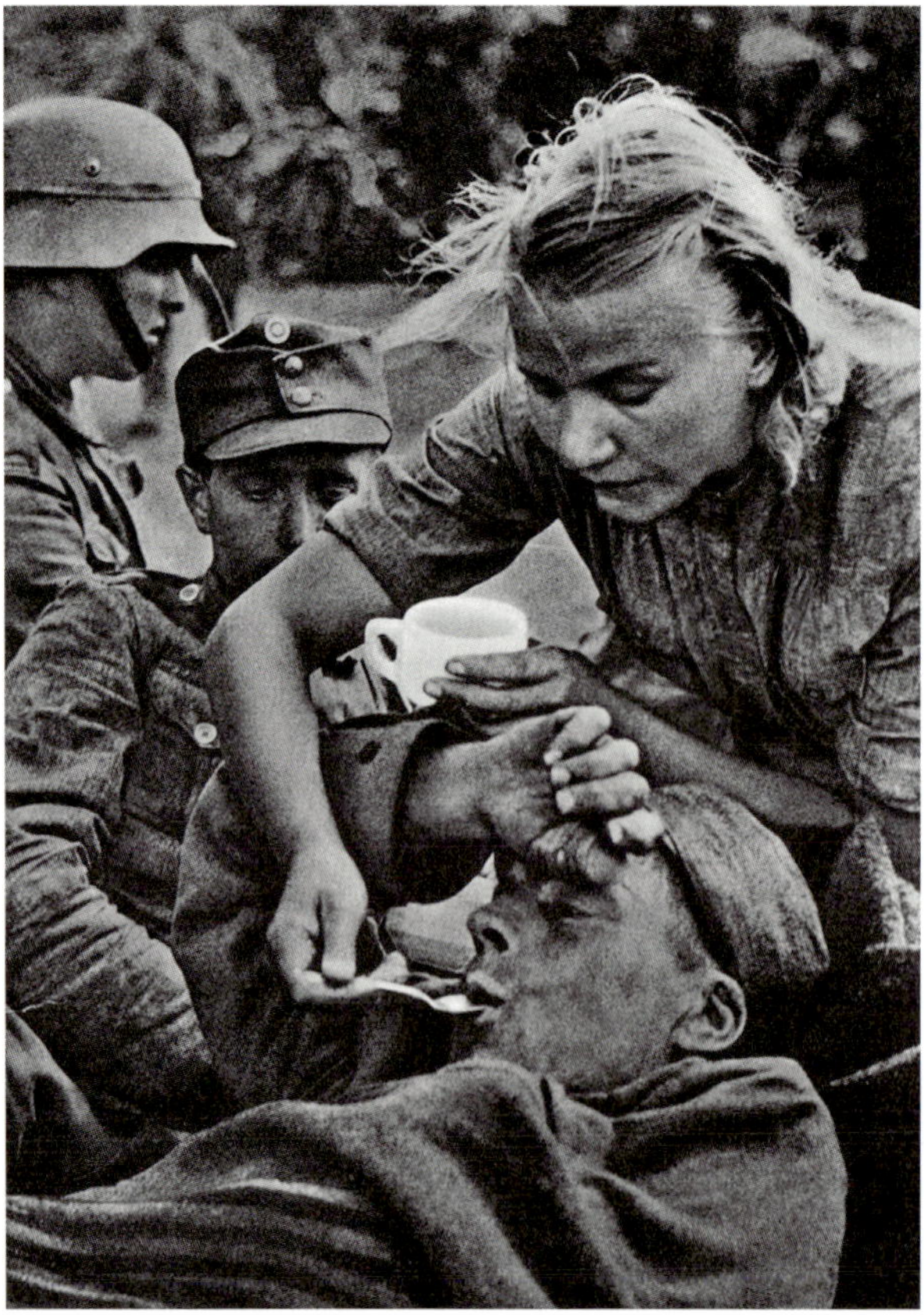

負傷したドイツ軍兵士の救護に当たるフィンランド人看護婦。フィンランド軍は1940年にソ連軍に奪われた領土を取り戻すため、ドイツ軍のソ連進攻に加わった。

ある看護婦の話

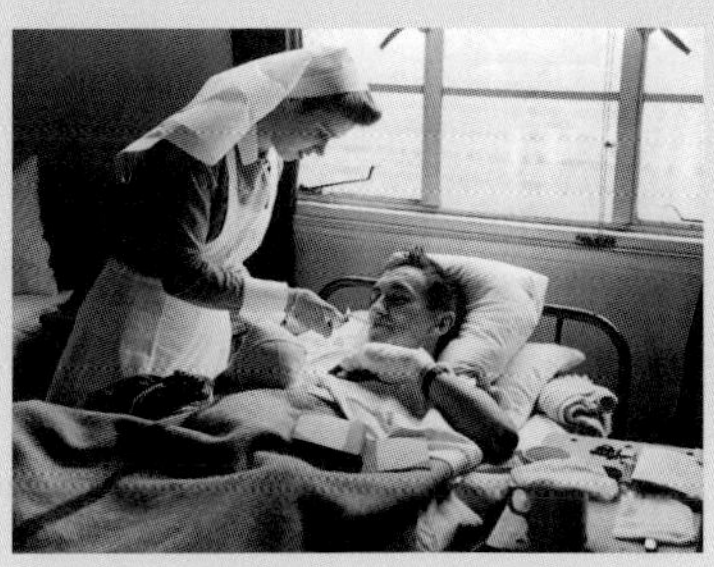
煙草を吸う負傷兵。喫煙は神経が休まるため、患者の回復に役立つと考えられていた。健康な兵士も、精神的な緊張を和らげるために、配給される煙草を吸った。

第二次世界大戦中のイギリスでは、看護婦の活動が国民に詳しく伝えられることはあまりなかった。例えば、「ウォー・イラストレイテッド」誌は、看護婦が働くようすを写した写真を掲載し、それに短い説明文を添える程度だった。看護婦の活動が伝えられなかったひとつの理由は、看護婦たちがそれを望まなかったからだ。看護婦は、自分たちの活動が劇的に報じられることを嫌がった。そのため、戦時中の看護婦の活動を詳しく知ることができるようになったのは、戦後に看護婦たちの回顧録が出版されてからのことだった。

しかし、キャサリン・セルビーというひとりの看護婦についての話は、当時のイギリス国民にもよく知られていた。セルビーはアレクサンドラ王妃帝国陸軍看護部隊の看護婦だった。ある日、セルビーが乗っていた船が魚雷によって破壊され、それから 12 日間、他の生存者とともに救命艇の上で過ごした。セルビーは毎日、体の調子の悪い者がいないかを確認するための「診療呼集」を行い、怒る者や泣く者がいれば、なだめたり慰めたりした。また安全ピンをヨウ素液に浸し、沸騰を行い、また喉の渇きを和らげるために、毎日塩水浴を続けていた。救命艇で一緒に過ごした人々の話によると、セルビーは、まるで平時に病院で働いているかのようにいつも落ち着いていたという。そして、何事にも適切に対処していた。

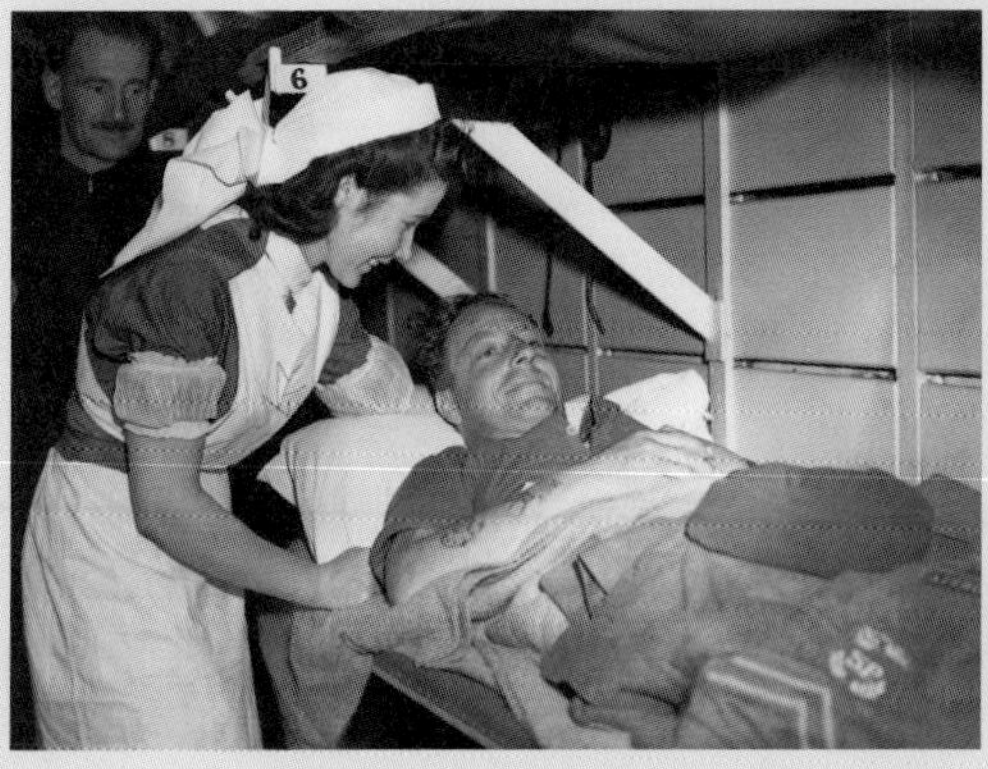
列車で病院へ移送される負傷兵を笑顔で世話する看護婦。看護婦はさまざまな状況下で救護活動を行った。1944 年、イギリス

した。軍とともにシチリア島に入った看護婦は、カナダ第一総合病院救護部隊の看護婦だった。連合国軍は一か月でシチリア島を占領し、九月三日にはイタリア本土に上陸した。上陸の際、看護婦の乗った船がドイツ軍の急降下爆撃機による攻撃を受けたが、幸い、全員が救命艇に乗り移り無事だった。

それから翌年にかけて、連合国軍はイタリア半島を少しずつ北上し、看護婦もそれに従った。野営地に野戦病院が設置されたが、そのほとんどは急拵《きゅうごしら》えのものだった。また、野戦病院は決して安全ではなかった。イタリアには山や谷が多く、地形が複雑だった。ドイツの守備隊はその地形を巧みに利用し、連合国軍に攻撃を仕掛けてきた。

看護婦はいつ攻撃されてもおかしくない状況の中で働いていた。戦闘が激しい地域の野戦病院の看護婦は、同時に数百人の救護に当たることもあった。一九四三年末、連合国軍はローマ南方の防衛線を突破してオルトーナを占領するが、その戦いの際に設置された第四野戦病院では二〇〇〇人からの負傷兵を受け入れ、そのうち七六〇人の手術を行った。

黒人看護婦として初めてイギリスに派遣されたアメリカ陸軍看護部隊の黒人看護婦たち。黒人看護婦が白人負傷兵の世話をすることは許されていなかった。陸軍看護部隊の看護婦の数はおよそ5万人だったが、そのうち黒人看護婦はわずか479人だった。1944年

◉一九四四年のアンツィオの戦い

イタリアに上陸した連合国軍にはアメリカ陸軍看護部隊も同行し、一九四四年のアンツィオの戦いでは、たいへん多くの負傷兵の救護に当たった。一九四四年一月二二日、ローマの南およそ五〇キロに位置する小さな港町アンツィオに、イギリス軍とアメリカ軍が上陸した。連合国軍がアンツィオに上陸した理由は、モンテ・カッシーノの攻略を目指す連合国軍に対する、ドイツ軍からの圧力を弱めるためだった。モンテ・カッシーノはアンツィオからおよそ一〇〇キロ東に位置していた。また、ローマを占領するドイツ軍を威嚇する狙いもあった。

しかし、アンツィオに上陸した部隊は寄せ集めの部隊で規模が小さかったことと、アンツィオがドイツ軍にとって守りやすい地形だったことから、連合国軍は苦戦し、アンツィオを占領するのに四か月を要した。その間、負傷して野戦病院へ移送された兵士の数は、アメリカ軍兵士が二万三八五〇人、イギリス軍兵士が九二〇三人だった。

アンツィオの戦いにおける傷病兵の数は三万三一二八人に上った。また、この戦いで亡くなった兵士は一万八〇九人だった。そして看護婦にも犠牲者が出た。アメリカ陸軍の看護婦ではブランシェ・サイマン大尉、キャリー・シーツ中尉、マージョリー・モロー大尉の三人が、一九四四年二月七日の野戦病院への爆撃により亡くなった。その後、第三三野戦病院が砲撃を受け、ガートルード・スペルブール大尉とラヴァーン・ファークア大尉が亡くなった。なお、戦時中に亡く

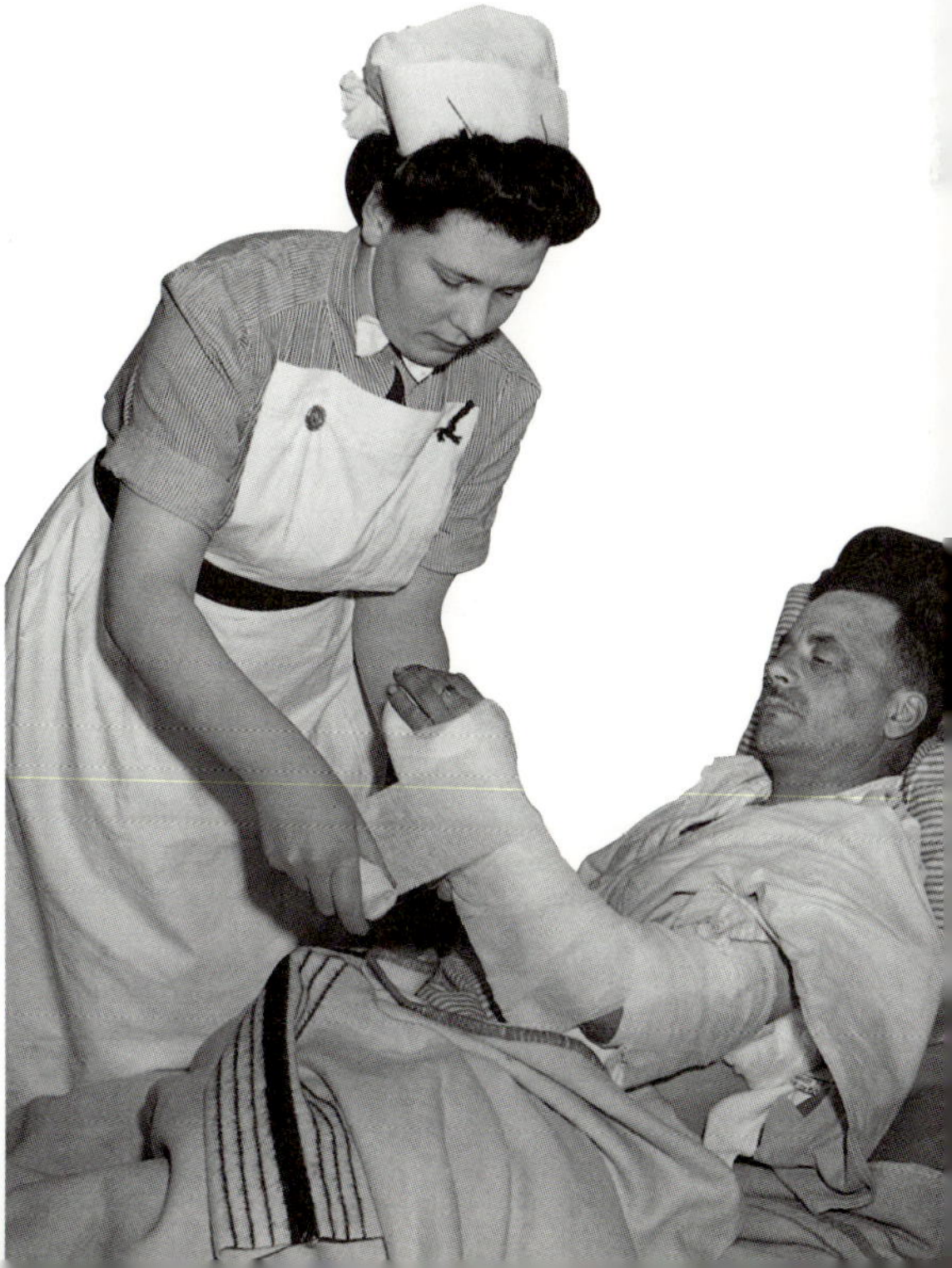

ノルマンディー上陸作戦が行われている間も、ドイツ空軍はイギリス南部への空襲を続けた。この写真は、その時期に保健省救急病院において写されたもの。看護婦が、空襲により負傷した民間の運転手の手当を行っている。1944年

なったアメリカ陸軍の看護婦は全部で二〇一人に上った。

アンツィオの戦いにおいて救護活動に従事したアメリカ陸軍の看護婦はおよそ二〇〇人で、そのうちのふたりが戦時中の功績により、女性として初めて銀星章を授与された。陸軍の看護婦全体ではおよそ一六〇〇人が殊勲章、銀星章、殊勲飛行十字章、陸軍軍人章、青銅星章、航空章、勲功章、称揚章、名誉戦傷章を授与されている。

◉ノルマンディーへの移動

イタリアでの戦いは、第二次世界大戦においてもっとも長く厳しい戦いのひとつだった。ドイツ軍の守りが堅く、連合国軍はなかなか進むことができなかった。そのうえ、一九四四年のノルマンディー上陸作戦が実行に移される際に兵力を割かれ、さらに苦しい戦いを強いられることになった。

ノルマンディー上陸作戦の際には、大勢の兵士がイタリアからフランス北部のノルマンディーへ移動した。そして看護婦も兵士とともに移動した。作戦は六月六日に開始され、その数日後、最初の看護婦の一団がノルマンディーに上陸した。続いて六月一九日には、カナダ空軍第二野戦病院の看護

フランスに派遣された看護婦たち。すでに3年間、エジプトの砂漠などで活動しており、厳しい生活に慣れていた。

婦ふたりが上陸を果たした。カーンを攻略する戦いが始まると、カーン周辺に四つの野戦病院が設置された。カーンでは、一九一四年から一九一八年にかけて行われた第一次世界大戦の熾烈な塹壕《ざんごう》戦を思わせる戦いが繰り広げられ、連合国軍は大きな損害を受けた。その後、連合国軍はベルギー、オランダへと進み、看護婦もそれに従った。この間におよそ四〇〇〇人の犠牲者が出た。ベルギーのアントウェルペンでは、とくに激しい攻撃を受けた。連合国はアントウェルペンの港から、ヨーロッパ戦線の軍に物資を供給しようと考えていた。ドイツ軍はそれを阻止するために、V2ロケットで攻撃した。V2ロケットは何の前触れもなく突然空から落ちてきて、アントウェルペンを破壊した。

イギリス南部もV2ロケットやV1飛行爆弾の攻撃対象となっていた。そのため、南部の病院で働く看護婦たちも、これらの新兵器の恐ろしさを味わった。

◉大空襲

一九四〇年から一九四一年にかけて、ロンドンやバーミンガム、リヴァプール、コヴェントリーなどのイギリスの都

ビルマにおいて訓練を行う看護婦。ビルマに派遣された看護婦は、過酷な環境に慣れるため、重い荷物を背負ってジャングルの中を13キロ歩く訓練など、とても厳しい訓練を受けた。

中国での救護活動

アメリカ人看護婦アグネス・スメドレーは、1941 年に中国へ渡った。アメリカでは戦争は始まったばかりだったが、中国では 1937 年 7 月 7 日にすでに戦争が始まっていた。日本はこの年の 6 年前に満州を支配下に置き、1937 年に中国の首都北京を占領した。戦争が始まると、中国の看護婦も救護活動を行った。アメリカのバプテスト教会看護団や、新しく設立された救護組織の看護婦が戦地へ派遣された。

粗末な野戦病院

スメドレーたち看護部隊は、中国中部の湖北省の防衛線近くにある野戦病院に到着した。移動には馬を使った。その野戦病院には、まともな医療設備がなかった。

「狭い谷間にある土壁の小屋が野戦病院として使われていました」。スメドレーはイギリスの「マンチェスター・ガーディアン」紙で次のように語っている。「入り口はひとつしかありませんでした。中に入ると、土の床にたくさんの負傷兵が横たわっていました。夕暮れ時だったので中は薄暗く、兵士の姿が土の壁や床に溶け込んでいるように見えました。入り口の近くに、粗造りの台が置かれていました。台の上には、半分ほど中味の入った瓶が 6 本、黒い中国の鋏がひとつ、包帯が 2、3 巻、それに小さな四角いガーゼが少し載っていました。

埃の積もった垂木に、薄汚れた綿の大きな固まりが掛けてありました。ひとりの男性がその綿を少しちぎり、小さな容

中国では、まともな治療を受けることができずに亡くなる負傷兵も多かったため、有能な欧米の看護婦は救世主のような存在だった。

器に入った液体に浸し、床に寝ているひとりの負傷兵の傷口をそれで拭いました。そして台の上から包帯とガーゼを取り、傷口に巻きました。兵士の首と顔には血がこびりついたままでした」

異国の友

中国人たちは、まるで違う星の生き物でも見るかのような目でスメドレーを見た。しばらくすると、ひとつの部隊が、休憩するために野戦病院に入って来た。部隊の指揮官は、スメドレーに敬礼するよう隊員に命じ、「この方は異国の友である。我々のために働いてくださるのだ」と説明した。

兵士らは短い休憩を終えると、「異国の友」に再び敬礼した。そして野戦病院を出て行った。

「兵士はみな、私に顔を向けながら前を通り過ぎて行きました。もう暗くなっていて顔はよく見えませんでしたが、私は兵士ひとりひとりに手を掛けました。そして全員が出て行き、闇の中へ消えました。山の方からは、砲弾が炸裂する音と機関銃を連射する音が聞こえていました」

中国への救援を呼びかけるポスター。中国には医療施設がない地域もあり、医療環境を改善するための資金が必要だったが、アメリカでは中国への関心が薄れがちだった。

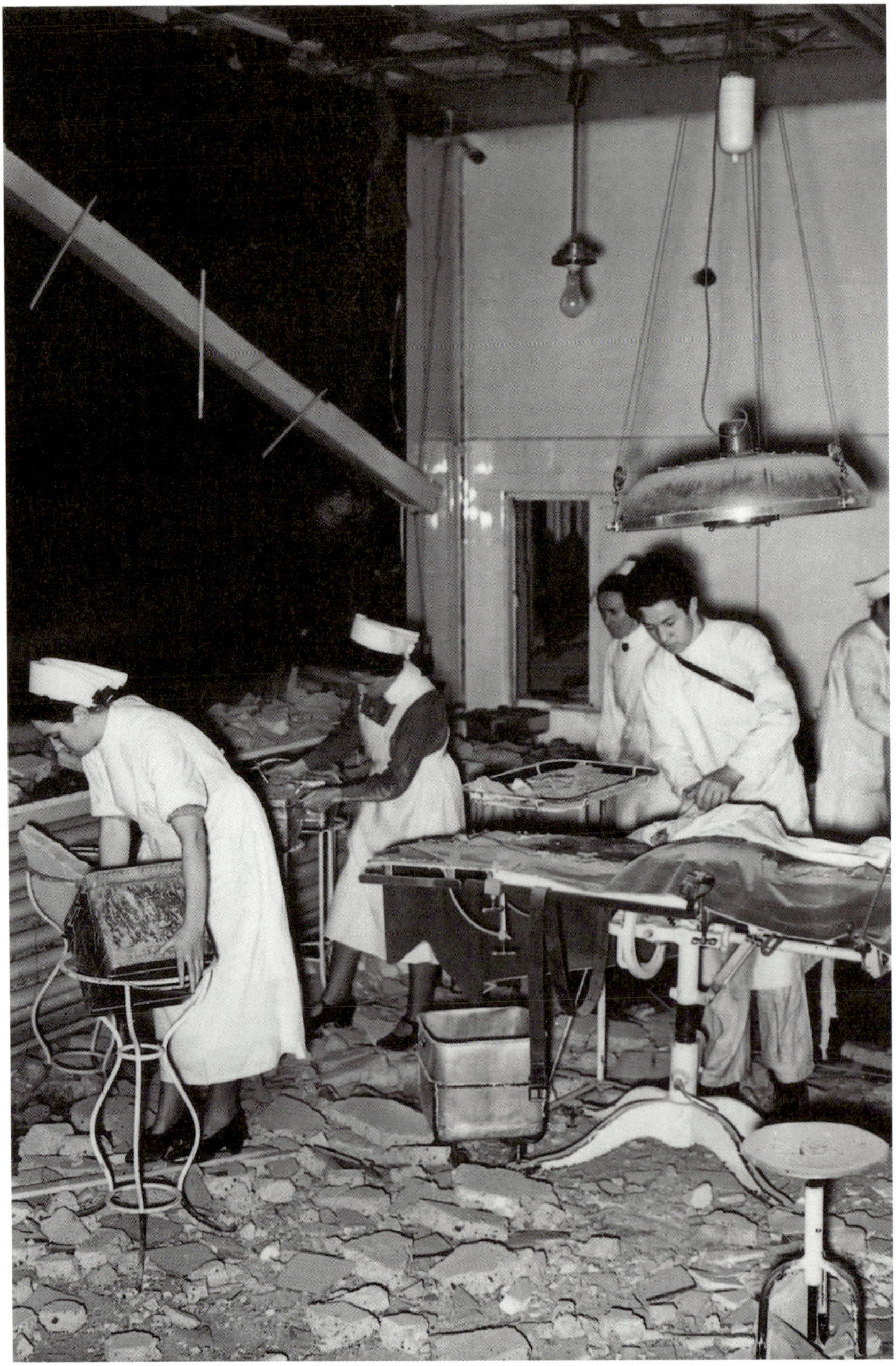

イギリス空軍の焼夷弾爆撃を受けたロベルト・コッホ病院の手術室。1940 年 10 月 8 日、ベルリン

市が大規模な空襲を受けた。死傷者は、子どもを含めておよそ九万四〇〇〇人に上った。この大空襲の後、イギリスではさらなる空襲に備えて多くの防空壕が作られた。空襲の際には看護婦が各防空壕で人々の救護に当たった。看護婦は、空襲のさなかに暗い通りを歩いて救護に向かうこともあった。ロンドンの赤十字看護婦モイラ・マクラウドも、爆弾の破片が降りそそぐ中、幾度となく救護に向かった。マクラウドは一九四四年初め、国家登録看護婦としてノースミドルセックス病院で働き始めた。ある日、ドイツ空軍の急降下爆撃機が投下したクラスター爆弾が、病院を直撃した。「その日は夜勤で、手術の手伝いをしていました。病院が爆撃を受けた時は食事中でした。飛行機が急降下する音が聞こえたので、私と後輩の看護婦は床に伏せました。どんという物凄い音がして、灯りが消えました……病棟に火の手が上がり、私は手術室に戻ろうと思い休憩室を飛び出しました。廊下には色々な物が散乱していましたから、それに躓《つまず》いて転んだりして、なかなか前へ進めませんでした」

ひとりの男性患者が、呆然とした表情でふらふら歩いていた。「男性は一番上の階の病室から下りて来ていました。私は男性を病室に戻すため、ガラスの破片が散らばる階段を一緒に上って行きました。最上階の一部は完全に破壊されていました。屋根は吹き飛ばされ、窓ガラスはすべて割れていました」

マクラウドはあちこちに切り傷を負った。傷からは血が流れていた。また、粉塵や埃で全身

空襲後に街の見回りを行う空襲監視員。ロンドン大空襲の頃は、空襲監視員による見回りは日常的な光景となっていた。1941 年

恐ろしい秘密

ドイツの看護婦には、恐ろしい計画に携わった者がいた。第二次世界大戦中、ドイツでは「安楽死計画」が進められた。ナチスの親衛隊が中心となって進めたこの計画で、10万人以上の身体障害者や知的障害者などが「無駄飯食い」であるとして殺害された。殺害方法は薬物を注射する方法や、食べ物を与えずに餓死させる方法が採られた。看護婦の中には計画に積極的に協力する者もいたし、やむを得ず協力する者もいた。協力を拒めば罰せられるおそれがあった。戦後、計画に携わった親衛隊の医師のうち、中心的立場にあった23人が裁判にかけられた。裁判は1946年から1947年にかけて行われ、7人が死刑判決を受け、絞首刑に処せられた。

捕虜となったドイツ軍仕官とその妻。妻は看護婦だった。捕虜収容所内を仕切る有刺鉄線越しに話をしている。

子どもにガスマスクの使い方を教えるイギリス人看護婦。第一次世界大戦の時と同様に、ドイツ軍が毒ガスによる攻撃を行うのではないかと恐れられていた。しかし幸いにも、第二次世界大戦では毒ガスは使用されなかった。

が黒くなり、制服は破れ、制帽はいつのまにか外れてなくなっていた。ひとりの実習生は酷い傷を負った。

「私たちはすぐに手術の準備に取り掛かりました。でも、まもなく彼女は息を引き取りました。悲しくて、みんなで身体を寄せ合って泣きました」

◉女性には資格がない

一九四〇年から一九四一年にかけて行われた大空襲の間、イギリスの看護婦はヴェテランから新米まで、救護活動に続々と参加した。当時「血気盛ん」な一八歳の若者だったマクラウドもそのひとりだった。その頃はまだ経験が浅く、看護婦として至らないところも多かった。しかし一九四四年には歳も二二歳となり、危険な状況下でも恐れず、務めをしっかりと果たすことができるようになった。戦時中はアメリカの看護婦も同様に活躍したが、軍の看護婦は、軍の中で不平等な待遇を受けていた。陸軍看護部隊の隊長ジュリア・フリッケは一九四二年に大佐に昇格し、隊長補佐のフローレンス・ブランチフィールドは中佐となった。ふたりは階級章を着用することも認められた。しかし、階級に見合う給料や特別手当を受けることはできなかった。会計検査院院長も「女性に

は、軍の給与規則に基づいて給与を受ける資格はない」と判断した。

アメリカには他にもいくつかの問題が存在した。アメリカの女性は、一七七五年から一七八三年まで行われたアメリカ独立戦争の時、戦地で救護活動を行った。一八九八年の米西戦争と第一次世界大戦の時にも看護婦が従軍した。アメリカ赤十字社の創設者クララ・バートンは、南北戦争の時に看護婦として従軍し、兵士のために尽くした。こうした歴史があるにもかかわらず、アメリカでは女性が戦地で救護活動を行うことに反対する者が少なくなかった。そのことが軍の看護部隊の募集に影響を及ぼした。

◉採用人数制限の撤廃

軍の看護部隊は、既婚女性と四五歳以上の女性を採用しなかった。また、黒人女性の採用には制限を設けていた。一九四一年一月、陸軍看護部隊は黒人女性の採用を正式に開始したが、初期の採用人数はわずか五六人だった。参戦とともに多

スコットランドのグリーノックの港で上陸を待つアメリカの看護部隊。63 人の黒人看護婦からなるこの部隊は、ドイツ人捕虜の救護に当たるために第 168 野戦病院へ向かった。1944 年 6 月

くの看護婦が必要になっても、黒人女性の採用は進まなかった。しかし参戦からおよそ二年後、議会で制定された看護婦訓練法により、採用における人種差別が禁止された。その結果、見習い看護部隊に二〇〇〇人の黒人女性が入隊した。

一九四四年七月には、陸軍が黒人女性の採用人数の制限を撤廃した。一方海軍は、一九四五年一月にようやく黒人女性の採用を開始した。フィリス・デイリーは黒人女性初の海軍看護婦となったが、デイリーが正式に入隊を認められたのは、ヨーロッパ戦線でナチス・ドイツに敗北が迫りつつあった三月九日のことだった。この五か月後にはアメリカが日本に勝利した。最終的に、国内外で救護活動に従事した黒人女性は五〇〇人ほどにとどまった。

戦争が進むにつれて、軍ではより多くの看護婦が必要になった。軍は、看護部隊への男性の採用はもとより考えておらず、女性のみを募集した。しかし、看護部隊の活動に強く反対する声が上がったため、募集に応じる看護婦は軍が望むようには増えなかった。また、軍が黒人女性の採用に消極的だったこともあり、軍の看護部隊では人員不足の状態が続くことになった。

◉強い看護婦

戦地へ派遣される看護婦は、とくに心身の強さが求められた。そして、戦地で救護活動を行う

アメリカ海軍婦人予備部隊の病院実習生（第二級）。この3人は黒人女性として初めて、メリーランド州ベセスダの国立海軍病院看護隊学校において訓練を受けることを認められた。

女性医師

アメリカでは、女性が軍医となることに反対する声は、看護婦が従軍することに反対する声よりも大きかった。アメリカには女性の医師に対するさまざまな偏見があり、女性が軍医となることは認められていなかった。

しかし1943年4月16日、ルーズヴェルト大統領は、女性が軍の医師となることを認める法案に署名した。戦争が進むと、軍において医師が不足するようになったからだ。ただ、こうして認められるまでの間に、軍で働くことを諦め、別の場所で働き始めた女性医師も少なくなかった。こうした事情もあり、最終的に軍師となった女性は100人に満たなかった。

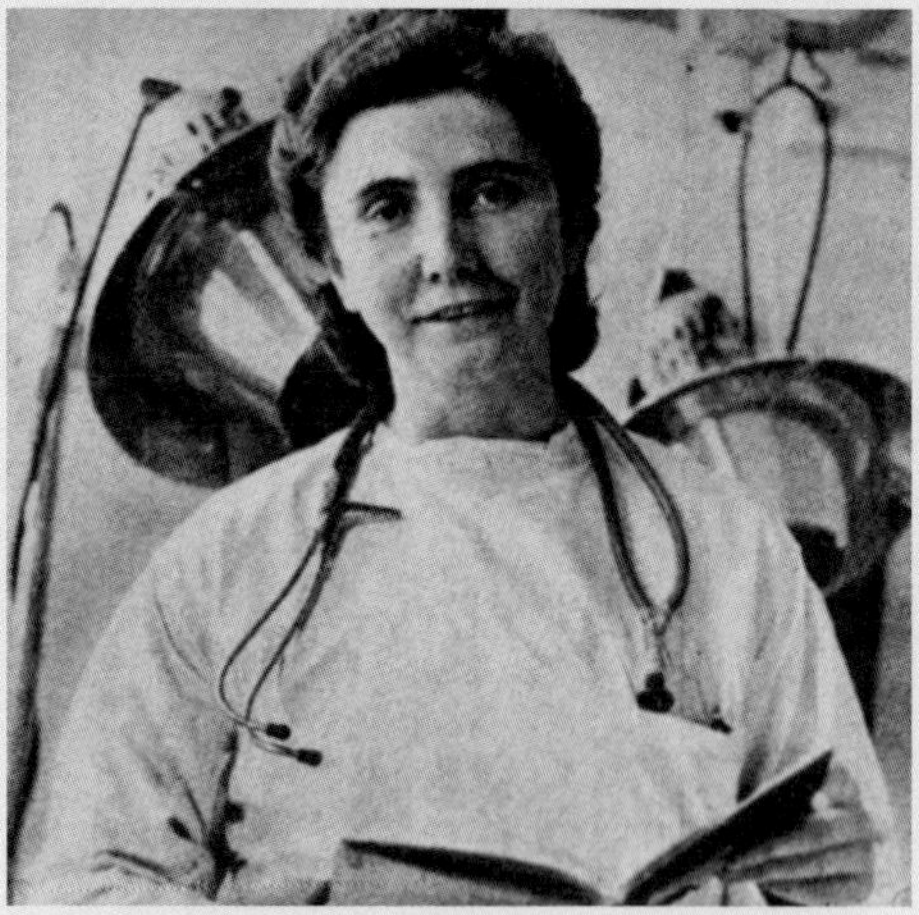

第二次世界大戦中、女性医師が男性医師と平等に扱われることはなかった。女性が軍医となることに対して激しい反発が起こった。

第二次世界大戦中は医療が目覚しく進歩した。ペニシリンの開発や、輸血のための採血装置やX線撮影装置などの医療機器の開発が進んだ。

にはさまざまな知識や技術を身に付ける必要があったため、看護婦は四週間にわたる訓練を受けた。訓練では、カムフラージュの技法や水を塩素で消毒する方法を教わり、毒ガスや化学薬品について学んだ。

　戦地の気候や地形はさまざまであり、自然環境がたいへん厳しい地域もあった。そのような地域に派遣された看護婦は、環境に慣れるための特別な訓練を受けた。日中に気温が摂氏四九度まで上昇する砂漠地帯に派遣された看護婦には、炎熱の砂漠を三〇キロあまり歩く訓練が待っていた。歩く際には一・八キロの鉄兜をかぶり、軍靴を履き、一三・六キロの携帯用食器とガスマスクを背負った。また、テントの張り方や単独壕の掘り方、焼夷弾により発生した火の消し方なども学んだ。催涙ガスに耐えるための訓練では、催涙ガスが充満した部屋を通り抜けなければならなかった。匍匐《ほふく》前進の訓練も行った。匍匐前進の訓練場の地面にはところどころに有刺鉄線が敷かれ、塹壕も掘られていた。そこを腹ばいになって七〇メートル進んだ。匍匐前進する看護婦の周囲ではダイナマイトが爆発し、頭上では機関銃の弾が飛び交っていた。

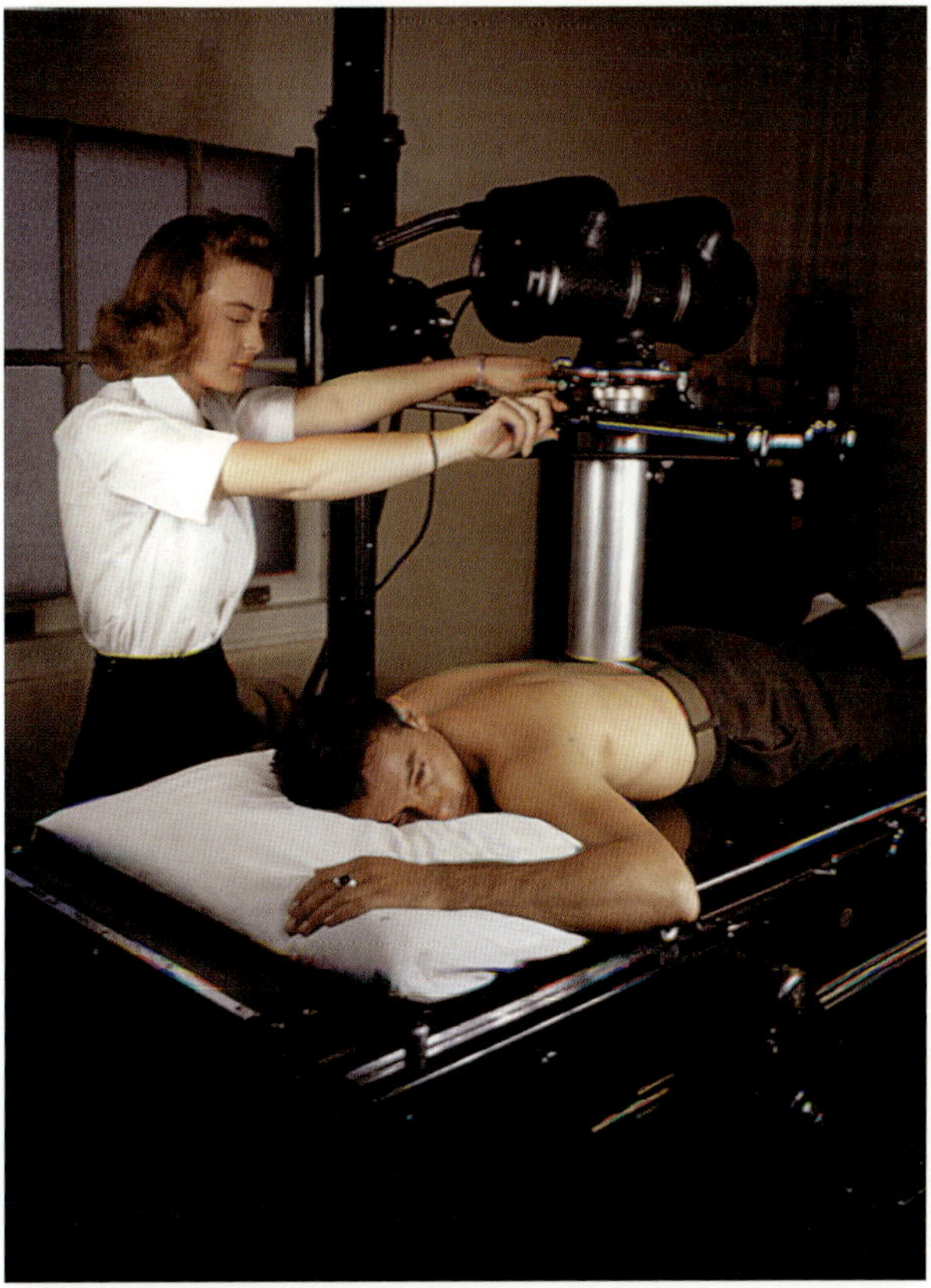

アメリカの陸軍看護部隊はこのような厳しい訓練を経て、戦地で救護活動を行った。戦地では医療物資が不足していたから、包帯は洗いながら繰り返し使った。担架がない場合は、ズボンを用いて応急担架を作って負傷兵を運んだ。輸血用の血液が足りない時は、自分の血液を提供することもあった。

◉一九四一年のグアム島とフィリピン

パールハーバー攻撃から三時間後、西太平洋に位置するグアム島に対し、日本空軍の爆撃機による攻撃が始まった。それから三日後、グアム島のアメリカ軍守備隊は降伏した。アメリカ海軍病院で働いていた五人の看護婦は、降伏後しばらく病院で救護に当たった後、日本の四国地方にあった善通寺捕虜収容所に収監された。しかし幸いにも、三か月後の一九四二年八月、中立を保っていたポルトガル領東アフリカ（モザンビーク）の使節団に引き渡された。

フィリピンでは一九四一年のクリスマス・イヴから、首都マニラへの攻撃が始まった。南西太平洋総司令官ダグラス・マッカーサーは、日本軍からの攻撃を避けるためにマニラの無防備都市宣言を行ったが、それにもかかわらず攻撃が加えられた。

「フィリピンの人たちは、この年のクリスマスのことを、黒いクリスマスと呼ぶようになりました」。マニラに派遣されていた看護婦トレッサ・ケイツはこう語っている。「日本軍は国際法に従わなかったのです。『無防備都市』

フランス北部のカーン近郊で野営するカナダ人看護婦たち。前線近くで活動する看護婦は、こうしたテントに寝泊りした。1944 年

を宣言しても何の意味もありませんでした。マニラはクリスマス・イヴに四回、クリスマスの日に六回、空襲を受けました。病院の患者はクリスマスの日の夕食をベッドの下で食べました」

◉後退命令

クリスマス・イヴの日、マッカーサー将軍はマニラのアメリカ軍に対し、バターン半島へ後退するよう命じた。軍は命令に従って、マニラ湾の西に位置するバターン半島へ移動した。バターン半島の医療環境は劣悪だった。病院となったのは、ジャングルの中に張ったキャンバス地のテントだった。患者の数は九〇〇〇人を超え、第一野戦病院におよそ二〇〇〇人、第二野戦病院におよそ七〇〇〇人が収容されていた。薬や水が不足し、赤痢《せきり》が蔓延した。食料不足も深刻だった。負傷兵や看護婦の一日の食事のカロリーは、一九四二年の二月から三月の間に、二〇〇〇キロカロリーから一〇〇〇キロカロリーに減った。

「まるで悪夢のような日々だった。私たちは極限状態に置かれていた」。バターン半島で救護活動に従事した看護婦エニド・ハチットはこう書き残している。「いちどきに数百人の負傷兵が運び込まれることもあった。医師も看護婦も、蝿が飛び、暑く、埃っぽいテントの中で昼も夜もなくひたすら働いた」

歩くことができない仲間を運ぶ、フィリピンのアメリカ人捕虜。運ぶためのまともな道具がなかった。アジアの戦地では医療器具も揃っていなかった。

バンカ島殺害事件

オーストラリア人看護婦ヴィヴィアン・ブルウィンケルは、シンガポールで救護活動を行っていた。しかし、日本軍が北方のジャングルを抜けて迫って来たため、ブルウィンケルを含む140人の看護婦は全員退避することになった。3隻の船が用意され、ブルウィンケルは蒸気船〈ヴァイナー・ブルック〉に乗り込んだ。この船には65人の看護婦が乗ったが、後に悲劇が起こり、多くの看護婦が命を落とすことになった。

1942年2月12日、〈ヴァイナー・ブルック〉は夜陰に紛れて港を出た。シンガポールはすでに戦火が広がっていた。〈ヴァイナー・ブルック〉は12人分の客室しかない小さな船だったが、それに265人が乗っていたため、船はぎゅうぎゅう詰めだった。水や食べ物はわずかしか積まれていなかった。出航後しばらくして、船長が誤って機雷原に入り込んだ。そのため船長は船を止め、夜が明けるのを待った。

敵から逃れる

翌日の2月13日、〈ヴァイナー・ブルック〉は機雷原を抜けて南へ向かった。なお、シンガポールは〈ヴァイナー・ブルック〉が出航した日から3日後に陥落している。船は夜を徹して進み、やがてバンカ海峡に入った。バンカ海峡は、オランダ領東インド諸島を構成する島のひとつであるスマトラ島の南東に位置している。

〈ヴァイナー・ブルック〉は、ここで日本軍の航空部隊に見つかった。日本軍は船に機銃掃射を加えた。爆弾も投下し、そのうち3発が命中した。その後船はわずか15分で沈没した。海上を漂う看護婦や子ども、その他の人々にさらなる機銃掃射が加えられた。しかし、ブルウィンケルは救命艇につかまり、なんとかバンカ島のラジー海岸にたどり着いた。

ラジー海岸に上陸したのは、オーストラリア人看護婦が22人、その他の民間人が66人だった。他の看護婦の行方は分からなかった。

海岸での出来事

ブルウィンケルらの後から、イギリス軍兵士も救命艇でラジー海岸にたどり着いた。兵士らも、乗っていた船が攻撃を受けて沈没したため、救命艇で逃れて来たのだ。兵士らが加わり、人数は100人ほどになった。みな空腹で喉はからからだった。しかし村人は助けてくれなかった。彼らを助けたことが日本軍に知れたら危険だったからだ。ブルウィンケルらは投降するしかないと判断し、投降する意思を伝えるため、代表が日本軍のもとへ向かった。

しばらくすると、浜に日本軍兵士が到着した。ところが日本軍兵士は、まず男性を浜から見えない岬まで連れて行き、殺害した。そして銃剣に付いた血を拭いながら戻って来た。浜には 23 人の女性が残っていた。看護婦とひとりの年配の婦人だった。婦人は夫とともに浜にたどり着いていた。日本軍兵士は女性全員を波打ち際に並べた。そして後ろから銃で撃った。「私たちは順々に撃たれ、ひとりまたひとりと倒れていきました」。ブルウィンケルは後にこう語っている。彼女も撃たれ、打ち寄せる波の中に倒れた。銃弾は腰の左側を貫いた。ブルウィンケルは意識が朦朧となり、しばらく海上を漂っていたが、再び浜の近くまで波に運ばれ、その後、なんとか浜に這い上がった。「あたりを見回しましたが、どこにも人影はありませんでした……浜には誰もおらず、私ひとりきりでした」

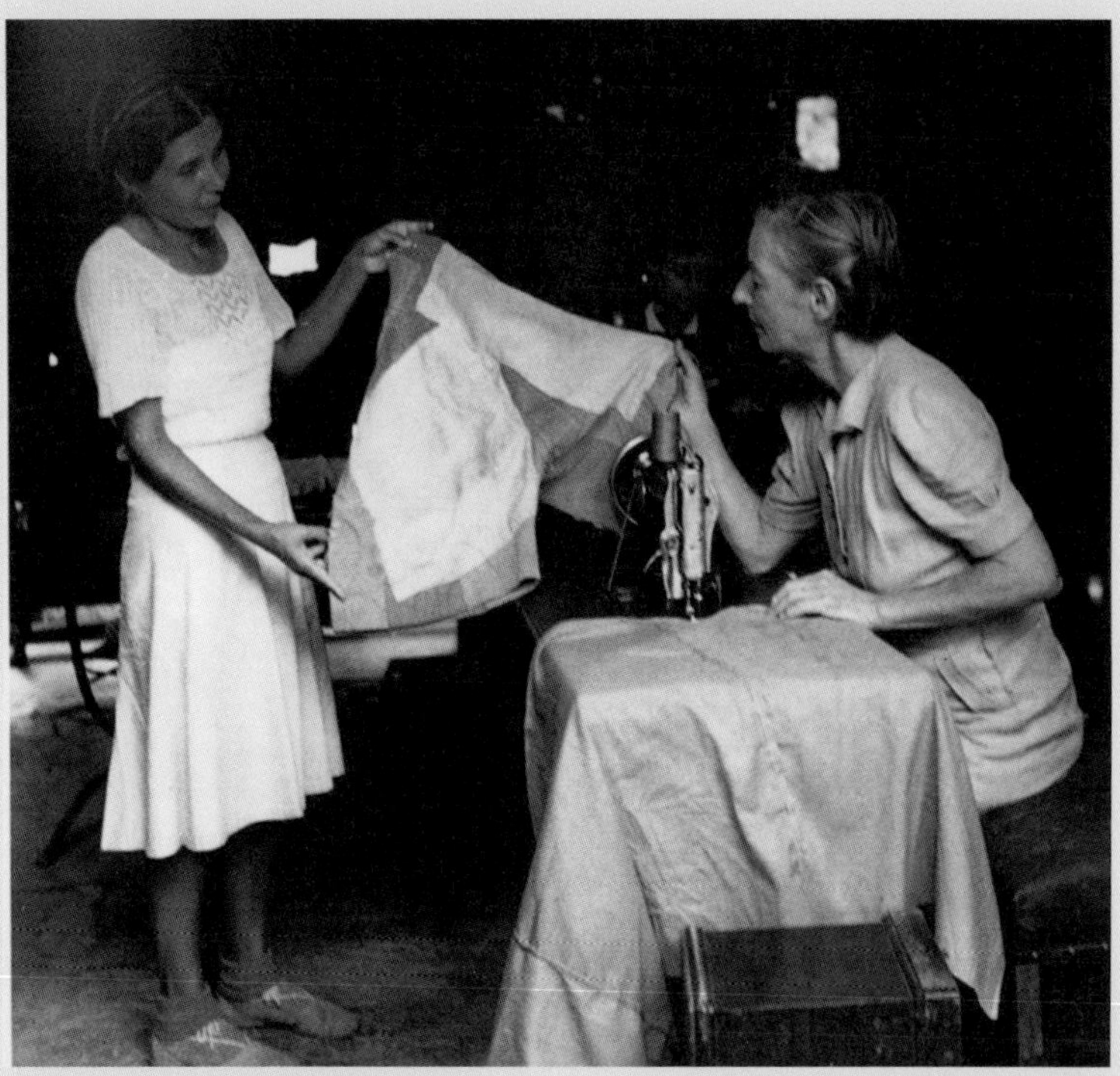

シンガポールの捕虜収容所において、男性捕虜の服を直す女性たち。男女は別々の収容所に収監されたが、男性捕虜は、破れたりして傷んだ服を女性捕虜収容所へ送り、直してもらうことを許されていた。

ジャングルに潜む

浜からジャングルに入ったところ、日本軍兵士が戻って来るのが見えたので、木の陰に隠れた。しばらくすると兵士はいなくなった。ジャングルの中で泉を見つけたので、泉の水を飲んでいると、「看護婦さん、無事だったんだね」という声が聞こえた。声の主はパトリック・キングスレー二等兵だった。キングスレーは他のイギリス軍兵士とともに岬に連れていかれたが、そこから逃げることができたのだ。

キングスレーとブルウィンケルは、ジャングルの中に 12 日間隠れていた。ブルウィンケルは、自分よりも酷い傷を負っているキングスレーにできる限りの手当を施した。食べ物は、村人を説得してなんとか手に入れていた。でも、生き延びるためには、再び投降するより他に道はなかった。ふたりは 2 月 28 日に投降し、捕虜収容所に収監された。ブルウィンケルはそこで 31 人のオーストラリア人看護婦と再会した。一緒に〈ヴァイナー・ブルック〉に乗った看護婦たちだった。彼女たちも〈ヴァイナー・ブルック〉から脱出して生き残っていたのだ。しかし悲しいことに、ブルウィンケルは収容所に収監されてからまもなく、キングスレーが怪我のために亡くなったということを伝え聞いた。

生き残った看護婦

捕虜となってから 3 年半後、ブルウィンケルはオーストラリアへ戻ることができた。〈ヴァイナー・ブルック〉に乗った看護婦のうち、生き残った看護婦はブルウィンケルを含めて 24 人だった。21 人はバンカ島で殺害され、12 人はおそらく船が沈没した際に溺死しており、8 人は捕虜収容所で亡くなった。

1992 年、バンカ島のラジー海岸に、〈ヴァイナー・ブルック〉に乗りながら母国に帰ることができなかった、41 人の看護婦の慰霊碑が建てられた。ブルウィンケルは数人の看護婦とともに除幕式に参列した。

日本軍兵士に捕らえられた連合国軍兵士たち。バンカ島で殺害された人々のように、残酷な扱いを受ける者もいた。

◉バターン半島からの後退

マッカーサー将軍は、五月までに戦況を打開したいと考えていた。しかし、将軍が望むようには事は運ばなかった。そして一九四二年四月八日、マッカーサー将軍はバターン半島の軍に対し、コレヒドール島へ後退するよう命じた。コレヒドール島はマニラ湾の入り口に浮かぶ島で、アメリカ軍が要塞を構えていた。

なお、バターン半島は翌日の四月九日に陥落している。ふたつの野戦病院から、看護婦を含む二三〇〇人が移動を開始した。動くことが不可能な患者の世話は、海軍病院の看護婦に委ねられた。移動は容易ではなく、バターン半島の道路はコレヒドール島へ向かう人々で溢れていた。そして、日本の航空部隊による機銃掃射や爆撃が繰り返し行われた。

陸軍看護部隊のドロシア・デイリー少尉はトラックに乗って

前線近くで負傷兵の手当を行うソ連の看護婦ライサ・トロヤン。炎上する建物から135人の男性を救い出した功績により、赤星章を受章した。

移動した。デイリーはその時のことをこう振り返っている。「一五キロほど進むと、アメリカ軍兵士の一団に出会いました。兵士たちもマリベレスの港を目指していました。頭上では砲弾が飛び交っていました。道路はとにかく人でいっぱいでした。子どもの泣く声があちこちから聞こえていました。親とはぐれた子どもも多かったことでしょう。一時間まったく動けないこともありました」

デイリーたちはなんとかマリベレスにたどり着いたが、港は炎に包まれ、船はすべてコレヒドール島へ向けて出航していた。看護婦の一部は、一三キロ離れたコレヒドール島までボートを漕いで渡った。上陸した浜は、日本軍による砲撃を受けていた。バターン半島に残っていた看護婦は、幸いにも夜明けに古い蒸気船が戻って来たので、それに乗って島へ渡った。

◉トンネルの中の病院

コレヒドール島には、マリンタ丘の下に、アメリカ軍が軍事目的で掘ったトンネルがあった。長さ四二七メートルのそのトンネルの中には病院もあり、病室の他、研究室や看護婦の詰所も設けられていた。包帯やサルファ剤などの医療物資も揃っていた。そしてトンネル内は比較的安全だった。しかし、つねに張り詰めた空気が流れていた。日本軍がバターン半島から砲撃を行うたびに、その音がトンネル内に反響した。

一九四二年四月二四日、トンネルの西側の入り口近くの空き地に、大勢の兵士が集まっていた。そこへ、二四センチ砲の砲弾が飛んで来て爆発した。その後救護に当たったファニタ・レドモンドはこう語っている。

「あの時のことは、忘れたくても忘れることができません。長く、辛い時間でした。私は注射をし、麻酔をかけ、服を切り裂き、大きく開いた傷口を縫い合わせ、手や足を切断し、道具を消毒し……救うことのできなかった兵士を布で包みました。私は毎日のように傷や流れる血、人の死に接していました。でも、そうしたものに慣れることができませんでした」

砲撃の影響で発電機が止まり、病院が機能しなくなることもあった。発電機が止まるとトンネル内が真っ暗になり、静まり返り、温度と湿度が上がった。水の供給が何時間も止まることもあった。

◉コレヒドール島の軍の降伏

バターン半島からの後退からおよそ一か月後の一九四二年五月六日、コレヒドール島のアメリカ軍は、もはや勝てる見込みはないと判断し、降伏した。陸軍看護部隊と海軍看護部隊の看護婦の一部は、すでに島から逃れていた。一三人の看護婦は五月三日の夜に脱出した。脱出には二機の水上機や潜水艦〈スピアフィッシュ〉が使用された。別の一一人の看護婦もオーストラリアへ逃れた。しかし、残る一〇六人は捕虜となり、戦争が終わるまで解放されなかった。

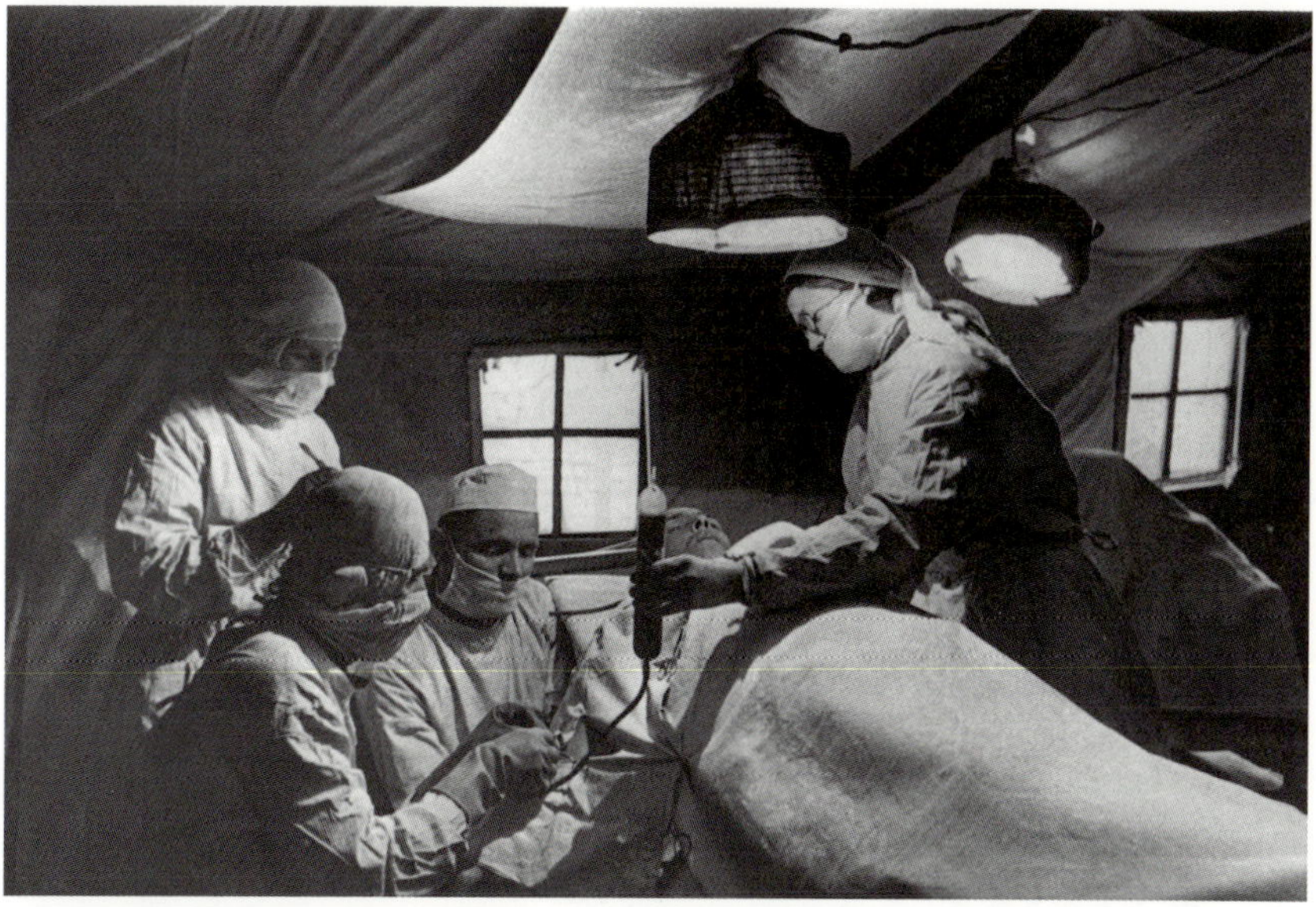

ソ連の野戦病院で働く看護婦と医師。テントの中で負傷兵に輸血を行っている。1942年10月

Share the Deeds of Victory
Join the WAVES
APPLY TO YOUR NEAREST
NAVY RECRUITING STATION OR OFFICE OF NAVAL OFFICER PROCUREMENT

第5章

軍で働く

第二次世界大戦では、多くの女性が軍の婦人部隊に入隊した。女性が軍務に就くことに反対する声も上がったが、軍には女性の力が必要だった。

連合国は、それぞれの国が婦人部隊を設立した。アメリカは陸海空軍の他、沿岸警備隊と海兵隊にも婦人部隊を作った。連合国の一員として「本分を尽くす」ことを約束したカナダ、オーストラリア、南アフリカ、インド、ニュージーランド、ビルマも婦人部隊を設立した。

これらの国の中で、ビルマは本土が戦場となった。熾烈な戦いが繰り広げられ、一九四二年前半に日本軍がビルマ全土を占領した。ビルマでは婦人補助部隊（WAS〔B〕、Wasbies）が設立された。隊員は、初期はイギリス軍のために事務や暗号業務に従事していたが、日本軍がビルマに進攻すると、机上で行う任務以外の任務にも就くようになった。日本軍のビルマへの進攻は、パールハーバー攻撃から四日後に始まった。

イギリス軍は当初、日本軍はビルマのジャングルに阻まれて前進することはできないだろうと考えていた。ところが日本軍は、ジャングルを巧みに抜けて、イギリス軍に激しい攻撃を加えた。そのためイギリス軍は後退することを余儀なくされた。

アメリカ海軍婦人予備部隊の募集ポスター。海軍航空基地の管制塔で働く隊員の姿が描かれている。隊員は数々の重要な任務に就き、前線で戦う兵士を支えた。

◉後退するビルマの婦人補助部隊

一九四二年三月六日、ビルマの婦人補助部隊の隊員三〇〇人が、首都ラングーンから船で脱出した。この時すでに、日本軍の第一五軍はラングーンに進攻していた。これより二か月前の一月、イギリス・ビルマ部隊はインドへ向けて後退を開始した。目的地までの距離はおよそ一六〇〇キロあり、イギリス軍がこれほど長い距離を後退するのは歴史上初めてのことだった。この時、婦人補助部隊の隊員六五人も一緒に後退した。インドへの道のりは厳しかった。部隊は、酷熱のジャングルや山々の道なき道を進み、流れの速いイラワジ川を渡った。疫病に罹る者もいた。雨季に入ると、日本軍の攻撃は弱まったが、雨季の雨が悲惨な状況を生み出した。地面はぬかるみ、木々も婦人補助部隊も兵士もみな濡れ鼠になった。武器などの装備や衣類、寝具、食料もずぶ濡れになった。それが毎日のように続いた。部隊はおよそ四か月後にようやく、

ビルマは、第二次世界大戦においてもっとも過酷な戦地のひとつだった。連合国軍は暑さ、湿気、雨、ジャングルの険しい地形、疫病、敵軍の巧妙な攻撃に苦しめられた。

インド東部のアッサム州に着いた。五月半ばのことで、この頃には日本軍がビルマ全域を占領していた。

しかし、日本の支配は二年しか続かなかった。一九四四年四月、イギリス軍はアメリカ軍や中国軍とともに反攻を開始し、六か月後には、日本軍をラングーンの方へ大きく押し戻した。

◉お茶とお菓子

婦人補助部隊もビルマへ戻った。その後、二五〇人の隊員が移動酒保の運営に従事した。隊員は熱帯の酷暑の中、遊牧民のように戦場から戦場へと移動した。時には、銃弾の飛び交う前線のすぐ近くまで赴くこともあった。夜はテントの中で眠った。

ある兵士は、婦人補助部隊の隊員が「お茶とお菓子」を用意して待っていてくれた時のことを次のように回想している。イギリス軍兵士は、お茶とお菓子をこよなく愛していた。

「雨が降る中、遠くの方にひとりの女性が立っているのが見えたので、僕たちは女性のもとへ行きました。女性の側のテーブルの上には、熱いお茶が入ったマグカップが並んでいました。女性は僕たちみんなに、そのお茶と煙草一箱とお菓子を配ってくれました。女性はスコットランド人でした。歳は五〇歳くらいで、美しい方でした。僕は、ここは危ないから安全な所へ移動するようにと言いました。日本軍がそこから六キロの所まで近づいていました。でも女性はその場を動こうとせず、こう言いました。『ここでお茶を入れて兵隊さんを待ちます。それが、

アメリカ沿岸警備隊婦人予備部隊（SPARS）は1942年に設立され、沿岸の施設や基地で沿岸警備隊を支えた。1944年までにおよそ1万2000人が入隊した。

各国の婦人部隊

アメリカ

陸軍婦人補助部隊（WAAC） 1942年-1943年
陸軍婦人部隊（WAC） 1943年
空輸補助部隊（WAFS）1942年　後に空軍婦人パイロット部隊（WASP、1942年設立）に統合された
アメリカ沿岸警備隊婦人予備部隊（SPARS、沿岸警備隊のモットー「Semper Peratus,Always Ready　常に備えあり」の頭文字を取ったもの）1942年
アメリカ海軍婦人予備部隊（WAVES）1942年
アメリカ海兵隊婦人予備部隊（USMCWR）1943年

イギリス

空輸補助部隊（ATAS）1938年
空軍婦人補助部隊（WAAF）1939年
国防義勇軍補助部隊（ATS）1938年
王立海軍婦人部隊（WRNS）1939年

カナダ

カナダ陸軍婦人部隊（CWAC）1941年
カナダ空軍婦人補助部隊（CWAAF）1941年
王立カナダ海軍婦人部隊（WRCNS）1942年

オーストラリア

オーストラリア陸軍婦人部隊（AWAS）1942年
オーストラリア空軍婦人補助部隊（WAAAF）1941年
王立オーストラリア海軍婦人部隊（WRANS）1941年

南アフリカ

空軍婦人補助部隊（WAAF）1939年
陸軍婦人補助部隊（WAAS）1939年
憲兵隊婦人補助部隊（WAMPC）1942年
南アフリカ海軍婦人補助部隊（SAWANS）1943年

インド

インド婦人補助部隊（WAC[I]）1942年

ニュージーランド

ニュージーランド空軍婦人補助部隊（NZWAAF）1941年
陸軍婦人補助部隊（WAAC）1942年
王立ニュージーランド海軍婦人部隊（WRNZNS）1942年

ビルマ

ビルマ婦人補助部隊（WAS[B]）1942年

フランス

フランス婦人義勇軍（自由フランス軍の下に設立された）1940年

オランダ

王立オランダ陸軍婦人補助部隊　1944年

ノルウェー

ノルウェー婦人部隊　1940年

ポーランド

婦人補助部隊（イギリスにおいて設立された）　1939年

ソ連

赤軍
赤色空軍
赤色海軍
（戦闘任務にも就いた）

1942年に設立されたインド婦人補助部隊。女性は人種、身分、宗教に関係なく入隊することを認められた。事務の他、管理、暗号、通信にかかわる任務に就いた。

婦人補助部隊の隊員である私の務めです』

◉戦う女性たち

ヨーロッパ諸国は、ビルマよりも早く戦渦に巻き込まれた。そして、ヨーロッパ諸国の女性は、ドイツ軍と戦うために婦人部隊に入隊した。ヨーロッパの婦人部隊はおもに、ドイツ軍による占領を免れていたイギリスにおいて設立された。

フランスは、シャルル・ド・ゴール将軍が指揮する自由フランス軍の下に、フランス婦人義勇軍を設立した。ノルウェーは、一九四〇年四月にドイツ軍の進攻が始まると、ノルウェー婦人部隊を設立した。ノルウェー婦人部隊は、ノルウェー軍兵士が北海を渡ってイギリスへ脱出する際に手助けをした。また、ノルウェー人パイロットのための訓練施設「リトル・ノルウェー」がカナダに建設されると、王立ノルウェー空軍婦人補助部隊の隊員が、看護婦や事務員としてパイロットとともにカナダへ渡り、訓練に協力した。

ドイツ軍に最初に占領された国であるポーランドは、一九三九年に婦人補助部隊（ＷＡＳ）

フロリダ州ジャクソンヴィルの海軍航空基地において、アメリカ海軍婦人予備部隊（WAVES）の隊員が、海軍兵士から酸素マスクの付け方を教わっている。この後、女性隊員は「冷蔵庫」の中で試験を受けた。

を設立した。部隊にはおよそ四〇〇〇人のポーランド人女性が入隊した。ポーランドの婦人部隊は西欧諸国の婦人部隊とは異なり、武器を携行することが許されていた。リー・エンフィールド小銃を持ち、男性兵士とともに歩哨に立つこともしばしばだった。

ソ連の女性は、一九四一年六月二二日にドイツ軍の進攻が始まると、赤軍や赤色空軍に入隊し、兵士として前線で戦った。赤軍において女性が占める割合は、一九四二年に八パーセントとなり、一九四五年には一〇パーセントに増えた。前線で戦った女性の数は合計で一〇〇万人に上ると言われており、その四分の三の女性は徴兵されて前線へ送られた。

◉ソ連の女性兵士

ソ連では、他の連合国とは違い、女性が軍務に就くことについて議論がなされることはなかった。もちろん、反対する者がいなかっ

アメリカは女性の愛国心を鼓舞し、アメリカの自由が脅かされていると訴え、軍への入隊を促した。本土が戦場となっていなかったアメリカでは、女性に戦争を意識させる必要があった。

たわけではない。男性パイロットの中には、女性が整備した航空機には乗らないと言う者もいた。ある基地司令官は、女性がパイロットとして戦闘機に乗ることを禁止しようとした。しかし司令官は部下のひとりから説得され、考えを改めた。司令官を説得した部下は、ソ連軍の女性パイロットであるリディア・リトヴァクのことを高く評価していた。リトヴァクは現在「スターリングラードの白い薔薇」として知られる、伝説的女性エース・パイロットである。

ソ連は、ドイツ軍がソ連軍を撃破しながらモスクワへ迫っている状況下では、女性が軍務に就くことについて議論する余地はないとした。さらにソ連は女性に対し、母なるロシアのために前線で命を賭けて戦うよう求めた。

ソ連の女性は機関銃兵、戦闘工兵、対空砲兵、伝令兵、偵察兵、戦闘機パイロット、爆撃機パイロット、狙撃兵として男性と同様に戦った。ソ連軍の女性狙撃兵は、ドイツ軍兵士から恐れられていた。四人の女性狙撃兵は、それぞれ五〇人あまりを射殺したとされている。ソ連軍最高の女性狙撃兵である、ウクライナ出身のリュドミラ・パヴリチェンコ中尉は三〇九人を射殺した。

赤軍航空部隊の女性パイロット。ソ連軍の女性パイロットは、ドイツ軍兵士から「夜の魔女」と呼ばれ、恐れられていた。

ソ連のプロパガンダ・ポスター。女性が、決然とした表情で、男性とともにドイツ軍との戦闘に臨む姿が描かれている。

パヴリチェンコの活躍は、ソ連の「プラウダ」紙の一面で伝えられていた。

◉カナダ空軍の婦人部隊

アメリカやカナダでは、戦争は男性が行うべきであり、いかなる形でも女性は戦争にかかわるべきではないと考える者が少なくなかった。しかし、人々はやがてその考えを改めざるをえなくなった。

カナダでは、参戦からおよそ二年後の一九四一年七月、カナダ空軍婦人補助部隊（CWAAF）が設立された。この部隊は七か月後に、王立カナダ空軍（婦人部隊）となり、隊員は「Wids」と呼ばれるようになった。

カナダ空軍の婦人部隊は、当初はイギリスの空軍婦人補助部隊（WAAF）と同じく補助部隊だったが、王立カナダ空軍に組み入れられた。女性士官は男性士官と同等に扱われ、敬礼も受けるようになった。しかし、王立カナダ空軍（婦人部隊）の任務は、結局は

派遣先のイギリスにおいて、自動車の整備方法を学ぶカナダ陸軍婦人部隊の隊員たち。カナダ陸軍婦人部隊からは3000人がイギリスへ派遣された。1943年

補助部隊の時とほとんど変わらなかった。そのことは「兵士たちが飛ぶために」という部隊のモットーからもうかがい知ることができる。王立カナダ空軍の女性は、男性に代わって「洗濯業務」といったたぐいの任務に就いた。

カナダ空軍の婦人部隊は、カナダの各婦人部隊の中で一番初めに設立され、一九四二年九月に他の婦人部隊に先駆けて隊員を海外に派遣した。派遣先はイギリスだった。派遣部隊に加わることができるのは、一定の条件を満たす隊員だけだった。まず、三か月間の特別訓練を受けなければならなかった。また、歳は二一歳以上で、健康であり、「模範的で、性質や体格が軍に適しており、思慮分別を備える人物」でなければならなかった。

一般的には民間でも軍でも、「弱い性」である女性の派遣は慎重に行うべきだと考えられていた。また、派遣部隊の隊員には、独身女性よりも既婚女性の方がふさわしいという意見が多かった。独身女性は道徳的にあまり信用されておらず、親元を離れると、不道徳な行動を取るようになると思われていた。独身の隊員についての聞き苦しい噂も流れた。そしてその噂を耳にした人々は、やはり独身女性は「道徳的に信用できない」と思うようになった。

最終的には、一定の条件を満たした一三〇〇人が派遣部隊の隊員となることを認められた。また、イギリスにおい

イギリスへ派遣されたカナダ陸軍婦人部隊の隊員たち。基地内でトランプをしたり、母国の新聞を読むなどして過ごしている。カナダ軍の女性の給料は、男性の給料の５分の４の額だった。

て新たに三〇〇人の女性が派遣部隊に加わった。派遣部隊は「CANADA」と記された肩章を着用した。給料は、初期は男性の給料の三分の二の額だったが、一九四三年にはその割合が五分の四になった。

◉カナダ陸軍とカナダ海軍の婦人部隊

カナダ陸軍婦人部隊（CWAC）でも、同様に給料の引き上げが行われた。カナダ陸軍婦人部隊は、カナダ空軍婦人補助部隊より数か月遅れて設立された。しばらくは国内のみで活動したが、一九四四年からは海外の非戦闘任務にも就くようになった。一九四五年にはおよそ三〇〇人がイギリス、イタリア、北西ヨーロッパ諸国へ派遣され、カナダ軍部隊を支援した。

カナダ陸軍婦人部隊は、戦争末期にはカナダ陸軍の全兵力の二・八パーセントを占めていた。他の婦人部隊と同じく、陸軍婦人部隊が実戦に参加することはなかったが、連合国軍の勝利に大きく貢献した。二〇〇〇年、ヴァンクーヴァー島エスキモルトのカナダ軍基地に、その功績を讃える顕彰碑が建てられ、二月二〇日に除幕式が行われた。

王立カナダ海軍婦人部隊（WRCNS）は一九四二年に設立され、隊員は「Wrens」と呼ばれるようになった。訓練は一九四二年八月に始まった。隊員数は三つの婦人部隊の中でもっとも少なく、設立時の隊員数は六八人で、一年後の隊員数はおよそ三〇〇〇人だった。海軍の婦人部隊も空軍の婦人部隊と同じく補助部隊ではなく、カナダ海軍に所属していた。給料は、最初から男性の給料の五分の四の額を受け取っていた。

アメリカの女性と同様、カナダの女性も婦人部隊に入隊して兵士を支援した。一九四二年に王立カナダ海軍婦人部隊に入隊したフランシス・ミルズは、次のように語っている。「兵士たちは戦っ

チェコスロヴァキア亡命軍の狙撃兵マリア・ラルコヴァ。何十人ものドイツ軍兵士を射殺した。

ているのに、私は安全なところにいました。そして兵士たちの助けとなるようなことを何ひとつ行っていませんでした。ですから私の心の中には、罪悪感のようなものがありました」

◉極秘任務

ミルズは教師だった。しかし、教え子のひとりが海の向こうで戦死したのを知り、入隊を決意した。オンタリオ州のガルトで基本的な訓練を受けた後、オタワで任務に就いた。ミルズはここでロランと呼ばれる新しい探知システムについて学んだ。

ミルズは極秘任務に就いていた。そのひとつは、電子信号を傍受し、それにより得た情報を、ロランを開発したマサチューセッツ工科大学に報告する任務だった。また、音波やレーダーに関する基礎研究にもかかわった。

その後、ミルズは二四人の女性隊員とともに、ノヴァスコシア州のホワイトヘッドへ移動し、海から発せられる無線信号を傍受する任務に就いた。ある日、傍受を行っていたところ、無線周波数がころころと変化し始めた。これは、敵軍の潜水艦が近くにいることを意味していた。

「とても恐ろしく、不安になりました。私たちは、もしも敵軍が上陸したら、機器を破壊するように指示されていました。私

たちは全員、仮兵舎の中で拳銃を持ちました……」

それから四時間後、ようやく危険が去っていった。

◉続く議論

アメリカでもカナダでも、女性が軍務に就くことを認めてよいのか、という議論がなされた。とくにアメリカでは激しい議論が延々と続けられた。しかし、戦時中に定期的に行われていた陸軍に関する世論調査では、認めても良いとする意見が少なくなかった。一九四二年九月一〇日に実施された最初の調査では、次のような質問が行われた。

「陸軍は、非戦闘任務の要員として三〇万人を採用する計画です。採用の対象として検討しているのは、二一歳から三五歳までの独身女性か、家庭を持つ既婚男性です。女性は陸軍婦人部隊（WAC）の隊員となります。あなたは、どちらを採用する方が好ましいと思いますか?」。こうした類の質問では毎回、女性の方が好ましいと答える者の方が多く、その割合も七三パーセントから八一パーセントと高かった。

しかし、宗教団体や伝統主義者は強く反対を唱えた。そして男性や、採用対象となる女性の家族も激しく反発した。そのため、議論はいつまでも続くことになった。

◉民主主義のための兵器廠

ルーズヴェルト大統領は第二次世界大戦中、アメリカのことを「民主主義のための兵器廠」と呼んでいた。当時のアメリカの工業生産力の大きさを示す表現である。アメリカはパールハーバーが攻撃された時にはまだ戦争の準備ができていなかったと思われがちだが、実際には、アメリカ

アメリカ海軍婦人予備部隊の士官。ワシントン DC のジェファーソン記念館の前に立ち、敬礼している。袖章の「P」の文字が階級を示している。

婦人部隊の制服

カナダ

王立カナダ海軍の女性は、管理業務などの非戦闘任務に就いた。それによって、より多くの男性が戦闘任務に就くことが可能になった。左端の女性は、王立カナダ海軍婦人部隊の隊員である。階級は大尉で、会計局に所属していた。会計局の隊員の肩章には、モールの間に白色が配されていた。カナダなどイギリス連邦諸国の婦人部隊の制服は、イギリスの婦人部隊の制服を模していたが、ボタンと帽子の飾り紐には、それぞれの国を表す意匠が施されていた。制服は軽量だった。この隊員は仕官であるため、三角帽子をかぶっている。下士官や兵の帽子は、丸型の帽子や水兵帽だった。この隊員はポシェットと呼ばれるバッグを肩に掛け、手には白手袋を持っている。

ソ連

ソ連は軍や工場などの人員不足を補うため、およそ775万人の女性を動員した。そのうちおよそ80万人が軍務に就いた。中央の女性はソ連軍の狙撃兵である。この女性は1943年7月、クルクスにおいて実戦に参加した。ソ連軍は、高度な技術を持つ女性狙撃兵を多数擁していた。狙撃兵は、迷彩が施されたオーバーオールを制服の上に着用した。制服に迷彩が施される場合もあった。オーバーオールには、カーキ色の地に、緑色の葉などの模様が描かれていた。身を潜める際には顔も目立たなくするため、フードや柔らかな帽子をかぶった。オーバーオールの肩や袖の部分には、輪郭がぼやけて見えるように布を縫い足すこともあった。この女性狙撃兵は、7.62mmモシン・ナガンM1891/30小銃を携行している。

アメリカ

右端の女性は、アメリカ陸軍婦人部隊の隊員である。木綿の夏用の制服を着用している。上着は暗いオリーブ色の開襟チュニックで、折り襟は幅が広く、ボタンは金ボタンが使われている。帽子は同じ色のピークドキャップである。チュニックの下には、淡いカーキ色のブラウスとネクタイを着用している。それにカーキ色のスカートと茶色の革靴を履いている。帽章は白頭鷲である。アメリカ軍の帽章には、他にも色々な意匠が使用されていた。陸軍婦人部隊の帽章には「多数からひとつへ《エ・プルリブス・ウヌム》」というアメリカのモットーが入っていた。折り襟の上部には「U.S.」の文字、下部にはギリシア神話の女神アテナ（戦神）の顔があしらわれていた。階級は肩章で示され、士官の制服の袖には、オリーブ色の飾り紐が施されていた。

王立カナダ海軍婦人部隊の大尉（左）　1943年、ロンドン
赤軍ライフル大隊の狙撃兵（中央）　1943年、クルスク
アメリカ陸軍婦人部隊の仕官（右）　1944年、パールハーバー

はそれよりも前から、兵器を増産するなどして着々と準備を進めていた。一九四〇年にアメリカ海軍がパールハーバーに艦隊を配置したのも、戦争に備えてのことだった。その頃、ヨーロッパでは戦いが激しさを増していた。

アメリカはヨーロッパ諸国やソ連とは違い、本土が戦場となっていなかったため、「兵器廠」として兵器を増産することができたのだが、増産を行うには多くの労働力が必要となり、工場が男性はもちろん女性も採用するようになった。そのため軍は、女性の獲得を工場と競わなければならなくなった。そして、工場ばかりでなく公益企業や官庁も競争相手となった。

軍人の夫を持ち、その夫が薄給であるため働きに出なければならない女性は、軍には入りたがらなかった。自営業者や農業を営む者の中には、女手を取られれば経営が立ち行かなくなるとして、女性の採用を進める軍に反発する者もいた。なお、農業は国民が生きるために絶対に必要だったため、女性が農村の仕事に従事することには国民は理解を示した。

戦時人的資源委員会や戦時動員局も、工場や農村の方が人手が不足しているとして、軍が女性を採用することに反対した。このように軍に対する風当たりは強かった。ギャラップ社による世論調査が行われていなかった頃は、軍は一般国民の意見を知ることもできなかった。それでも政府と陸軍、海軍は戦争を見据えて採用を進めた。パールハーバー攻撃よりも一年以上前となる一九四〇年から一九四一年のはじめにかけて、陸軍と海軍は、事務や通信業務の要員として、およそ六万人の女性を採用した。なお、これと同じ時期、連邦政府は三度にわたって女性を採用しており、女性職員の数は一八万六二一〇人から二六万六四〇七人に増えている。

◉フォート・デモイン

一九四二年五月一五日、ルーズヴェルト大統領は、陸軍婦人補助部隊の設立に関する法案に署名した。そして部隊が正式に発足し、オヴィータ・カルプ・ホビー少佐が指揮官に任命された。部隊の役割は「戦闘任務に就く兵士を支援すること」だった。

ホビー自身も、女性は軍において男性を支えるべきだと思っていた。「陸軍婦人補助部隊の隊員は、国に大きく貢献するでしょう」。ホビーはある演説で次のように述べている。「隊員が従事するのは非戦闘任務です。女性でも問題なくできる仕事です。民間の

戦時中の女性の「軍服調」ファッション。スカートは飾りのないタイトスカート。左側の女性の帽子も軍帽風だ。

陸軍婦人部隊の指揮官

オヴィータ・カルプ・ホビー（1905 年 -1995 年）

オヴィータ・カルプ・ホビーは、アメリカの陸軍婦人補助部隊と陸軍婦人部隊の指揮官を務めた。ホビーは何事も決して諦めることなくやり遂げる、強い女性だった。父親は法律家で、州議会議員も務めており、夫のウィリアム・ペタス・ホビーはテキサス州知事だったこともあり、ホビーは自分が望むことを何でも好きなように行うことができた。
「すべての事が私の思いどおりになりました」とホビー自身も語っている。

ホビーは危険を恐れない、度胸のある女性でもあった。1936 年には、彼女と夫が乗った航空機が墜落するという災難に見舞われたが、その時彼女は、炎に包まれた機体の中から夫を引きずり出して、命を救った。ホビーは 1942 年に陸軍婦人補助部隊少佐として指揮官を務めることになるが、それまでの 10 年間は、テキサス州ヒューストンの「ポスト・ディスパッチ」紙の編集者として活躍していた。地方や中央の政治に関わった経験もあり、演説もうまく、報道機関への対応の仕方も心得ていた。そして、陸軍婦人補助部隊では指揮官として手腕を発揮した。

ホビーは、隊員が女性らしさを保つことも大切だと考えていたから、部隊の「レディ」たちが勤務時間外にズボンやショートパンツをはくことを認めなかった。また、隊員は「黒子」に徹するべきであり、裏方で能力を生かして男性を支えるのが望ましいと思っていた。1943 年、陸軍婦人補助部隊に代わって陸軍婦人部隊が設立された。同じ年、ホビーは大佐に昇進し、陸軍婦人部隊の指揮官となった。1945 年 7 月には任務を離れ、病院で療養生活を送ることになるが、それまでホビーは部隊のために尽力した。

オヴィータ・カルプ・ホビー。並外れた行動力があり、冒険心に溢れる女性だった。

組織で女性が従事している仕事となんら変わりはありません。そして隊員は、民間の組織において女性が男性を支えているように、軍において男性を支えるのです」

一九四二年七月までに、四四〇人の隊員が士官養成講座を受講した。六週間の講座が終了すると、次にアイオワ州のフォート・デモインの訓練施設で訓練を受けた。また、陸軍婦人補助部隊は設立後にフォート・デモインにおいて基礎訓練を開始し、まず一二五人の隊員が四週間の基礎訓練を受けた。

エリザベス・ポロックはフォート・デモインで訓練を受けた。ポロックは訓練が始まるとすぐに母親に手紙を送った。その手紙には次のようなことが綴られていた。

「ご主人が徴兵されたから、自分も入隊したという人もいますし、以前の仕

北部戦線の赤軍歩兵部隊司令部において任務に就く若いタイピスト。敵からの攻撃に備え、左脇にライフルを置いている。

事で行き詰まったから入隊を決めたという人もいます。私のように、人手が足りないからと説得されて募集に応じた人もいます。幸せな結婚生活を送っていたけれど、使命感から入隊した人もいます。入隊した理由は色々ですが、今私たちは同じ目標に向かっています。これから経験することは、一生忘れられないものになるでしょう」

◉本格的な訓練

ポロックはフォート・デモインの訓練施設で本格的な訓練を受けた。笛の合図とともに消防演習を行い、ガスの臭いを知るために容器に詰められたさまざまな種類のガスの臭いを嗅ぎ、化学戦争に対応するための講義を受けた。

こうした訓練はフォート・デモインの施設の他、ジョージア州、マサチューセッツ州、ルイジアナ州の訓練施設でも行われた。そして一九四三年一月に、派遣部隊が北アフリカ

健康を保つために運動する軍の女性たち。環境の悪い地域で任務に就く場合は、とくに健康に留意しなければならなかった。

戦線へ派遣された。北アフリカ戦線は、前年の一一月に行われたトーチ作戦によって新たに構築された戦線だった。連合国軍は、アメリカのドワイト・D・アイゼンハワー陸軍元帥を最高司令官として、ドイツ・アフリカ軍団と戦っていた。

しかし、この海外派遣は問題視されるようになった。軍に所属しない補助部隊という地位にある部隊が、戦地での任務に就くべきではないという声が上がった。陸軍の婦人部隊は、海軍、海兵隊、沿岸警備隊の婦人部隊とは地位が異なっていた。この三つの婦人部隊は予備部隊であり、女性は男性と同等の階級も与えられ、階級に伴う特権も得ていた。

◉陸軍婦人部隊の設立

陸軍はこの問題を解決するため、陸軍婦人部隊（WAC）を設立した。陸軍婦人補助部隊は一九四三年八月三一日に解散した。陸軍は、陸軍婦人補助部隊の元隊員が陸軍婦人部隊に入隊することを望んでいた。新たに女性を確保するのは容

イギリス空軍婦人補助部隊に入隊するため、イギリスへ渡った西インド諸島の女性たち。部隊のバハマ出身の仕官と話をしている。1943年

易ではなかったからだ。最終的には、およそ四万五〇〇〇人の元隊員が陸軍婦人部隊に入隊したが、およそ一万五〇〇〇人は軍へは戻らなかった。理由はさまざまだったが、ひとつは経済的な理由があった。基本的に、民間組織の給料の方が軍の給料よりも高かった。

女性に対する誹謗中傷に耐えることができず、軍から去った者もいた。軍の女性は正当な評価を受けることができず、性的にだらしないと言われ続けていた。そのため、愛国心に燃えて入隊したのに、その気持ちを失ってしまった女性もいた。その一方、陸軍婦人部隊へ入隊した陸軍婦人補助部隊の元隊員は、誹謗中傷に負けることはなかった。そして多くの元隊員が、陸軍婦人部隊において高い地位に就いて活躍した。

◉海外派遣

陸軍婦人部隊では、軍に戻らなかった陸軍婦人補助部隊の隊員と同じ数の女性を確保するのに、六か月を要した。その間、陸軍婦人部隊は海外派遣の準備を進めた。派遣部隊の隊員には、三〇歳以上か、若くても二〇代後半の隊員がおもに選ばれた。これは他の婦人部隊でも同様だった。また、頭を使う複雑な任務も少なくなかったため、学歴の高い隊員が好まれた。派遣先が南西太平洋地域の島々の場合、指揮官は婦人部隊の安全にとくに注意を払っていた。用心しなければその地域の先住民が、婦人部隊を「襲う」だろうと考えていたからだ。当時はまだ、多くの白人が異なる人種に対して偏見を持っていた。なお、アメリカの各軍の婦人部隊は、白人部隊と黒人部隊とに分けられていた。また、黒人女性が部隊に占める割合は低かった。陸軍婦人補助部隊において最初に仕官養成講座を受講した四四〇人のうち、九一パーセントは白人女性で、黒人女性はわずか九パーセントだった。

国防義勇軍補助部隊の隊員たち。行軍訓練の途中で足の状態を調べている。長い距離を歩く行軍訓練は基本的な訓練のひとつだった。1940年6月

◉婦人部隊の保護

南西太平洋戦線では、アメリカ軍が占領した島や地域でも、日本軍兵士が抵抗を続けた。占領後、儀式的な自殺である「切腹」を行う兵士もいたが、洞窟やジャングルに潜んで攻撃の機会を窺う兵士もいた。そのため陸軍婦人部隊も、日本軍兵士から攻撃を加えられるおそれがあった。

こうした理由から、現地の指揮官の中には、婦人部隊の派遣に対し難色を示す者もいた。南西太平洋地域へ派遣された隊員は、息苦しい生活を強いられた。派遣先がアメリカ軍の占領地域であっても、有刺鉄線で囲まれた場所で生活しなければならなかった。そこから出る時は外出届を提出した。門限は夜の一一時だった。また、外出する隊員には、武器を持った兵士ふたりが護衛として付き添った。

陸軍は、日本軍兵士や褐色の肌を持つ先住民に対してばかりでなく、自国の黒人兵士に対しても警戒の目を向けた。ニューギニア島では、白人婦人部隊を防御柵の中に閉じ込め、武装した兵士を柵の周囲で警戒に当たらせた。

南西太平洋地域には、およそ五五〇〇人の隊員が派遣された。南西太平洋地域は環境がもっとも厳しい地域のひと

つだった。勤務時間は一日一六時間に及び、娯楽施設はなく、自由に外出することもできなかった。また、この地域は蚊や虫が多かった。そして湿度と気温が非常に高く、気温は摂氏三八度にまで上昇することもあった。しかし、制服はそうした気候に合わせて作られたものではなかった。そのため皮膚炎や水虫に罹る者が多かった。

海外へ派遣された陸軍婦人部隊の隊員の総数は、およそ一万七〇〇〇人だった。そのうちおよそ八〇〇〇人はヨーロッパに派遣された。三五〇〇人は北アフリカ、中東、ビルマ、東南アジア、それにアメリカ本土から比較的近いプエルトリコ、カナダ、ハワイ、アラスカなどに派遣された。

◉国防義勇軍補助部隊

国防義勇軍補助部隊（ＡＴＳ）は、アメリカの陸軍婦人部隊に相当するイギリスの婦人部隊である。開戦の一年前となる一九三八年九月九日に、国王の許可を得て設立された。アメリカの陸軍婦人部隊より五年ほど早く設立されたことになる。イギリスはこの時期、陸軍と空軍の非戦闘員として、イギリス国内の女性をまずは二万人集めることを目標としていた。海外派遣も行ったが、独身女性の海外派遣は、ヨーロッパでの戦争が終結した後の一九四五年六月からしか認めなかった。

国防義勇軍補助部隊は、自動車整備や車両運転、オートバイ伝令、溶接、建築、電気にかかわる任務などに就いた。任務は多様で、道路建設に従事することもあった。女性がこう

男女混成の対空砲中隊に所属する国防義勇軍補助部隊の隊員。敵軍の爆撃機がいないかどうかを調べている。

した「女性らしくない仕事」に就くことに反対する者もいたが、アメリカほど大きな議論が起こることはなかった。ただ、隊員が危険に晒されるような場合には、当然ながら心配する声が上がった。

◉一九四〇年のダンケルク

一九三九年の冬、国防義勇軍補助部隊の派遣部隊の第一陣がフランスへ渡った。フランスにはすでにイギリス海外派遣軍も派遣されていた。隊員は全員フランス語を話すことができ、パリの電話交換局で電話交換手として働き始めた。しかし一九四〇年には、イギリス海外派遣軍、フランス軍、ベルギー軍の兵士らとともに、ドーヴァー海峡に面する港町ダンケルクからイギリスへ脱出した。その際には、ドイツ軍による激しい攻撃を受けた。

イギリスの場合は本土が空襲を受けていたから、国内で任務に就く隊員も危険な状態に置かれていた。イギリスは本土への空襲を想定し、

イギリスの婦人部隊は炊事、伝令、従卒、倉庫管理、航空機や無線機の整備、輸送などさまざまな任務に就いた。

一九三八年から空襲に対応するための準備を始めた。国防義勇軍補助部隊は、対空砲と照空灯を使った訓練を開始した。そして一九四一年には照空部隊を編制した。対空砲部隊のために、照空灯で敵軍の爆撃機を照らし出すのが照空部隊の任務だった。

同じ年、国防義勇軍補助部隊隊員と男性からなる、男女混成の対空砲中隊が編制された。国防義勇軍補助部隊は、対空砲で敵機を撃ち落とす任務にも就くことになったのだ。この二年後には、対空砲部隊の女性は五万五八七人に達した。また、国防義勇軍補助部隊の隊員による消防部隊も編制された。消防部隊の隊員数は九六七一人だった。

◉防空

対空砲中隊では、やがて男性よりも女性の数の方が多くなった。一九四四年後半、国防義勇軍補助部隊の隊員によって、第九三照空連隊が編制された。これと同じ時期、男女混成の第一三九重対空砲連隊が、派遣先のベルギーからイギリスへ戻ってきた。ドイツ国境付近に派遣される男性対空砲部隊に代わって、イギリスの防空を担うためだった。一方、派遣される男性対空砲部隊は、ライン川を渡ってドイツを目指す連合国軍を支援することになっていた。第一三九重対空砲連隊の帰国はイギリスにとって幸運だった。イギリスは、一九四四年六月一三日からV1飛行爆弾による攻撃を受けていたが、イギリスの対空砲部隊は、V1飛行爆弾にうまく対応できないでいた。しかし第一三九重対空砲連隊は、すでにベルギーにおいてこの「報復兵器」による攻撃を経験していた。アントウェルペンの港への攻撃が開始された日には一九発を撃ち落とすなど、成果を上げていた。

国防義勇軍補助部隊の設立からおよそ一年後の一九三九年六月二八日、空軍婦人補助部隊（W

ＡＡＦ）が設立された。当時、来るべき戦争では空軍がより重要な存在になると考えられていたから、イギリス空軍も婦人部隊を持つことになったのだ。空軍婦人補助部隊は、設立時から正式にイギリス空軍に所属していた。設立時の隊員の大部分は、国防義勇軍補助部隊から移動した隊員だった。その数はおよそ二〇〇〇人で、部隊は四八個中隊からなっていた。

◉空軍婦人補助部隊の活動

空軍婦人補助部隊は、設立からおよそ三か月後の九月一日、イギリス国内の各空軍基地において本格的な活動を開始した。これと同じ日にドイツ軍がポーランドへ進攻し、その二日後、イギリスがドイツに宣戦布告した。空軍婦人補助部隊の隊員数は、終戦までに一九万八〇〇〇人に増加した。任務は、パラシュート整備や航空偵察写真の分析、阻塞気球の設置などさまざまだった。阻塞気球は、ドイツ空軍の低空攻撃を阻止するためのものであり、飛行船の形をしており、ワイヤロープで地面と繋がれていた。

一九四〇年七月から九月にかけて行われたバトル・オブ・ブリテンでは、レーダーによる対空監視任務に就いた。イギリス上陸を目指すドイツ軍との戦いであるバトル・オブ・ブリテンにお

アメリカ海軍婦人予備部隊の募集ポスターに描かれた女性。魅力的で落ち着いた雰囲気があり、髪はきれいに整えられている。表情には強さや自信が感じられる。女性は、見る者に良い印象を与えるように描かれている。

女性初のテスト・パイロット、ハンナ・ライチュ

ハンナ・ライチュは、ドイツの女性パイロットだった。第二次世界大戦以前から、卓越した飛行技術によって数々の世界記録を打ち立て、名声を得ていた。ライチュは、5時間30分というグライダーの滞空時間の世界記録を樹立した。グライダーでのアルプス越えに最初に成功したパイロットのひとりでもあった。世界で初めて、大ホールにおいてヘリコプターの屋内飛行もやってのけた。

ドイツ空軍の航空機開発の責任者だったエルンスト・ウーデット上級大将は、ライチュの飛行技術を高く評価し、ライチュを空軍のテスト・パイロットに任命した。女性がテスト・パイロットに任じられるのは初めてのことだった。

危険な任務

ライチュは危険な任務に就いていた。イギリスは、ドイツ空軍の爆撃機による低空飛行攻撃を阻止するため、阻塞気球を設置していた。そのためドイツ空軍は、阻塞気球と地面とを繋ぐワイヤロープを切断して進むことができるよう特別に強化された爆撃機を開発した。ライチュはその爆撃機のテスト飛行を行った。また、V1飛行爆弾のテスト飛行も行っている。V1飛行爆弾は無人機だったが、テスト飛行用に、コックピットを備えたV1飛行爆弾が用意されていた。テスト飛行の結果、V1飛行爆弾は進路から右方向に逸れやすいことが分かり、その欠陥は後に修正された。

ライチュは、ロケット戦闘機メッサーシュミットMe 163のテスト飛行にも携わった。この戦闘機の速度は時速959キロであり、連合国軍の最速の戦闘機の1.5倍の速さを誇った。ただ、1944年7月に実戦に投入されるが、勝敗の帰趨に影響を与えるような力とはならなかった。

第二次世界大戦末期には、極めて危険な任務に就いた。1945年4月25日、総統地下壕に籠もるヒトラーからの命令により、ライチュはリッター・フォン・グライム上級大将とともにベルリンへ飛んだ。ヒトラーは、グライム上級大将を空軍総司令官に任命するために、総統官邸へ来るよう命じたのだ。ベルリンではソ連軍による激しい砲撃と爆撃が続いており、ヒトラーの命令は狂気の沙汰としか言いようがなかった。しかし、ライチュは命令に従い、ソ連軍の対空砲火を受けながらもベルリン上空に到達し、瓦礫の散乱する道路になんとか着陸した。

ライチュは、女性として初めて一級鉄十字章と二級鉄十字章、それに空軍のダイヤモンド付き十字章を受章した。ライチュはナチスを信奉し、ヒ

いて、空軍婦人補助部隊は戦争の厳しさを肌で感じることになった。隊員はレーダー画面を見ながら、イギリス南部に近づく敵機の位置を地図に記し、その動きを監視した。一度に四、五か所の地図を扱わなければならないこともあり、たいへんな集中力を要した。

イギリスは、スコットランドのスカパ・フローから南岸のポーツマスまで、二〇のレーダー基地を建設し、レーダー網を張っていた。このレーダー網はチェーン・ホームと呼ばれていた。ドイツ空軍の攻撃は昼も夜も間断なく続いたため、監視は二四時間態勢で行われた。監視を行う隊員は、敵機がイギリス海峡を越えてイギリス南岸に接近すると、攻撃を受ける可能性のある地域に電話で連絡した。その際には、電話交換手を務める隊員が電話をつないだ。そして連絡を受けた地域はすぐにサイレンを鳴らし、空襲警報を発した。

◉高い声

空軍婦人補助部隊はパイロットとの無線通信も行った。例えば、敵機を発見したら、自国の夜間戦闘機を敵機の方へ無線で誘導した。敵機がイギリスに到達する前に迎撃するためである。無線通信には女性の声が適していた。女性の声は高いため、コックピット内の騒音の中でも聞き取りやすかった。

イギリス各地の通信基地を利用して、敵機を攪乱することもあった。例えば、自国の爆撃機がドイツへ攻撃に向かう際、ドイツの夜間戦闘機の無線交信に割り込み、爆撃機の進路などに関する偽の情報を与えた。この任務に就いたのは、ドイツ語が堪能な隊員だった。コックピットの騒音の中でも聞き取れるように声を高くし、味方を装い、偽の情報や指示をドイツ軍のパイロットに与えていた。

トラーを崇拝していた。ライチュは、生き延びるために地下壕から脱出するようヒトラーを説得した。しかし、ヒトラーは地下壕を出ることを拒んだ。そしてそれから５日後にヒトラーは自殺を遂げることになる。任務を果たしたライチュは、もはやベルリンから航空機で飛び立つ者などいない状況の中、航空機で飛び立った。そして、対空砲火を潜り抜けてベルリンを脱出した。ライチュは 1979 年にこの世を去った。

空軍婦人補助部隊の隊員の中には、勇敢な行為を讃えられ、表彰を受けた者もいた。三人の隊員は、民間人にとって最高位の章となるジョージ・クロスを受章し、六人の隊員はミリタリー・メダルを受章した。そして一四九一人の隊員が褒状を授与され、殊勲者公式報告書に名前が載った。イギリスでは女性パイロットも活躍したが、空軍は当初、女性パイロットの能力を疑問視し、入隊を認めていなかった。

しかし、戦争が始まる一九三九年より前に、女性にも航空機を操縦する能力があることは証明されていた。アメリカのアメリア・イアハートやニュージーランドのジーン・バテンなどの女性パイロットが、新しい飛行記録を樹立するなどして活躍していた。

◉空輸補助部隊とエイミー・ジョンソン

戦争が進み、男性が次々と戦闘任務に就くようになると、空輸補助部隊においてパイロットが不足するようになった。そのため、設立から二年後の一九四〇年、女性パイロットの入隊が認められた。その後、およそ九〇〇人の女性パイロットが入隊した。女性パイロットは「Atas」と

空輸補助部隊の隊員ヴェラ・ストロドルとカーティス P-40 戦闘機。この後、戦闘機を基地へ移動させた。空輸補助部隊は 900 人以上の女性パイロットを採用した。1942 年、イギリス

フランクフルトの空襲監視員の募集ポスター。女性の姿も描かれている。ナチスは女性に対して家庭にいるよう求めていたが、戦争後期は人員不足のため、やむなく女性も募集した。

呼ばれていた。女性パイロットが就いた任務のひとつは、イギリス国内の航空機製造工場から空軍基地へ航空機を移動させる任務で、軽飛行機から四発重爆撃機まで、あらゆる種類の航空機を扱った。アメリカで同様の任務に就いていた航空軍婦人パイロット部隊（WASP）と同じく、身分は民間人のままだった。

空輸補助部隊の隊員だったエイミー・ジョンソンは、イギリスの女性パイロットの草分けであり、イギリスの報道機関は彼女のことを「空の女王」と呼んでいた。戦前はオーストラリア、日本、ケープタウンへの飛行に成功しており、女性として初めて、航空省から航空機検査官の免許も受けた。一九四一年一月四日午前、ジョンソンは、ハートフォードシャー州のハットフィールドからランカシャー州南東のプレストウィックへ向けて飛び立った。彼女が乗るエアスピード・オックスフォードMkⅡには、じゅうぶんな燃料が積

んであり、五時間は飛行することが可能だった。しかし、この日は天気が悪く雲が出ていたため、ジョンソンは方向が分からなくなってしまったのだろう。彼女の乗ったエアスピード・オックスフォードは、午後三時半頃、目的地とは反対方向にあるエセックス州のテムズ川河口に近い海の上を飛んでいた。

ここで燃料が尽き、ジョンソンはパラシュートで航空機から飛びおりた。ジョンソンは陸の上を飛んでいると思っていたのか、ライフジャケットを着けていなかった。航空機は螺旋を描きながら墜落し、ジョンソンも海の中へ突っ込んだ。この時、掃海艇〈ハスルミア〉が近くを航行しており、ジョンソンが海に落ちる姿を乗組員が目撃していた。艇長のウォルター・フレッチャー少佐は、ジョンソンを助けるために海に飛び込んだ。そしてジョンソンをつかもうとしたが、間に合わず、彼女は海の中に沈んでいってしまった。その後の行方は分からないままである。

エイミー・ジョンソンとデハビランド・モス。彼女は1929年にパイロット免許を取得した。1930年、デハビランド・モスに乗り、女性として初めてイギリスからオーストラリアへの単独飛行を行った。

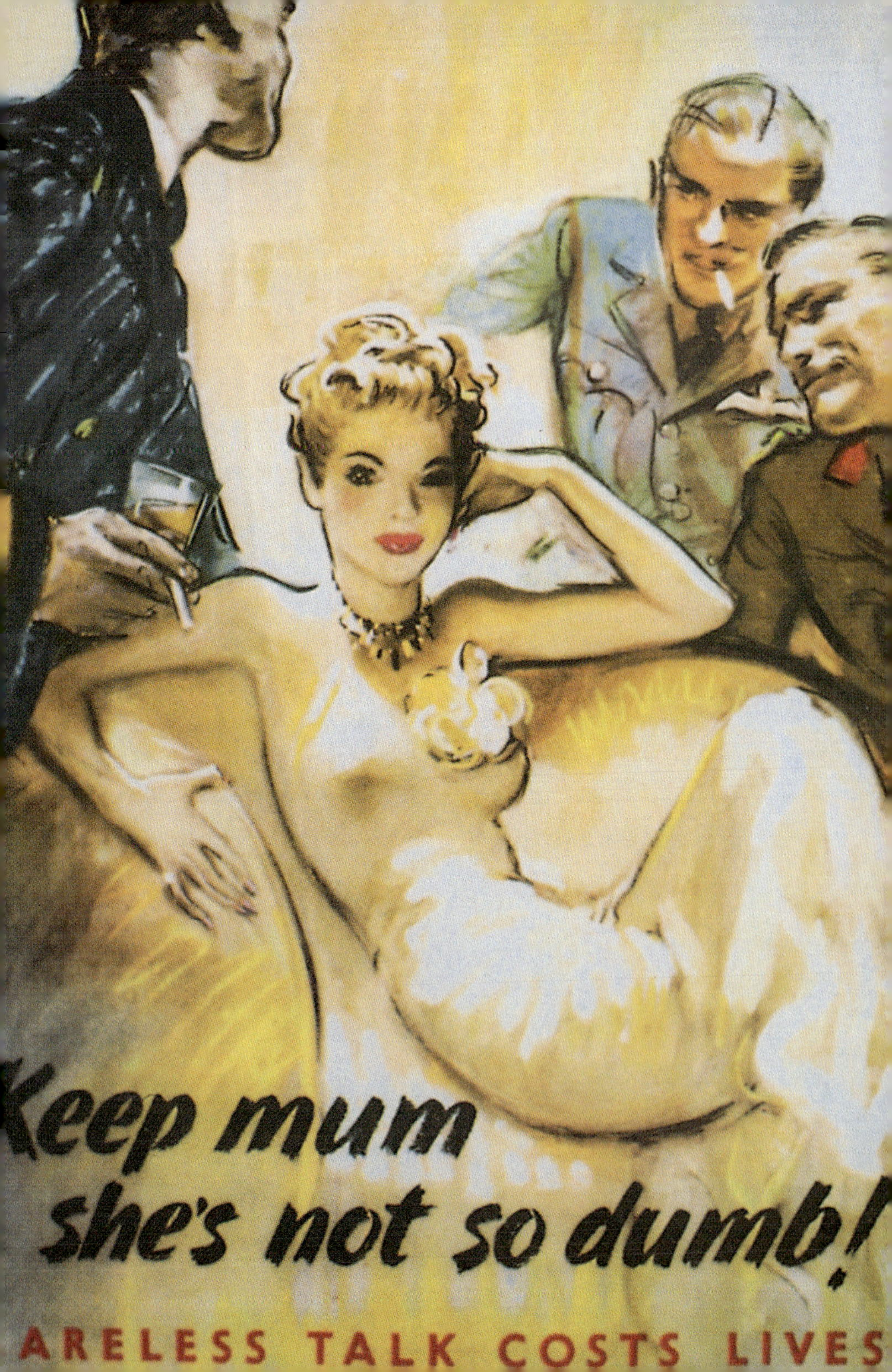
Keep mum
she's not so dumb!
ARELESS TALK COSTS LIVES

第6章
情報戦と女性諜報員

諜報員には、並外れた勇気と行動力が求められた。女性諜報員は、男性諜報員よりも疑いをかけられることが少なく、その点で女性諜報員は有利だと考えられていた。

第二次世界大戦中の諜報の世界は、決して魅力的な世界ではなかった。諜報員は、敵が支配する土地で活動しなければならなかった。何気なく取った行動や口にしたひと言が、命取りになることもあった。そして、諜報の世界には裏切りが渦巻いていた。

◉暗躍

ヨーロッパでは多くの女性諜報員が暗躍した。オーストラリア人のナンシー・ウェイクはフランスに潜入し、レジスタンス組織とともに、ゲシュタポのフランス支部や兵器工場への攻撃を行った。ウェイクは、イギリスの特殊作戦執行部（ＳＯＥ）がヨーロッパ諸国へ送り込んだ三九人の女性諜報員のひとりだった。フランス人のアンドレ・ボレルは、フランスで撃墜されたイギリス空軍のパイロットの逃走の手助けをした。パイロットたちは、ピレネー山脈を越えてスペインへ逃れた。同じくフランス人のイヴォンヌ・リュデラもレジスタンス組織とともに、シアニー発電

重要な情報を口外しないよう呼びかけるイギリスのポスター。ドイツの諜報員が潜伏しているため、軍の作戦や艦船の航路、工場の生産量などについてむやみに話さないよう国民に求めた。

所や、オルレアンに近いブロワのブロンザヴィア堡塁を破壊した。また、リュデラらの活動によって、二〇〇以上の高圧線鉄塔と数多くの機関庫が機能しなくなった。

ポーランドのユダヤ人クリスティン・スカーベックは、イギリス軍兵士が東ヨーロッパの捕虜収容所から脱出する際に力を貸した。スカーベックは、一般にはクリスティン・グランヴィルという名で知られている。イギリスのエージェント、ヴェラ・レイもレジスタンス組織と協力し、連合国軍兵士のために逃走経路を用意し、フランスからの脱出を手助けした。

イギリス人のパール・ウィザリントンは、一九四四年五月、レスラー・ネットワークと呼ばれるレジスタンス組織の長だったモーリス・サウスゲイトが逮捕されたため、代わりに組織を率いることになった。ノルマンディー上陸作戦の決行日が三週間後に迫っていた時のことで、ドイツ軍は上陸を阻止するためにノルマンディーを目指して進んでいた。そのためウィザリントンは、ただちに一五〇〇人からのレジスタンス運動員を集めた。そしてゲリラ戦を展開し、ドイツ軍の進軍を妨害した。

◉厳しい基準

課報員の任務は、平凡な人間に務まる任務ではなかった。諜報員には、高い能力や優れた資質が求められた。潜入する地域のことを熟知し、その地域の言葉を流暢《りゅうちょう》に話すことができなければならなかった。そしてイギリスの特殊作戦執行部も、アメリカの情報機関

特殊作戦執行部のポーランド人諜報員クリスティン・グランヴィル。1944年、パラシュートを使って南フランスに潜入した。地元のレジスタンス組織と協力し、ドイツ軍に強制的に入隊させられたポーランド人の脱走を助けた。

である戦略諜報局（ＯＳＳ）も、行動力と度胸があり、かつ冷静沈着で用心深く、自分の欲望を捨てることができ、必要ならば命をも捨てる覚悟のある人物を望んだ。

諜報員は騙し、嘘をつき、密かに人を殺し、破壊活動を行い、銃や爆発物を扱った。そして拷問にかけられても秘密を守り、最後には、無残な死を遂げる者もいた。特殊作戦執行部と戦略諜報局において諜報員として活動したアメリカ人のエイミー・ソープは、日記に次のように綴っている。「諜報員というのは、いつも舞台の上で演技をしているようなものだ。本当の自分をひたすら隠して演じるのが諜報員の人生だ」

◉利点

女性諜報員は、男性諜報員と比べると怪しまれにくかった。そのため伝令員を

ゲシュタポが拷問の時に使用した浴槽。中に水を溜めて諜報員を沈めた。この他にも、身体に電気を流す、煙草の火を押しつける、眠らせないなどのさまざまな拷問を行った。

諜報員の訓練

諜報員は、訓練においてもたいへん神経を使った。訓練は、潜伏先で起こりうる事態を想定して行われた。活動中は正体を見破られる危険がつねにあるため、諜報員はそのことを念頭に置いて訓練を受けた。

訓練には次のようなものがあった。まず諜報員が部屋のベッドに横になる。夜になって眠っているという設定である。そこへ突然「ドイツ人」が入ってくる。ドイツ人の役を務めるのは指導官だった。指導官はゲシュタポや親衛隊の制服を着ていた。続いて指導官は、諜報員をベッドから荒々しく引きずり出し、両手を上に上げさせ、その手に重い本を何冊も載せた。そして諜報員に本を持たせたまま尋問を行った。指導官の尋問は巧妙だったため、諜報員は、自分や仲間の諜報員の正体が分かってしまうような情報や、その他の秘密にしておくべき情報を、つい口にしてしまうことがあった。敵は「親しげ」に近づいて来て、本当の名前や家族のことを聞き出そうとする場合もあるから、注意が必要だった。諜報員は誰に対しても、特殊作戦執行部から与えられたコードネームを名乗らなければならなかった。家族のことを聞かれても、決して本当のことを話してはならなかった。諜報活動では、ちょっとした油断が、自分だけでなく多くの人々を巻き込む悲劇につながることもあった。

追跡者をかわす

諜報員は、追跡者をかわす方法も学んだ。諜報員はそれぞれ交代で逃げる者と追う者になり、学んだ方法を使って追っ手から逃れる練習を積んだ。

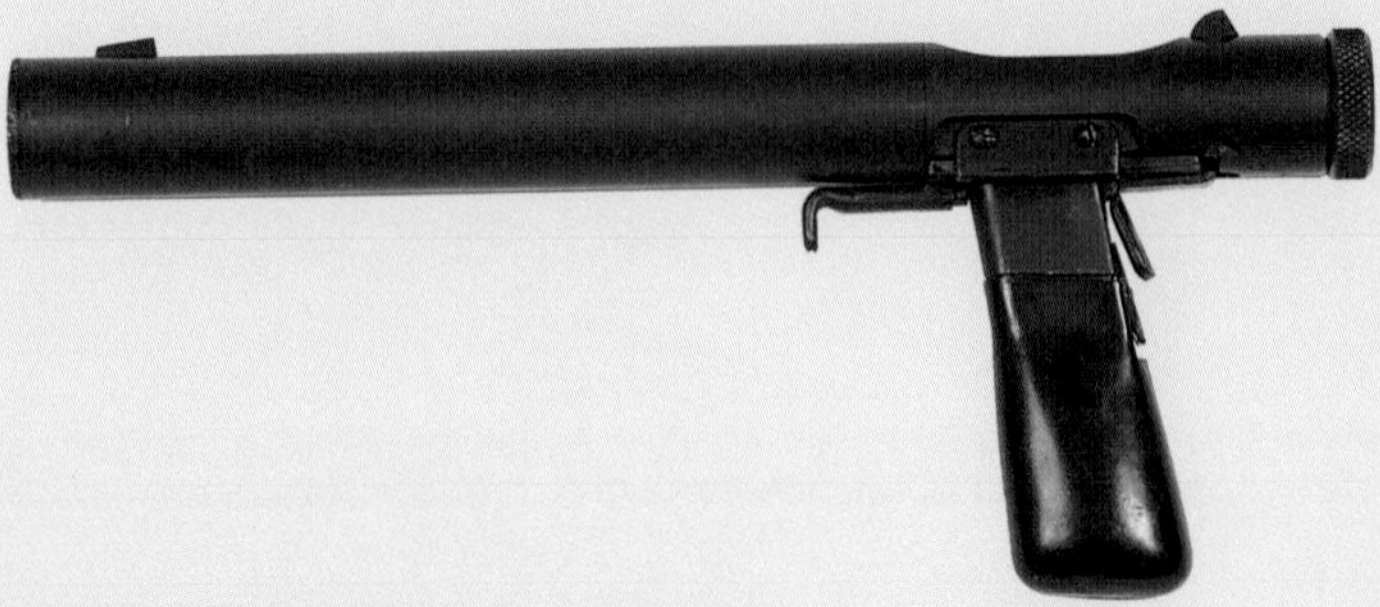

消音拳銃ウェルロッド。特殊作戦執行部の女性諜報員も訓練を受けて使用した。この銃は発射音を極力軽減させる仕組みになっていた。

敵を捕らえるための罠を仕掛ける方法も教わった。罠は、寝室の扉の外側などに仕掛けた。指導官は、諜報員の外出中に家の中に入り、侵入したことを示す痕跡をわざと残して帰ることがあった。それはとてもかすかな痕跡だった。帰宅した諜報員が、その痕跡に気づくことができるかどうかを見るのが指導官の目的だった。

諜報員は、任務中に辺鄙な場所で野宿をしなければならないこともあった。そのため、野宿をする訓練も受けた。訓練はさまざまな天気の日に実施された。訓練場所には、スコットランドの荒野が選ばれることが多かった。

食料の確保

野宿の訓練では、食料にするためのウサギや鳥、ハリネズミを捕まえた。農家の敷地に忍び込んで捕まえることもあった。そして獲物を調理した。火を使って調理をする時は、敵に気づかれないよう注意する必要があった。野宿の訓練を終えて元の生活に戻る時は、汚れて皺くちゃになった服や乱れた髪はきれいに整え、男性の諜報員ならば髭を剃り、元と何ら変わりない姿で戻らなければならなかった。

ポーランド国内軍に対して宣誓するポーランド人女性たち。ポーランド国内軍は、ドイツに占領された後に組織され、情報収集や破壊活動を行った。

務めるのは女性諜報員の方が多かった。女性諜報員はドイツ人を色仕掛けで籠絡し、情報を引き出すこともあった。

ドイツ軍兵士の中には、女性に対しては何ら警戒心を持たない者がいた。そうした兵士は、街の見回り中に、腕にバスケットを掛けて歩いている女性を目にしたら、「買い物へ行くところなのだろう」などと考えた。女性のことを諜報員ではないかと疑い、バスケットの中に機密情報や銃や無線機が隠されているのではないかと考えることはなかった。

◉ヴァージニア・ホール

一方、ドイツの秘密警察ゲシュタポは、あらゆる女性に対して疑いの目を向けていた。ゲシュタポは、特殊作戦執行部や戦略諜報局がドイツの占領地域に送り込んでいる女性諜報員を捕まえるために、つねに目を光らせていた。

アメリカ人のヴァージニア・ホールは、ゲシュタポが探していた女性諜報員のひとりだった。ホールは、初めは特殊作戦執行部の諜報員として活動し、その後、戦略諜報局の諜報員となった。コードネー

イギリスの諜報員たち。このうちのふたりは女性諜報員のハンナ・スザナとハヴィヴァ・レイクである。パラシュート降下訓練を受けるため、空軍の指導官を待っている。彼らは訓練の後、ハンガリーに潜入した。

秘密を口外しないよう呼びかけるアメリカのポスター。アメリカでは 1939 年から、妨害活動や破壊活動を防ぐため、各工場に連邦捜査局（FBI）の諜報員が潜入した。1942 年にはフロリダ州で 33 人のドイツ人諜報員が逮捕された。

ムはダイアンだった。ホールは戦前に事故に遭って片脚を失い、義足を着けていた。そのためホールの歩き方は少し不自然だった。どんなに歩く練習をしても、自然に歩くことができなかった。ホールが義足を着けているということはゲシュタポも知っていた。一九四四年にゲシュタポのフランス支部で作成された回覧用の文書には、次のように書かれていた。「あの脚の不自由な女は、フランスに潜伏する連合国の諜報員の中で、もっとも危険な人物のひとりである。我々は、あの女を捕らえ、始末しなければならない」

一九四一年、ホールは特殊作戦執行部の諜報員として、ドイツ占領下のフランスに潜入した。ホールの表向きの職業は、アメリカの「ニューヨーク・ポスト」紙の記者だった。当時アメリカはまだ中立の立場を取っていた。ホールの任務は、フランスに潜伏する特殊作戦執行部の諜報員を組織化することだった。しかし、やがてゲシュタポに存在を知られるようになり、一九四三年にフランスを離れた。ゲシュタポはフランス人の二重スパイを使い、ホールに関する情報を手に入れた。そしてその情報をもとにホールの似顔絵を作り、フランス全土に貼り出した。似顔絵はホールにとてもよく似ていた。似顔絵のホールは綺麗な顔立ちをし、歳は三〇代後半に見えた。髪は茶色で肩まで伸ばし、顎の骨格がしっかりしており、目はやや左右に離れていた。

パラシュートを使ってドイツ占領下のヨーロッパへ潜入する特殊作戦執行部の諜報員。多くの諜報員がパラシュートを使って潜入した。着地の際に怪我をしたり、目的地とは違う場所に着地することもあった。

一九四四年、ホールは戦略諜報局の諜報員となった。そして再びフランスで活動することになった。似顔絵によって正体を見破られるおそれがあったため、髪を墨色に染めた。そして、農村が活動拠点だったため、フランスの農村の女性がよく着ているような長いスカート、ゆったりとしたブラウスとセーターを用意した。

◉フランスでの活動再開

一九四四年、ホールは無線機と偽の身分証明書が入ったスーツケースを携え、フランスへ入った。特殊作戦執行部は、そのスーツケースに古く見えるような加工を施していた。ホールは、ブルターニュ地方の海岸沿いの村を活動の拠点にした。そして、訓練され、武装したおよそ三〇〇人のレジスタンス運動員を率い、六か月間にわたって破壊活動を展開した。ホールは、表向きは農婦として暮らしていた。その暮らしについて、ホールは次のように回想している。

「私は、農夫のユージーン・ロピナに探しても

ユーゴスラヴィアのレジスタンス組織の女性たち。ユーゴスラヴィアのレジスタンス組織は過激で、他の占領地域の組織よりも成果を上げた。女性もドイツ人を容赦なく殺害した。

らった家に住んでいました。部屋がひとつだけの、水道も電気もない小さな家でした。ロピナの家は村の外れにありました。私の家は、反対側の村の外れの道路の脇にありました……私は、ロピナと彼の年老いた母親と雇い人のために、料理を作ることもありました。コンロもなかったので、焚き火で煮炊きをしていました。ロピナが飼っている牛を牧草地へ連れて行くこともありました。その途中で、パラシュートの着地場所にちょうど良さそうな所をいくつか見つけました」

◉やぎの番人

無線機を使用する時は注意が必要だった。無線機をひとつの場所で長時間使用するのは危険だった。ドイツの無線方向探知機によって、わずか三〇分で居場所を突き止められてしまうこともあったからだ。ホールは、安全のため住む場所を数回変えた。でもその間もずっと農婦として暮らしていた。やぎを放牧地へ連れて行き、世話をしていた間に、ドイツ軍の動きを探ることもあった。知りえた情報は、夜に無線機でロンドンへ送った。

　ゲシュタポは似顔絵まで作ったにもかかわらず、ホールを探し出すことができなかった。それは、ホールが農婦をみごとに演じていたからでもあるだろう。ホールは、ノルマンディー上陸作戦

イギリスのポスター。たくさんのヒトラーが電話ボックスの周りに集まり、電話の会話を盗み聞きしている。

実施後の一九四四年七月一四日から八月一四日までの一か月間に、情報を三七回送った。連合国軍の進撃を食い止めるために展開していたドイツ軍の情報を、逐一ロンドンに伝えた。その中には極めて重要な情報も含まれていた。ホールがゲシュタポに捕まらなかったのは、幸運にも恵まれていたからだろうが、ホールは戦後のインタビューで、他の理由について語っている。「私は、つねにゲシュタポより先に手を打ちました。私は、私に近づく機会を彼らに与えなかったのです」

一九四五年、ホールはハリー・トルーマン大統領から殊勲十字章を授与された。そして仲間の諜報員だったデニス・レイクは、戦時中のホールのことを知る人々を前にして、次のような賛辞を送った。「ヴァージニア・ホールは、もっともすばらしい女性諜報員のひとりだったと私は思っています。そして皆さんも、私と同じように思っていらっしゃることでしょう」

ドイツの占領下に置かれていた頃のポーランドの街の一角。写真に写る誰もが諜報員である可能性がある。諜報員は、潜伏する土地の人々の日常の暮らしに溶け込んでいた。

◉ヴィオレット・ザボー

ヴァージニア・ホールは、秘密戦の歴史に名を残すことになった。同じく歴史に名を残している特殊作戦執行部の諜報員ヴィオレット・ザボーは、フランス軍兵士だった夫を戦時中に亡くし、自身はゲシュタポに捕らえられた。そして拷問を受けた後、ラーフェンスブリュック強制収容所に収監され、一九四五年に処刑された。それから二年後、ザボーにジョージ・クロスが授与されることになった。ロンドンのバッキンガム宮殿において、ザボーの両親と娘のタニアが、国王ジョージ六世からジョージ・クロスを受け取った。殊勲者公式報告書には、ザボーについて次のように記されていた。

「マダム・ザボーは、仲間とともにフランス南西の隠れ家にいた。そこへゲシュタポが現れ、家を取り囲んだ。マダム・ザボーは立て籠もって抗戦する覚悟を決め、ステン短機関銃と銃弾を手に取った……銃撃戦が始まった。マダム・ザボーは数人の敵を殺害し、怪我を負わせた。家の中をつねに動きながら敵を狙い続けた。しかしついに力尽きて倒れた。

マダム・ザボーは逮捕された。そして繰り返し拷問を受けた。しかし、マダム・ザボーは、仲間に関する情報や、その他の価値ある情報を決して口にしなかった」

◉強制収容所

特殊作戦執行部のフランス人諜報員オデット・サンソムもゲシュタポに捕まり、拷問を受けた。しかし、サンソムも秘密を守り抜いた。

ヴィオレット・ザボー。ザボーは拷問を受けても秘密を守り、1945 年、ラーフェンスブリュック強制収容所において処刑された。この収容所では 13 人の諜報員が処刑された。

一九四四年五月一四日、拘禁されていたサンソムと七人の女性諜報員は、別の場所へ移されることになった。七人の諜報員には、アンドレ・ボレル、ダイアナ・ロウデン、ヴェラ・レイらがおり、またソニア・オリシャネツキーはソ連出身のユダヤ人で、伝令員として活動していた。「私たちは気丈に振る舞っていました。でも一度だけ、涙をこらえることができなくなり、みんなで一緒に泣きました……私は列車に乗せられ、手錠をかけられました。ですから自由に動くことができませんでした。私は恐ろしくてたまりませんでした。先のことがまるで分からなかったからです。殺されるのか、強制収容所や刑務所に入れられるのか、あるいはそれ以外の所に連れて行かれるのか、見当がつきませんでした……私は、みんなと再び会えることを願っていました」。サンソムは後にこう語っているが、彼女の願いは叶わなかった。

特殊作戦執行部の諜報員ヴィオレット・ザボーの娘タニア・ザボーと、第二次世界大戦で活躍した女性の顕彰碑。ヴィオレット・ザボーの名前が４列目に刻まれている。オデット・チャーチルも、ザボーの娘とともに訪れている。顕彰碑の除幕式は 1948 年に行われた。

ノア・イナヤット・カーン

ノア・イナヤット・カーンは、特殊作戦執行部の女性諜報員だった。カーンは、インド人の父親とアメリカ人の母親の間に生まれた。父親は、18世紀のマイソール王国国王ティープー・スルタンの末裔だった。カーンはフランスで育ったため、フランスの生活習慣や文化についてよく知っており、フランス語を話すことができた。そのためとても有用な人材だった。しかし、特殊作戦執行部には、カーンをヨーロッパ大陸に送り込むことに不安もあった。カーンは肌が浅黒く、インド系の顔立ちだったため、他民族を蔑視していたナチスやその協力者の注意を引きやすいのではないかと考えたからだ。

嘘をつかない

カーンが嘘をつかないという点も問題のひとつだった。イスラム教徒のカーンは、嘘をついてはならないというイスラム教の教えに従っていた。そのため、捕まった場合、嘘ではなく本当のことを話してしまうおそれがあった。しかし、1943年にフランスで多数の無線通信員が逮捕されるという事態が起きたため、すでに無線通信の訓練を受けていたカーンが送り込まれることになった。女性が無線通信員としてフランスに潜入するのは初めてのことだった。カーンは1943年6月16日、パリに入った。そしてパリのレジスタンス組織とともに活動を開始した。

しばらくすると、パリにおいて、ゲシュタポによるレジスタンス運動員や諜報員の取り締まりが大々的に始まった。そのためカーンは帰国するよう命じられたが、カーンは命令に従わなかった。フランスにはもう、カーンの他に無線通信員がいなかったからだ。

カーンはフランスで活動を続けた。しかし、ひとりの女性諜報員の裏切りによって、カーンはとうとうゲシュタポに捕らえられた。その女性諜報員は、カーンとある男性諜報員との関係に嫉妬し、カーンが諜報員であると密告したのだ。なお、これはカーンの逮捕後に分かったことだが、カーンは安全への配慮に欠けていた。カーンは無線機を隠さずに、部屋の中のすぐ目につく場所に置いていたのだ。また、カーンはひとつの鉄則を破っていた。諜報員はいかなる情報も決して物に書き留めてはならなかった。指導官は訓練中に繰り返しそのことを言い聞かせていた。しかしカーンは、ロンドンへ情報を送る時に使う暗号や略語を帳面に書き留めていた。

ゲシュタポの尋問

逮捕後、ゲシュタポによる尋問が始まった。カーンは嘘をついてはならないという教えを守るため、何も話さないという方法を採った。フランスでの任務についても、レジスタンス組織についても一切話さなかった。尋問後、カーンはドイツにおいて「予防拘禁」された。10か月間におよぶ拘禁期間中、カーンはほとんど独房で過ごした。そして最後はダッハウ強制収容所へ移され、到着した翌日の1944年9月13日、後ろから銃で頭を撃たれ、処刑された。それから5年近く経った1949年4月5日、ノア・イナヤット・カーンに、民間人にとって最高位の章であるジョージ・クロスが授与された。

特殊作戦執行部において暗号作成に携わっていたレオ・マークスは、カーンのことをこう讃えた。「彼女はとても聡明でした。そして一途な人でした。彼女はフランスに留まり、ひたむきに活動を続けました。彼女は貴重な存在でした」

ダッハウ強制収容所。1933年にナチスが建設した3つの強制収容所のひとつ。ノア・イナヤット・カーンはここで処刑された。バイエルン州にあり、残酷な人体実験が行われていた。門には「働けば自由になる」というナチスのスローガンが掲げられている。

◉チャーチルの「親戚」

サンソムは、ラーフェンスブリュック強制収容所に収監された。しかし、サンソムは生き延びることができた。サンソムは逮捕された時、一緒に逮捕された男性諜報員ピーター・チャーチルと密かに話し合い、ひとつの嘘をついた。ふたりは夫婦で、イギリスの首相ウィンストン・チャーチルとは親戚関係にあるという嘘だった。そしてゲシュタポがその嘘を信じたため、ふたりは処刑を免れることができた。サンソムは、ジョージ・クロスと、フランスのレジオン・ドヌール章を受章した。そして一九四七年にピーター・チャーチルと結婚した。

一方、ユダヤ人のボレル、ロウデン、レイ、オリシャネツキーは、サンソムとは違う運命をたどった。四人はナッツヴァイラー強制収容所に収監された。彼女たちのその後については、強制収容所の死体焼却場で働いていた囚人の話によって明らかになった。

「数人の男が、廊下の向こうからひとりの女性を引きずりながらやって来て、僕たちがいる焼却場の隣の焼却場へ入って行きました。壁越しに低い話し声と、女性を引きずる音が聞こえました……女性が廊下を引きずられて行く時、女性の重い息

ラーフェンスブリュック強制収容所。ベルリンの北80キロに位置する女性用の強制収容所。1938年に建設された。元は、赤十字看護婦を収監するための収容所だった。この収容所ではおよそ5万人が亡くなっている。

遣いが聞こえました。女性は低い呻き声も上げました……それから別の女性たちが同じように引きずられて来ました。そして同じように呻いていました……」

強制収容所の医師は四人の女性諜報員に、チフスの予防接種を行うと言って注射を打った。しかし、実はそれはフェノール注射だった。フェノール注射を打たれた四人は昏睡状態に陥った。それから焼却場まで引きずられて行き、焼却炉の炎の中へ押し込まれた。しかし、ひとりは焼却炉へ入れられる前に意識を取り戻した。強制収容所の死刑執行人ペーター・シュトラウブによると、意識を取り戻した諜報員は立ち上がり、彼の顔を引っ掻いたという。なお、シュトラウブは戦争犯罪人として一九四六年に裁判にかけられている。

「この傷を見てくれよ！」。シュトラウブは後日、酒を飲んでひどく酔っ払っている時にこう話している。「ひどい傷だろう。あの女、最後の最後まで抵抗しやがったんだ！」

第二次世界大戦中、強制収容所において、処刑やその他の理由で亡くなった諜報員のうち、四二パーセントが女性だった。その数は、このおぞましい死を遂げた四人を含めておよそ二〇〇人だった。そのうちフランスで活動してい

オデット・サンソムとその家族。3人の娘と夫が、ジョージ・クロスを受章したオデットを祝っている。夫のピーター・チャーチルも特殊作戦執行部の諜報員だった。ふたりは1947年に結婚した。

た特殊作戦執行部の諜報員は、おもに、一九四四年に実施されたノルマンディー上陸作戦にかかわる活動をしていた。特殊作戦執行部の諜報員はフランスの他、ベルギーやオランダ、ポーランド、デンマーク、ユーゴスラヴィアなど、ドイツの占領下に置かれていた国のほとんどに潜入していた。諜報員が潜入するのは、おもに自分の母国か、住んだことがあり文化などをよく知っている国だった。また、例えばフランス系カナダ人やユーゴスラヴィア系カナダ人の諜報員が「祖国」へ送り込まれる場合もあった。中国系カナダ人は極東地域で活動した。中国系カナダ人の諜報員の数は、カナダ人諜報員の中でもっとも大きな割合を占めていた。

検閲された手紙。中国の上海にあるアメリカの会社が1939年12月に出した手紙で、ドイツとイギリスの検閲官によって検閲された。そのため封筒に2国の検印が押されている。この手紙がロンドンに届くのは3か月後だった。

◉エイミー・ソープ

アメリカの戦略諜報局の諜報員も、ドイツに占領されたヨーロッパ諸国を助けるために活動した。参戦する前、アメリカは中立の立場を取っていたから、ドイツ、イタリア、ヴィシー政権下のフランスが、ワシントンに大使館を置いていた。ヴィシー政権は、一九四〇年六月にフランスが降伏した後、占領を免れた南フランスのヴィシーにおいて樹立された政権だが、ドイツの強い影響下にあり、ドイツに協力的だった。戦略諜報局は、これらの大使館に諜報員を送り込んだ。そのひとりはエイミー・ソープという美しい女性だった。ソープは外交官の妻だったこともあり、潜入した大使館に上手く溶け込んだ。そして、情報を得るためなら色仕掛けを使うことも厭わなかった。

ソープは、第二次世界大戦が始まる前から諜報員として活動していた。一九三七年、ソープはイギリス情報局秘密情報部（ＭＩ６）の諜報員となり、ポーランドにおいて活動を開始した。この頃、ソープの夫アーサー・パックは、ポーランドのワルシャワにあるイギリス大使館に勤めており、ソープもポーランドで暮らしていた。ソープは、ポーランドの数学者が、ドイツのエニグマ暗号機の解読に成功したという事実を摑み、秘密情報部に伝えた。この情報を得たイギリス政府はポーランドと交渉し、エニグマ解読に必要な情報とエニグマ暗号機の複製を手に入れた。そのため、イギリスは一九三九年の開戦時、すでにドイツの暗号文を読むことができた。この点では、連合国はたいへん有利な立場にあった。

一九四一年、ソープは夫と離れてアメリカへ渡った。そして、ワシントンに駐在するドイツとイタリアの外交官に近づき、イタリア海軍の暗号を解読するための情報などを手に入れ、その情報をイギリスに伝えた。

一九四一年半ば、ソープはアメリカの戦略諜

ダッハウ強制収容所の焼却炉。ユダヤ人、ジプシー、ナチスに価値がないと見なされた者などの死体がここで処理された。連合国の諜報員も強制収容所に収監された。その後生き延びることができた諜報員はわずかだった。

"PLEASE, get there . . . . . . and back!"
BE CAREFUL
what you say or write

応急看護団の協力

応急看護団（FANY）は、特殊作戦執行部に協力した。団員は、1943 年から始まるシチリア島とイタリア本土への上陸作戦において、無線通信と暗号文作成に従事した。1942 年 12 月 22 日、訓練を受けた応急看護団の第一陣がイギリスを出発した。そしてアルジェ、カイロ、コルシカ島など北アフリカや地中海の島を拠点に活動を開始した。その後、連合国軍とともにイタリア本土に上陸し、ドイツの守備隊を撃破しながら南部から中部へ進む連合国軍に従った。

イタリアにおける活動

イタリアでは前線に近い場所で活動した。1944 年に入ると休む暇もなくなり、団員は体力を消耗した。食べ物も乏しく、果物や野菜はほとんど口にすることができなかった。重い病気に罹る者もいた。暗号文の作成に従事していたミルブロー・ウォーカーは敗血症に罹った。一時生死の境をさまようが、幸いにもペニシリン注射によって一命を取り留めた。その後ウォーカーはすぐに仕事に戻った。

ウォーカーは次のように振り返っている。「私は病気を押して仕事に戻りました。休んでいるわけにはいかなかったのです……机の上に場所がなく、床に座って暗号文を作ることもありました。でも仕事中は集中しますから、そんなことは誰も気にしませんでした……暗号文の作成では、何よりも正確さが求められました。一刻を争う作業でしたが、私は正確を期するため、冷静さを保つよう心がけました」

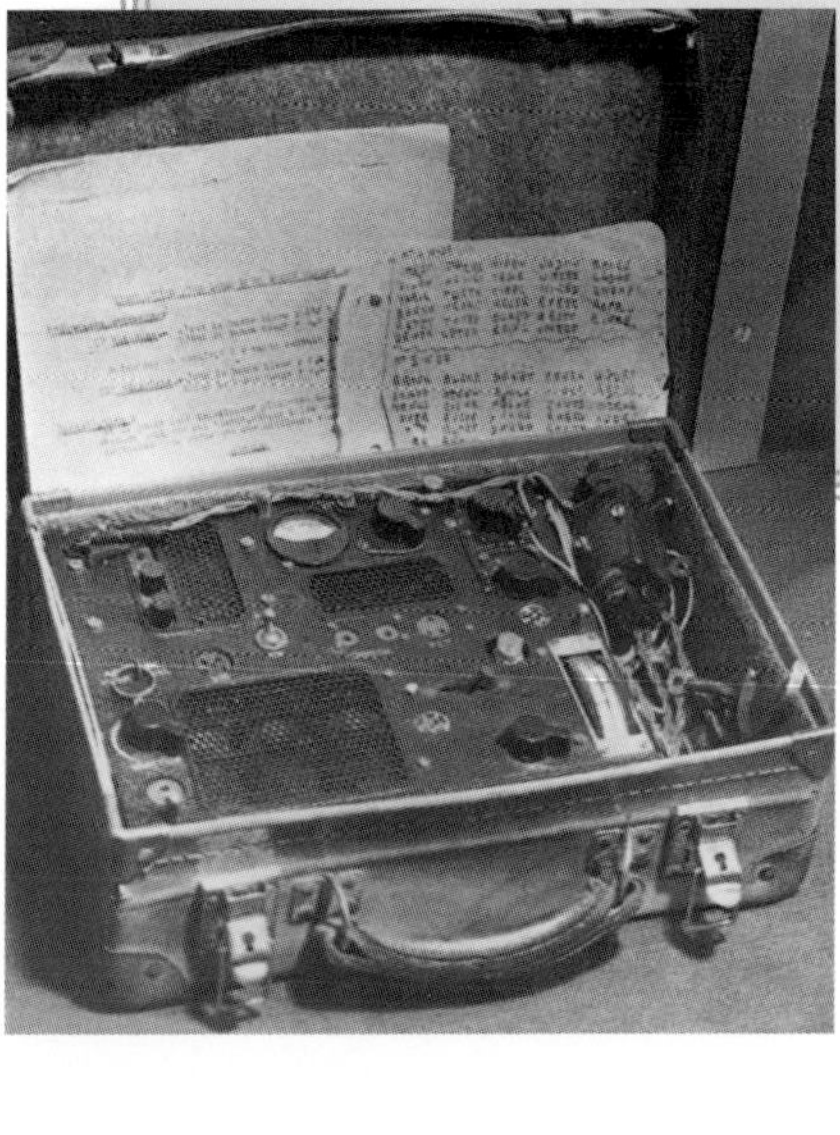

特殊作戦執行部の諜報員が使用していた無線機。スーツケースの中に仕込まれている。諜報員はこうした無線機を使い、暗号化された情報を送った。蓋の裏側の紙は、復号する際に使用した資料。スーツケースには、人目を引かないように、古く見えるような加工が施されていた。

会話や手紙の内容に注意するよう呼びかけるポスター。手紙から情報が漏れる危険もあったため、各国政府は、戦時活動や軍の作戦に関することを手紙に書かないよう国民に求めた。諜報員は情報を手紙で送る場合、マイクロドットや不可視インク、隠語、特殊用語を使った。

アメリカ軍の爆撃機が、パラシュートを使って生活必需品や武器を投下している。下では、マキと呼ばれるフランスのレジスタンス組織が待ち構えていた。パラシュートによる投下は、ドイツ人に気づかれないよう、人里離れた場所で行われた。

報局の諜報員となった。戦略諜報局は、知略に長けたソープを、ワシントンにあるヴィシー・フランスの大使館へ送り込んだ。ソープはヴィシー政府の機密情報を得るため、外交官シャルル・エマニュエル・ブルスに近づき、誘惑した。ブルスは数回の離婚歴のある男性だった。

ブルスはたちまちソープに魅了された。そしてソープに協力するようになった。しかしブルスは、単にソープの性的魅力に惑わされて協力するようになったわけではなかった。フランスには、ヴィシー政権に反感を抱く者が少なからず存在した。ブルスも反感を持つひとりだった。ヴィシー・フランスの主席ペタンが、ドイツの言いなりになっていたからだ。第一次世界大戦の英雄である老元帥ペタンによって、フランスの名誉は大きく傷ついていた。こうした理由もあり、ブルスはソープに機密情報を渡すようになった。ソープも、ブルスのヴィシー政権への反感を上手く利用していた。

◉暗号帳を盗む

一九四二年の夏、ソープとブルスは、金庫破りの専門家とともに、大使館の金庫から暗号帳を盗み出し、ワシントンの戦略諜報局特別班のもとへ運んだ。そして、特別班が暗号帳の中のすべての情報を写真に収めると、大使館へ戻って暗号帳を金庫に戻した。ソープらはわずか数時間でこの任務をやってのけた。戦略

エニグマ暗号機。ドイツのエニグマ暗号は戦前にすでに解読されており、連合国の暗号解読者はドイツの暗号文を読むことができた。ドイツはその事実に気づいていなかった。

単発銃リベレーター。レジスタンス運動員や諜報員に供給するために製造された簡易銃。

諜報局は暗号帳を手に入れたことによって、南フランスの防衛に関するヴィシー政権の機密情報を知ることができるようになった。連合国軍は、一九四二年に北アフリカのフランス植民地への上陸作戦を実施するが、その作戦に向けた情報収集にも大いに役立った。得られた情報は、現地で活動する諜報員へ伝えられていた。

一九四四年、ソープとブルスは、それぞれの離婚が成立した後に結婚した。

◉プロパガンダ

連合国は、枢軸国に対するレジスタンス運動を支援するとともに、枢軸国の国民の士気の低下を狙ったプロパガンダを行った。プロパガンダには、敵を揶揄するようなものもあった。特殊作戦執行部は、北アフリカのアラブ人国家の協力を得るため、「ヒトラーは去勢した男である」という作り話をアラブ人国家において喧伝した。このような話を考えたのは、アラブ人国家では男らしさが尊ばれていたからだった。

世界初のプログラム可能なコンピュータ「コロッサス」。イギリスはコロッサスを使ってドイツの暗号を解読し、それがノルマンディー上陸作戦の成功につながった。コロッサスの暗号解読作業には多くの女性が密かに従事した。

戦略諜報局は、日本と日本の占領地域でのプロパガンダに力を入れた。「日本軍は劣勢であり、アメリカ軍の勝利が続いている」という内容のラジオ放送を繰り返し流し、大量のビラを撒いた。

効果的なプロパガンダを行うためには、日本や日本の占領地域についてよく知る必要があった。そのため戦略諜報局は、日本などについて詳しい専門家を雇った。

そのひとりであるジェーン・スミス・ハットンは、日本に一二年間暮らした経験があり、日本語を流暢に話した。ハットンはワシントンの戦略諜報局の士気作戦部部長となり、講義も行った。講義では、日本人の精神性や日本の社会構造、日本人や日本の弱点について教えた。

東南アジア研究の専門家クレア・ホールト博士は、オランダ領東インド(インドネシア)について、宣教師ルーシー・スターリングはタイについて講義した。アジア研究の専門家

アメリカ軍による解放後、ラジオで戦争情報を聴くシェルブールの住民。ドイツの占領下に置かれていた頃は、連合国のラジオ放送を聴くと厳しく罰せられた。1944 年

工場における諜報活動

ドイツの工場では、占領地域から連行された外国人が多く働いていた。その外国人労働者の中には諜報活動を行う者がいた。「報復兵器」V1 飛行爆弾の製造工場では、デンマーク人労働者が諜報活動を行った。彼らは、V1 飛行爆弾に関する情報の他、連合国軍が工場を爆撃することができるように、工場の場所をイギリスに伝えた。

東京ローズ

日本は戦時中、ラジオ・トウキョウ放送において、太平洋戦線のアメリカ軍兵士に向けたプロパガンダ放送を行っていた。この放送の女性アナウンサーは、アメリカ軍兵士から「東京ローズ」と呼ばれていた。アイバ・郁子・戸栗・ダキノは女性アナウンサーのひとりだった。彼女は日系アメリカ人で、魅力的な声の持ち主だった。

東京ローズは、アメリカ軍兵士の士気を低下させるために、「日本軍は近く反撃を加えます」というような話をした。「あなたたちが国に残してきた奥さんは今ごろ浮気中よ」などと意地悪なことを言う時もあった。しかし、こうした東京ローズの話はそれほど効果を上げていなかった。放送では、アメリカのダンス音楽なども流していた。アメリカ軍兵士はこの音楽を聴くのが楽しみだった。そのため放送を心待ちにしていた。日本は、懐かしく郷愁を誘う音楽を流すことで、アメリカ軍兵士の戦意を削ごうと考えていたのだが、音楽放送も東京ローズの話と同様に、あまり効果を上げてはいなかった。

戦争が終わり、アメリカへ戻ったダキノは逮捕され、反逆罪で起訴された。裁判は3か月にわたって行われ、新聞は裁判の経過を大きく報じた。そしてダキノは有罪となり、10年の禁固刑と1万ドルの罰金が科された。ダキノはウエストヴァージニア州の連邦女子刑務所において「悪質な犯罪者」として6年間服役した。

ダキノはその後、プロパガンダ放送に従事したのは日本に強要されたからであり、また、判決は日系アメリカ人に対する偏見に基づくものだったと訴えた。そして裁判からおよそ30年後、ダキノはジェラルド・フォード大統領の恩赦により、アメリカ国籍を回復した。戦時中、ダキノたち十数名の東京ローズが、東京からのプロパガンダ放送に従事した。

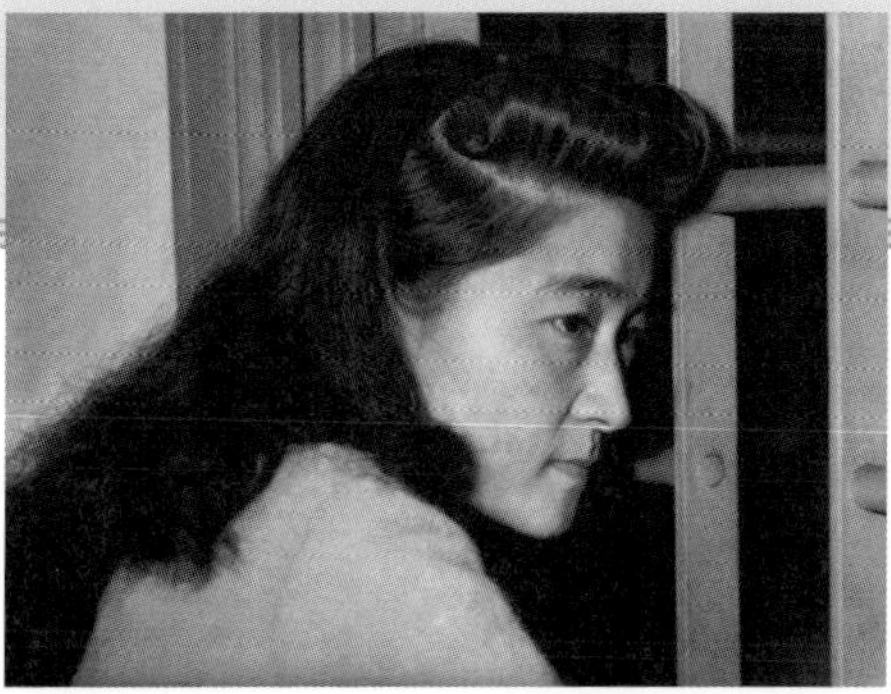

日系アメリカ人。戦争が始まると、諜報活動を行う可能性があるとして強制収容所に収監された。「危険な敵性外国人」と見なされた者もいた。

アイナ・テルベルク博士は、日本軍の精神的基盤となっている思想や武士道について教えた。日本軍兵士は武士道精神により、降伏することを潔しとせず、儀式的自殺を行うことがあった。

◉日本軍の作戦

戦略諜報局は、日本軍の軍事作戦や占領地域における活動に関する情報の収集を行った。ヴァッサー大学出身のパトリシア・バーネットは、集められた情報の分析を行っていた。

「金庫の引き出しの一つ半分の情報ファイルしか用意されていない時もありました。そういう時は苦労しました」。バーネットは後にこう語っている。「一日のうちに、東南アジアのどの場所を爆撃したらよいかを見極め、日本本土の経済に打撃を与える方法を探り、日本軍の占領によってインドネシアの政治がどう変化したかを調べたこともありました」

バーネットは、例えば、爆撃する場所を定めるために「日本軍が東南アジアのどの場所で金属や食糧、燃料を手に入れているかを調べました」

与えられた情報を精査し、情報が不足している場合は、調べている地域に詳しい人物に尋ねた。戦略諜報局の求めに応じるためには、長い時間と明晰な頭脳、忍耐力が必要だった。

諜報活動に警戒するよう呼びかけるソ連のポスター。「話をするな」という文言が入っている。ソ連には、ウクライナ人などからなる反ソ連組織がいくつも存在していた。反ソ連組織はドイツに協力していた。

ガートルード・ルジャンドルの危険な旅

ガートルード・サンフォード・ルジャンドルは、戦略諜報局パリ支部の中央外電部部長を務めていた。1944年9月23日、ルジャンドルは東方の前線へ向けて出発した。パリは1か月前に解放されたが、戦闘はまだ近くで行われていた。そこでルジャンドルは「戦闘の匂いを嗅ぐ」ために出かけることにしたのだ。予定は5日間で、アメリカ海軍の指揮官ロバート・ジェニングスも一緒だった。途中、戦略諜報局のマックスウェル・ペイパート陸軍少佐も加わった。

伏兵

3人は、ルクセンブルクから40キロ離れたヴァレンドルフを目指してジープを走らせていた。ところが思いもよらぬことに、前方にドイツ軍の伏兵が立っていた。3人は、その辺りはすでにアメリカ軍によって解放されていると思っていたのだが、そうではなかったのだ。3人は、白旗を掲げるしかなかった。伏兵がやって来るまでに3人は急いで話し合い、ルジャンドルはアメリカ大使館の書類整理係、ペイパートは兵站士官のふりをすることに決めた。ジェニングスはアメリカ海軍の指揮官だと名乗ることができたが、ルジャンドルとペイパートは、自分たちの正体を隠さなければならなかった。そしてルジャンドルは、自分とペイパートが持っていた、戦略諜報局とのかかわりを示すような資料を急いで燃やして土に埋めた。しかし、ペイパートは資料をひとつルジャンドルに渡し忘れた。それには、30人の諜報員の名前と、各人が所属する組織の名前が記されていた。

伏兵は3人を逮捕した。しかしペイパートは怪我をしていたので、近くの野戦病院へ送られた。ルジャンドルとジェニングスは、ジークフリート要塞線を越え、ドイツのトリーアへ連れて行かれた。ルジャンドルは恐怖でいっぱいだった。彼女はその時のことを次のように語っている。「車は舗装されていない凸凹の道をがたがたと進みました。座席にはスプリングが入っていませんでした。外では雷が鳴り、稲妻が光っていました。大砲が火を噴くのも見え、砲撃音が轟いていました」

トリーアに到着すると、尋問が始まったが、ルジャンドルは大使館の書類整理係であると偽り、タイプライターや文房具などの必要品の請求書の整理を行っていると答えた。連合国軍がトリーアに迫ると、ドイツ軍はフランメルスハイムの小さな村まで退却した。ルジャンドルはそこで身体検査を受け、独房に入れられた。独房は不潔で、洗面台はなく、藁布団にはノミが湧いていた。

諜報員の疑い

ルジャンドルは再び尋問を受けた。野戦病院へ連れて行かれたペイパートが諜報員の名簿を持っていたことが伝えられたため、ルジャンドルも諜報員なのではないかと疑われるようになった。その後ルジャンドルは、ディーツの城に置かれたドイツ陸軍の司令部へ移され、そこでも尋問を受けた。尋問を担当したのは、親衛隊のヴィルヘルム・ゴーゼヴィッシュ少尉だった。

「少尉は、諜報員であると白状しなければ、私を拷問にかけるとほのめかしました」

しかし、ルジャンドルは諜報員ではないと否定した。そして、諜報員名簿のことも、それに載っている人物や組織のことも知らないと繰り返した。ゴーゼヴィッシュは深夜まで尋問を続けることもあった。しかし、ゴーゼヴィッシュは礼儀正しい人物だった。また、政治警察の役割を担う親衛隊は乱暴なことで知られていたが、幸いにも彼にはそうした面がなかった。

やがてふたりは、お互いに名前で呼び合うほど親しくなった。

「ビルは私の独房へ来て、上の階にある彼の執務室へ来ないかと誘ってくれることもありました。私たちは執務室で、コニャックやワインを飲みながらおしゃべりをしました。9時から深夜の2時か3時頃まで話をしていたこともあります」。ゴーゼヴィッシュは、18年間アメリカで仕事をした経験があった。妻はアメリカ人だった。ゴーゼヴィッシュは自分のことについて色々と話したが、やがて自分の胸の内も話すようになった。彼はある日、戦争が早く終わること、そして、連合国が勝つことを望んでいると吐露した。

説得力のある作り話

ゴーゼヴィッシュは、3週間の前線での任務に就くよう命じられた。ゴーゼヴィッシュが出発した翌日、ルジャンドルを尋問する機会を窺っていたゲシュタポがディーツの城に現れ、彼女をベルリンのゲシュタポ本部へ連行した。

ゲシュタポによる尋問が始まったが、ルジャンドルはアメリカ大使館の書類整理係になりきって話をした。

「私は、スチール製の資料ケースや、タイプライターの請求書が載っている机、マニラフォルダなどを思い浮かべながら、仕事をする部屋のようすを説明しました。そして、私が想像で作り上げた同僚の女性たちのことを話して聞かせました」

ルジャンドルは、ベルリン郊外のヴァンゼーにある刑務所に拘禁された。

その頃ベルリンは、連合国軍による激しい空襲を受けていた。ソ連軍はベルリンを目指して進攻していた。ルジャンドルはさらに3回移動させられた。3度目の移動場所は、フランクフルトに近いクロンベルクだった。ここでルジャンドルは実業家のハンス・グライメ博士と知り合った。グライメ博士にはドイツの外務省に知人がおり、そのつてでルジャンドルは、ゴーゼヴィッシュと連絡を取ることができた。ディーツの城に戻っていたゴーゼヴィッシュは、連絡を受けるとルジャンドルの元へ飛んで来て、中立国のスイスへ脱出するための手はずを整えてくれた。

国境を越える

1945年3月末、ルジャンドルは、スイスとの国境沿いに位置するコンスタンツまで移動し、そこから国境を越えるため列車に乗った。ところが、スイスまであと一歩という所で列車が止まった。ルジャンドルは線路へ飛びおり、国境に立つ白色の門へ向かって走った。その門を抜ければ自由になれた。ドイツの国境警備兵が止まれと叫んだが、ルジャンドルは走り続

凱旋した自由フランス軍と、それを率いるシャルル・ド・ゴール将軍を笑顔で迎えるパリの女性たち。パリは1944年8月25日に解放された。ガートルード・ルジャンドルはこの時期にパリで活動していた。

け、ついに門を潜り抜けた。背後ではまだ国境警備兵が怒声を上げていた。しかし、理由は分からなかったが、国境警備兵は最後まで発砲しなかった。

ルジャンドルは自身の誕生日である 1945 年 3 月 29 日にパリへ戻り、彼女の 6 か月におよぶ危険な旅は終わった。ルジャンドルは自分の行動について一切言い訳はせず、謝罪した。しかしパリでの任務を解かれ、戦略諜報局や任務に関することを誰にも話さないと誓わされた後、ワシントンへ送り返された。

終戦から 5 年後の 1950 年、ルジャンドルは、ゴーゼヴィッシュ一家がドイツで窮乏生活を送っていることを知った。サウスカロライナ州で夫と農園を営んでいたルジャンドルは、農園で働いてもらおうと考え、一家を呼び寄せた。その後、ルジャンドルとゴーゼヴィッシュはよくふたりで会い、思い出を語り合った。ゴーゼヴィッシュは、休日にはいつもルジャンドルに赤い薔薇の花束を贈った。

1957 年に製作された映画『スパイ戦線』の一場面。特殊作戦執行部の諜報員ヴァイオレット・ザボーの生涯を描いた作品で、ヴァージニア・マッケナがザボーを演じた。

第7章 捕虜と囚人

第二次世界大戦では、多くの女性が囚われ人となった。ヨーロッパの女性は、とくにユダヤ人女性やジプシーの女性、ポーランド人女性がナチスによって捕らえられた。そして虐殺された。東南アジアや太平洋地域の女性は、各地域に次々と進攻する日本軍によって捕らえられた。

一九四〇年から一九四一年にかけて、ドイツ軍と日本軍が、それぞれヨーロッパと東南アジアの国々へ次々に進攻した。そしてヨーロッパや東南アジアの人々は、逃げる場所も時間もなく、戦禍に巻き込まれた。安全な場所へ逃げることができたのは、ほんの一握りだった。

ヨーロッパでは多くの人が強制収容所へ送られた。ナチスは、社会から「好ましくない集団」である非アーリア人を排除し、社会を「浄化」し、「支配民族」であるアーリア人の国を作ろうと考えていた。そのため、非アーリア人を捕らえて強制収容所へ送った。ナチスはとくにユダヤ人とジプシーを多く捕らえた。囚人の多くは強制収容所で亡くなった。飢えや労働により亡くなる者もいたし、医学実験の実験台にされて命を失う者もいた。強制収容所では、ガスを使って一度に数千人が殺害されることもあった。または、死体を処理するための専用の焼却炉が備わっていた。

シンガポールで日本軍の捕虜になったイギリス人女性たち。石版や鍬を使って排水溝を掘っている。女性捕虜も3年間、厳しい肉体労働に従事した。

ナチスは、ツィクロンBを使って大量殺害を行った。一九四〇年七月、この毒ガスの効果を確かめるための実験が行われた。二五〇人のジプシーの子どもが実験台にされ、全員が死亡した。この後、ツィクロンBを使用した大量殺害が本格的に行われるようになった。一九四四年八月一日には、四〇〇〇人からのジプシーが一度に殺害された。毒ガスなどによりナチスに殺害されたユダヤ人はおよそ六〇〇万人、ジプシーは五〇万人に上ると言われている。強制収容所では、ポーランド人をはじめとするスラヴ系民族も、好ましくない集団として多数殺害された。ポーランド人は、およそ四五〇〇人が犠牲となった。

◉ヨーロッパ人への鞭

東南アジアでは、おもにヨーロッパ諸国の人々が捕らえられた。日本軍は、東南アジアにおいてヨーロッパの帝国主義を打ち倒し、ヨーロッパ人を憎き帝国主義者として捕らえた。単なる下級役人や商人、農園経営者、会社員、宣教師、その妻や夫、子どもも日本軍の捕虜となった。

イギリスやフランス、オランダなどのヨーロッパ諸国は、数世紀にわたってアジア諸国を抑圧し、搾取したが、今度は自らが抑圧され、鞭で打たれる番になった。およそ三年間、病気や飢えに苦しんだ。回復不能なほどに健康を損なった者もいたし、命を落とす者もいた。

◉チャンギ刑務所

ツィクロンB（青酸化合物）。殺虫剤、殺菌剤として開発されたが、大量殺害を行うために、強制収容所のガス室で使用されるようになった。

シンガポールのチャンギ刑務所の環境は劣悪だった。オーストリア人鉱山技師の父親とマレー人の母親を持つシーラ・アレンは、一九四二年二月一五日にシンガポールが陥落すると、捕虜となり、チャンギ刑務所に収監された。アレンが一七歳の時のことだった。チャンギ刑務所へ移動する途中、アレンはひとつの事件を目撃した。道端でひとりの女性が行き倒れ、傍らで赤ん坊が泣いていた。その赤ん坊をひとりの日本軍兵士が持ち上げ、銃剣で突いて殺した。赤ん坊の血が銃剣を伝って流れ落ちていた。兵士は満足そうな表情を浮かべていた。

チャンギ刑務所に入ることになった者は、一〇日分の生活必需品を持参するよう指示された。刑務所では物資が不足していたからだ。食料不足も深刻で、捕虜は三年間飢えに苦しんだ。赤十字社による食料支援も行われたが、赤十字社が捕虜へ送った食料が、日本人にまわされることもしばしばだった。捕虜は飢えを凌ぐために、虫などを見つけて食べることもあった。アレンはある日、生まれたばかりの鼠を見つけた。鼠はとても小さかったので、そのまま飲み込んだ。しかし、後から鼠を食べたことに対して嫌悪感が湧き起こり、鼠を吐き出そうと何度も試みた。

ベルゼン強制収容所の死体焼却炉を見学する地元の住民。1945年の解放後、地元の住民が見学に訪れるようになった。ベルゼン強制収容所では6万人が生き延びたが、そのうち2万8000人は解放後数週間のうちに亡くなった。

囚われ人の讃美歌

イギリス長老教会の宣教師マーガレット・ドライバラは、日本軍に捕らえられ、オランダ領東インド（インドネシア）の ガムブル捕虜収容所に収監された。ドライバラは捕虜収容所に入ると、歌によって囚人を慰めたいとの思いから「聖歌隊」を結成した。隊員はおもにオランダ人女性だった。音楽が得意で、詩を書くのも上手だったドライバラは、自分でも四部合唱用の讃美歌を作った。囚われ人の讃美歌と呼ばれるドライバラの讃美歌は、1942 年 7 月 5 日に初めて披露された。

父よ、囚われの身となりしわれらは
あなたに祈りを捧げます
われらは日々あなたの愛の内にいます
われらは征服者ではなく
あなたを信頼いたします

われらに耐える力を与えたまえ
心が清く穏やかであるよう助けたまえ
勇敢で慈悲深く
誠実で謙虚な心を与えたまえ
われらはあなたの御心に従います
自由になろうと、囚われ人のままであろうと

いつか自由の日が訪れ
平和と正義が甦りますように
人びとがあなたを愛し
人びとが兄弟となりますように
苦難によって清められ、甦り
あなたの国が現れることを、
われらは祈ります

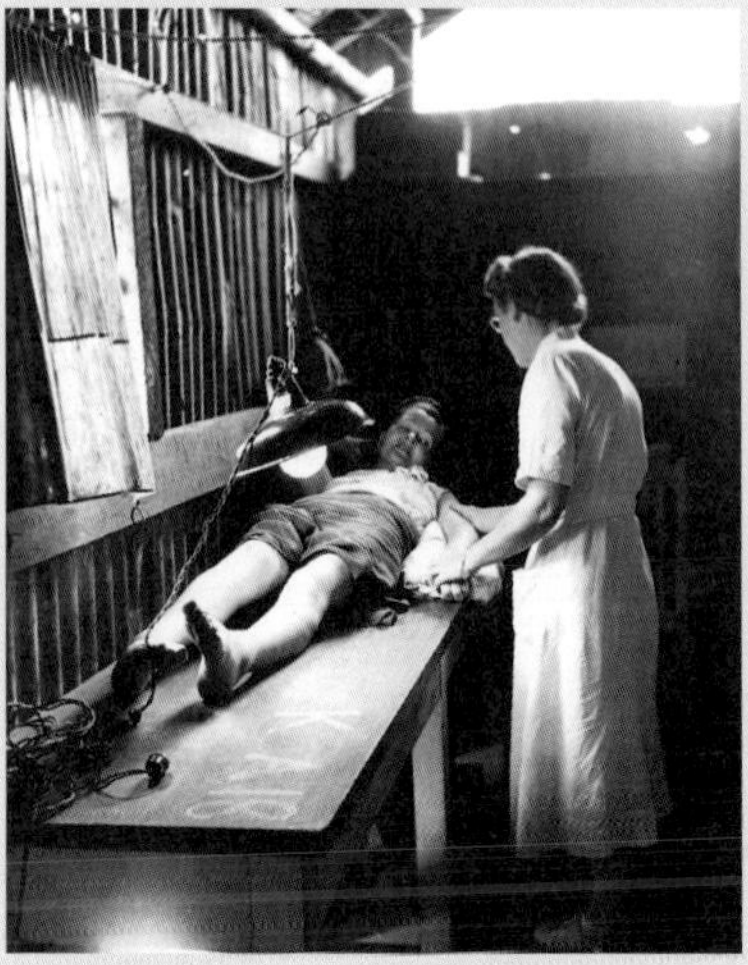

ドイツ軍と日本軍の占領地域の捕虜は、栄養失調や伝染病に苦しんだ。捕虜の世話をする看護婦や医師も同様だった。また、捕虜収容所では医療用品や薬が不足していた。

◉非文明的な生活

チャンギ刑務所の最初の日本人所長は、優しい人物だった。子どもにお菓子を分けてくれることもあった。しかしその所長は、部下から反逆罪で告発され、死刑に処せられた。その後のチャンギ刑務所では恐ろしい日々が続いた。朝鮮人の看守兵はひどく野蛮だった。昼も夜も関係なく、突然女性捕虜収容棟へ押し入り、女性捕虜の持ち物を外へ投げ出すなどの嫌がらせをした。女性捕虜が抗議すると殴りつけたり、殺すぞと脅したりした。アレンは密かに日記をつけていたので、看守兵がやって来ると生きた心地もしなかった。日記をつけていることを看守兵に知れたら、殺されるおそれがあったからだ。しかし、幸いにも気づかれずに済んだ。チャンギ刑務所ではまともな紙は手に入らなかったから、アレンは紙切れを集めて、それに日記をつけていた。

「危険でしたが、私は日記を書き続けました」。アレンは後にこう語っている。「何かを書くことで、正気を保つことができたからです……私たちは刑務所の非文明的な状況の中で、可能な限り文明的な生活を送ろうと努力していました。私はそうしたことについて書いていました」

チャンギ刑務所は捕虜でいっぱいだった。夜はすし詰めに近い状態で眠った。みんなぴりぴりとしていたから、捕虜の間で口論や殴り合いの喧嘩が起こることもあった。でも、女性捕虜は子どもに危険が及びそうになった時には、喧嘩中でも団結した。朝鮮人看守兵がやって来ると、女性捕虜は子どもたちを囲み、盾となって守った。

日本人に対してお辞儀をする女性捕虜たち。日本軍は、捕虜収容所での１日２回の点呼の時に御辞儀を強要した。捕虜に屈辱を与える意図があった。

また、女性捕虜は協力して子どもに教育を施した。そして一緒に歌い、トランプをして遊び、キルトを作った。キルトを利用して秘密の手紙を送ることもあった。捕虜のひとりだったエリザベスは、男性収容棟に入っている夫ジャックへの手紙をキルトに隠し入れ、そのキルトを夫のもとへ届けてもらった。

◉屈辱

チャンギの女性「植民者」の多くは、戦前は使用人を雇って優雅な生活を送っていた。しかし捕虜となってからは、自身が使用人のように働き、汚くて物の乏しい環境の中で生活した。看守兵は恐ろしかった。彼らは、死刑を宣告された女性を、刑の執行日の前に処刑場へ連れて行くことがあった。女性に恐怖を味わわせるためだった。

チャンギ刑務所においてヨーロッパ人女性が受けた扱いは、特権階級のヨーロッパ人女性にとって極めて屈辱的なものだった。東南アジアや太平洋地域で捕虜になった他のヨーロッパ人女性もま

日本軍の捕虜となった女性は、飢えをしのぐために自分たちで食物を育てた。贅沢な生活を送っていたヨーロッパ人女性が辛い労働に従事した。

た、同じような屈辱を味わった。

ヨーロッパ人女性の中には、日本軍の進攻が始まるとすぐに脱出した者もいた。一方、夫とともに現地に留まった者もいた。夫を置いて脱出すれば、二度と会えなくなる可能性があったからだ。中には、銀製品や陶磁器、上質なリネン製品などの高級品に囲まれた生活を捨てるのが嫌で、現地に留まった者もいた。おそらく、日本軍がやって来ても自分たちの財産は守ることができると考えていたのだろう。

アメリカ人のアグネス・ニュートン・キースは、イギリス人の公務員の夫と息子のジョージとともに、ボルネオ島の北部にあるサンダカンで暮らしていた。ボルネオ島はイギリスの植民地だった。キースはヨーロッパで戦争が始まると、戦争の推移を注意深く見守った。

「ヨーロッパでは家々が瓦礫となり、ジョージのような小さな子どもが殺され、人々の暮らしが破壊されている」。キースはこう書き残している。「そしてパールハーバーが攻撃された。次は私たちの

シンガポールで日本軍の捕虜となった看護婦たち。チフスを媒介する鼠やダニが繁殖しないように、捕虜収容所内の草を刈っている。捕虜収容所ではチフスが流行した。

番かもしれない」

◉日本軍の進攻

キースの不安はすぐに現実のものとなった。パールハーバー攻撃から六日後の一九四一年一二月一三日、日本軍がボルネオ島に進攻した。そして翌年の一月一九日にサンダカンへ到達した。日本軍の進攻により、ゴルフやテニスを楽しみ、社交クラブに集い、パーティーに明け暮れていたサンダカンのヨーロッパ人の植民地生活は終わりを迎えた。サンダカンのヨーロッパ人男性は捕虜収容所に収監された。女性は自宅に留まることを許された。キースはこの時期、マラリアに罹っていた。そして妊娠していた。ある日、キースの自宅に三人の日本軍兵士が現れ、尋問を始めた。兵士らは尋問の途中でキースを床に突き倒して殴打した。その日の午後、キースは流産した。

一九四二年五月一二日、サンダカンのすべてのヨーロッパ人が捕虜収容所へ入るよう命じられた。キースと息子は、サンダカンの沖合に浮かぶベルハラ島に設置された、女性と子ども用の捕虜収容所に入った。

◉強姦

ベルハラ島では、ヨーロッパ人女性が日本軍兵士に強姦された例はない。日本人は「白人」のことを「四流民族」と見なしていたから、白人女性と肉体関係を持つことは、日本民族の沽券《こけん》に

捕虜収容所で炊事や洗濯を行う女性たち。錆びた波トタン屋根の粗末な建物で3年間生活した。

アメリカのプロパガンダ・ポスター。日本に対する憎悪を煽るため、日本軍兵士が女性を殺害し、処刑し、強姦する姿を描いている。

かかわるという考えが兵士にあったのかもしれない。

また、日本軍兵士は、子どもを持つ女性を強姦することはなかった。それは、日本人が伝統的に母親や子どもを大切にしていたからかもしれない。一方、子どもを持たない女性は強姦された。殴打され、拷問にかけられ、殺害されることもあった。

日本軍兵士は、中国人女性をはじめとするアジア人女性を多数強姦した。そして、日本軍は兵士のために「慰安所」を設けていた。そこで朝鮮人女性をはじめとする女性が兵士の相手をしていた。その数は二〇万人に上るとも言われている。また、白人女性でも「独身」ならば被害に遭うことがあった。香港では、日本軍が占領した一九四一年一二月二五日に、三人のイギリス人看護婦が強姦された。このクリスマスの日、数名の日本軍警備兵が、小さな一室で昼から夜にかけて看護婦を強姦し、最後には殺害した。

ベルハラ島の女性捕虜は強姦に遭うことはなかったが、その他の苦しみは味わった。キースは次のように書き残している。

「収容所には家具もなかった。私たちは床の上で眠り、食事をした。床にはムカデが這いまわっていた。屋根裏には鼠が住んでおり、喧嘩し、遊び、食べ、交尾をしていた。たくさんいたのでとても騒がしく、夜は眠ることができないほどだった」

北京の警察本部前を行進する日本の婦人警官隊。日本軍は中国の広い地域を占領下に置いた。

◉捕虜収容所の労働

キースは、看守棟の掃除や桟橋全体を雑巾で拭く作業、農作業などさまざまな労働に従事した。食物を育てるためにジャングルを開墾することもあった。重労働だったため、四時間もするとへとへとになった。

「労働が終わると、重い足を引きずって収容棟まで戻った。疲れ果てていたが、座るのも憚られるほど汚れていたので、力を振り絞ってお風呂に入った」

女性捕虜は、かつてのように男性に頼ることはできず、自分の力だけで生きて行かなければならなかった。子どもを持つ女性は、子どものために強くなる必要があった。キースは、息子ジョージのために、自分がしっかりしなければならないと思った。捕虜収容所では恐ろしく、辛く、不

日本軍兵士。アジア人女性を強姦したが、日本人男性は母という存在を敬い、大切にしていたため、子どもを持つ女性を強姦することはなかった。

安な生活が続いた。以前のキースだったら、一週間もそうした生活が続けばかんしゃくを起こして泣き喚いていただろう。しかし、キースはジョージのために冷静さを保った。そしてジョージには決して弱気を見せなかった。

◉銃剣での脅し

精神的な強さは女性の武器となった。香港の記者グウェン・デューは、捕虜になる前に次のような体験をした。デューが数名の知人とホテルにいたところ、日本軍兵士が現れた。そして兵士のひとりがデューの首に銃剣の刃を当て、その刃をすっと横に引いた。兵士はその行為を数回繰り返した。しかしデューは顔色ひとつ変えず、少しも恐くないという風に肩をすくめて見せた。脅しが効かないと分かった兵士は、銃剣を下ろしてしまった。

捕虜収容所で生きて行くためには、肉体的にも精神的にも強くなければならなかった。そして時には危険を冒さなければならなかった。捕虜収容所の食事は粗末だった。薄いお粥か一握りの炊いたご飯とわずかなおかず、それに時々塩や砂糖、お茶が付く程度だった。そのためベルハラ島の捕虜は栄養失調に陥った。外から食料を手に入れることは、捕虜収容所の規則で禁じられていた。

キースはその規則を破った。キースは、以前、夫ハリーの下で働いていた男性から卵を分けてもらうことにしたのだ。卵を捕虜収容所へ運ぶ役は、地元の漁師サレーが引き受けてくれた。キースはそれから定期的に卵を手に入れることができるようになった。しかしこのやり取りは、キースにとってもサレーにとっても危険なものだった。

ゲシュタポに逮捕された人々

　秘密警察ゲシュタポは、ドイツやドイツ占領地域において人々を逮捕し、尋問と残酷な拷問を行った。パリでは、フォッシュ大通りに支部を置いていた。この場所で多くの人が恐怖を味わい、亡くなった。連合国の諜報員もパリの支部で尋問や拷問を受けた。そのひとりであるオデット・サンソムは、指の爪を剥がされるなどの拷問を受けた。サンソムは幸いにも釈放されたが、ほとんどの諜報員はここで帰らぬ人となった。

　ゲシュタポは各地に支部を置いていた。ケルンでは、エル・デ・ハウスを支部として使用していた。エル・デ・ハウスは 1997 年に資料館となり、その壁の内でかつて行われていたことを伝えている。処刑場だった中庭には絞首台が残されている。狭く薄汚れた独房の壁には、逮捕された人々のおよそ 1800 にのぼる言葉が記されている。人々は白墨や炭を使って、あるいは爪などで壁を引っ掻いて、助けを求める言葉や詩を残した。あるフランスの娘は、母親に次のような言葉を残している。「私はなぜここにいるのでしょう。私はなにも悪いことをしていないのに。ここに入ってからもう 15 日が過ぎました。この恐ろしい場所から出られるように祈るばかりです」

　密告が行われることも少なくなかった。恨んでいる人物を陥れるために、その人物が反ナチ運動家だと嘘の密告をする者もいた。ある人物の財産を奪うために、嘘の密告を行う者もいた。しかし、密告されてもすべての者が逮捕されるわけではなかった。本当に反ナチ運動を行っていた者でも、もう反ナチ運動を行わないと誓えば、見逃してもらえる場合もあった。しかし、それを拒否すれば、ゲシュタポは「国家の安全を守るために」逮捕した。そして、とくに危険だと見なした人物を、拷問によって死に至らしめた。危険分子の始末を合法的に行っているように見せるために、人民法廷で形だけの審理を行うこともあった。法廷には、大きなスワスティカ（鉤十字）の旗が掲げられ、その下にはアドルフ・ヒトラーの銅像が置かれていた。威圧的な雰囲気の中、被告は反逆者と罵られ、たいてい死刑を宣告された。人民法廷では再審理を求めることはできなかった。

ヴェルコール地方のレジスタンス組織に抗戦を呼びかけるビラ。シャルル・ド・ゴール将軍率いる自由フランス軍のマリー・ピエール・ケーニッヒ将軍が署名している。

◉闇買い

ベルハラ島の女性捕虜は、戦争後期、ボルネオ島のクチンへ移された。クチンの捕虜収容所はベルハラ島の捕虜収容所とは違い、サレーのような地元の住民が簡単に近づくことができなかったため、食料を入手するのが難しくなった。しかし一九四五年に入ると、日本人看守の密かな協力によって、以前のように食料を手に入れることができるようになった。日本人看守が地元の中国人商人から食料を買い、女性捕虜は所持している貴重品と食料を交換した。例えば、キースはある日、ソロリティー（女子学生社交クラブ）のピンバッジを看守に渡し、その代わりに卵四〇個とココナッツオイル一瓶を手に入れた。これでキースとジョージは、三週間は栄養を摂ることができた。

一九四五年九月一一日、クチンはオーストラリア軍によって解放された。そしてキースは夫と再会した。夫婦は共にマラリアと栄養不足からげっそりと痩せ、衰弱していた。でもとても幸せだった。キースは溢れる喜びを次のように綴っている。

「オーストラリア軍は善そのものであり、愛そのものだった。彼らのおかげで私たちは自由になり、もう一度人を信じることができるようになった」

裁判を受けるベルゼン強制収容所の女性看守たち。強制収容所における大量殺害に関わっていたのは男性ばかりではなかった。1945 年 9 月

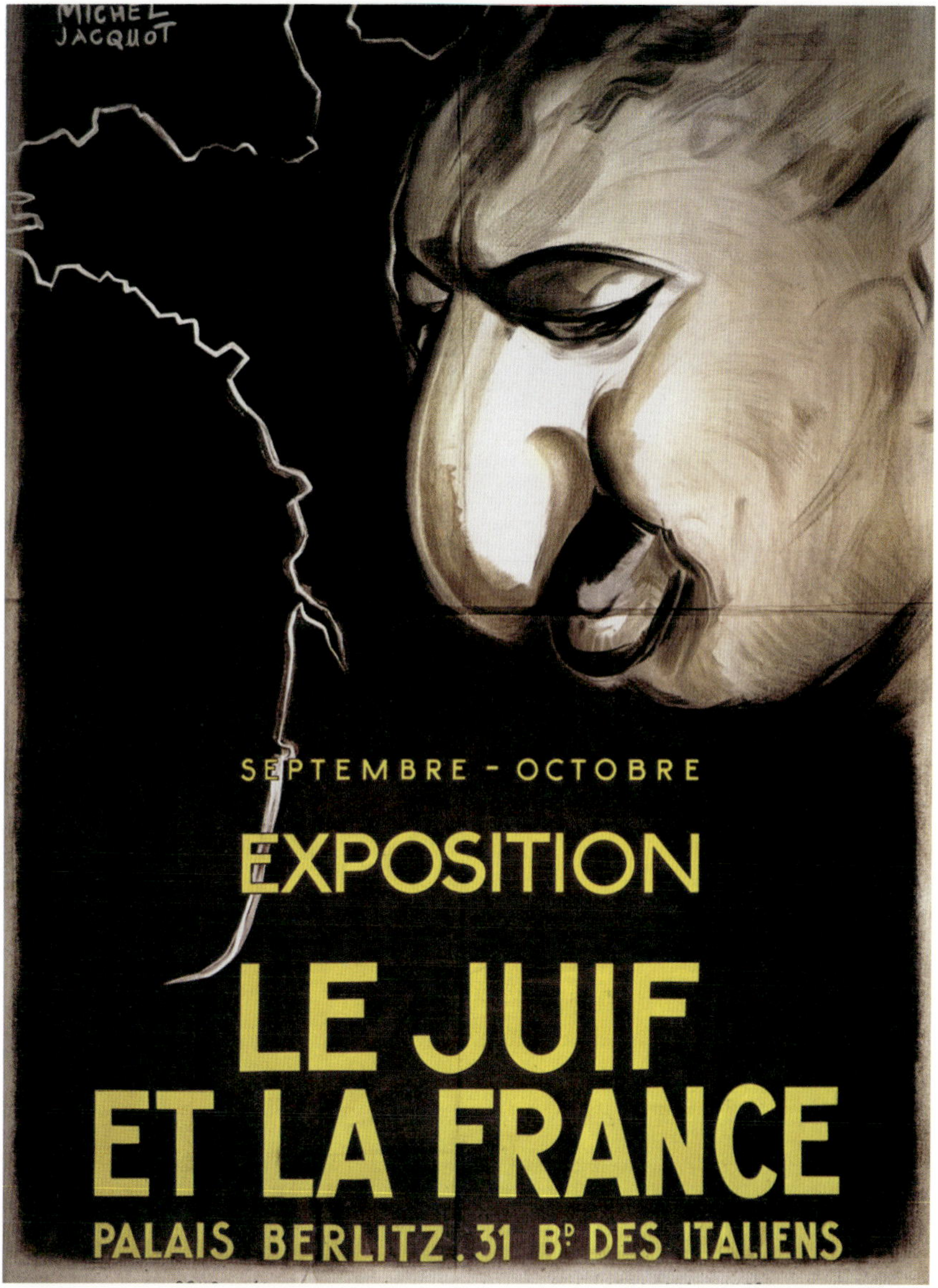

「ユダヤ人とフランス」と題された展覧会のポスター。ユダヤ人の特徴とされる、狡猾そうな目、大きな鉤鼻、ぶ厚い唇を持つユダヤ人が描かれている。ナチスはプロパガンダ・ポスターにユダヤ人を描く際も、こうした特徴を強調した。

◉想像を絶する悪事

一九四四年七月二三日、ポーランドへ進攻したソ連軍が、ルブリン郊外にあるマイダネク絶滅収容所を解放した。そして、この絶滅収容所において、想像を絶する悪事が行われていたことが明らかになった。

その後一〇か月の間に、およそ三〇の強制収容所が連合国軍によって解放されたが、いずれの強制収容所にもおぞましい光景が広がっていた。強制収容所の敷地には、骨と皮ばかりになった人の死体の山があった。イギリス軍によって解放された、ハノーファー近郊のベルゼン強制収容所には、裸の女性の死体の山があり、その山は長さが七三メートル、幅が二七メートル、高さが一・二メートルもあった。敷地内の溝にも死体の山ができていた。生存者はみな骸骨のように痩せ、虚ろな目をし、表情がなく、青ざめていた。

あるイギリス人記者は次のように記している。「ベルゼン強制収容所は、まさにこの世の地獄だった……収容棟の外にひとりの女性がいた。年齢を尋ねると、女性は二一歳だと答えた。女性は痩せさらばえていた……頭は丸刈りだった。女性は体が小さかったので、一六歳くらいの娘にも見えた。しかし顔に皺が寄っていたので、六〇歳くらいにも見えた」

◉エホバの証人

一九三三年三月二二日、ナチスはミュンヘン近郊のダッハウに、最初の強制収容所を開設した。ヒトラーが政権の座に就いてから七週間後のことだった。ダッハウ強制収容所には当初、社会主義者や労働組合員、反ナチ分子などが政治犯として収監された。また、エホバの証人の信者もナ

ワルシャワ・ゲットーのユダヤ人たち。壁に向かって一列に並び、銃殺隊による死刑執行を待っている。ほとんどが女性である。1942 年

チスの敵として収監された。

　エホバの証人は、ナチスが政権を獲得する以前から、公然とナチスを批判していた。そして政権獲得後も恐れることなく批判を続けた。ナチスのことを悪魔の手先だと考えていたエホバの証人は、迫害を加えられてもナチスに従うことを拒んだ。エホバの証人は出版物の中で、さまざまな資料や図を用いて強制収容所のようすを伝え、残虐行為が行われていることを暴露した。そして次のようにヒトラーを糾弾した。「ヒトラーは悪魔の申し子です。ヒトラーの口から流れ出る言葉や決定は、排水溝から流れ出る汚水と同じです」

　これにヒトラーは激怒し、「あの連中をドイツから排除しなければならない」と述べた。

　一九三四年三月から、エホバの証人の信者は次々と強制収容所へ送られた。信者はその後一〇年間、強制収容所で生活することになるが、彼らは決して屈しなかった。自由フランス政府の指導者シャルル・ド・ゴール将軍の姪で、レジスタンス組織の一員でもあったジュヌヴィエーヴ・ド・ゴールは、ベルリン近郊のラーフェンスブリュック強制収容所に入っていた。この強制収容所には、エホバの証人の女性信者も入っていた。

「彼女たちは自分の信仰について話すことを禁じられていました」。ジュヌヴィエーヴ・ド・ゴールは後にこう語っている。「信仰に関連する書物、とくに聖書を持つことも禁じられていました。ナチスは、エホバの証人が聖書を使って囚人を扇動すると考えていました……ある日、聖書から数ページを切り取って持っていた信者が処刑されました。その後も、聖書を隠し持っていた信者が幾人か処刑されたと聞きました。

彼女たちは、信仰を放棄すると誓えば、いつでも強制収容所を出ることができました。でも誓約書に署名しませんでした。彼女たちはやつれて弱々しく見えましたが、心はとても強く、ナチスの強大な力でも彼女たちの信念を打ち砕くことはできませんでした」

◉エホバの証人とユダヤ人

エホバの証人の信者は、強制収容所においてユダヤ人を慰め、年老いた者やお腹をすかせている者に自分のパンを分け与えた。

「エホバの証人の女性信者は忍耐強く、勇気がありました」。あるユダヤ人女性はこ

アドルフ・ヒトラー。ヒトラーは強烈な反ユダヤ主義者だった。ナチスはヒトラーの下、社会からユダヤ人を排除しようとした。

う語っている。「強制収容所の人々は、私たちユダヤ人と話すことを禁じられていました。でも、エホバの証人の信者は私たちに話しかけてくれました。そして、まるで自分の家族のために祈るように私たちのために祈り、諦めてはならないと励ましてくれました」

ナチスは、ユダヤ人とジプシーに対してとりわけ激しい迫害を加えた。ユダヤ人とジプシーへの迫害は、ヨーロッパでは何世紀にもわたって行われていたが、第二次世界大戦中のナチスによる迫害は、それまでのものよりもずっと組織的に行われた。そして、ユダヤ人とジプシーを根絶することを目標とする忌まわしいものだった。ナチスは一九三三年から、遺伝病子孫予防法に基づき、強制収容所に収監したジプシーに対して断種手術も行っている。

ドイツには、ナチスが政権に就く以前から、ジプシーを排除するためのさまざまな法律が存在していた。中には何世紀も前に制定されたものもあった。しかしそれらの法律は、ナチスにとっては生ぬるいものだった。そのためナチスは新たな法律を制定した。そして一九三八年には「ジ

ナチスの親衛隊（ＳＳ）隊員。親衛隊は、ヒトラーの護衛部隊として設立された「エリート部隊」。後にユダヤ人やジプシー、反ナチ分子の取り締まりを行うようになった。強制収容所と絶滅収容所の監督にも当たった。

プシー問題の最終的解決」のための計画を完成させた。「ジプシー問題の最終的解決」とは、ジプシーを根絶することを意味する言葉である。四年後には、ユダヤ人を根絶するための計画も完成させた。そして、ヨーロッパを「浄化」するための大量殺害が本格的に始まることになった。ナチスによる大量殺害は現在「ホロコースト」と呼ばれているが、ユダヤ人はそれを「ショアー」と呼んでいる。ジプシーは、彼らの言葉で絶滅を意味する「ポライモス」と呼んでいる。

◉ユダヤ人への支援

一九四〇年にドイツ軍がヨーロッパ諸国を占領すると、各国のユダヤ人がナチスに捕らえられることを恐れ、逃亡生活に入った。そしてそのユダヤ人を、キリスト教信者などが危険を承知でかくまった。

フランス中南部の高地の森の中にあるル・シャンボン＝シュル＝リニョンという村のマグダ・トゥロクメと、プロテスタント教会牧師の夫アンドレは、近隣の村々と連携し、およそ五〇〇〇人のユダヤ人をかくまった。すべての家庭がユダヤ人をかくまった村も多かった。なお、逃亡生活に入った後、中立国スイスへ脱出することに成功したユダヤ人もいた。

ギリシアのパルチザン

ギリシアの女性パルチザンはとても強く、ゲリラ活動や破壊活動において大きな役割を果たした。洞穴で眠るなど、野外での苛酷な生活にも耐えた。ペロポネソス半島出身のアネッタは、たったひとりでドイツ軍兵士の一団を捕らえた。リサ・セオドリド＝ソゾポウロウは学業のかたわら活動に参加し、第 9 女性パルチザン部隊の指揮も執った。エレフセリア・ドゥロサキはまだ 15 歳だったが、テッサロニキにおいて捕虜との連絡役を務め、捕虜の脱走の手助けをした。

ギリシアの女性パルチザン。ギリシアの女性はソ連の女性と同じく、戦前から厳しい生活を送っていた。1941 年にドイツ軍がギリシアへ進攻すると、パルチザンとなって戦った。

ワルシャワ・ゲットーから出るユダヤ人。この後、家畜列車に乗せられ、死が待つ絶滅収容所へ移された。1942 年

ユダヤ人を守るためには、村全体が協力する必要があった。

ベルギーのベシネスという村では、カトリック教徒の家庭にかくまわれていたユダヤ人少女ニコル・デイヴィッドは、次のように書き残している。「村には三〇人ほどのユダヤ人がいた。村の人々は、ユダヤ人のために偽の身分証明書を作り、食事を用意してくれた。多くのユダヤ人の命を救ってくれた」

ギゼラ・コノプカは、ベルリンからフランス北部のノロバンへ逃れた。コノプカはその村で「奇跡的」な扱いを受けたと語っている。

「カトリック教徒の家庭、プロテスタントの家庭、そしてその他のすべての家庭がユダヤ人に扉を開いてくれました。村人は偽の身分証明書や食料など、必要な物をすべて与えてくれました。農夫はいつもミルクを分けてくれました」

◉女子修道院

ポーランド、バルカン半島諸国、ベルギー、フランス、イタリアなどの孤児院や修道院、宗教施設もユダヤ人を支援した。両親が強制収容所に収監され、他に身寄りのない子どもにも偽の身分証明書を作り、食べ物を与え、医療を施した。女子修道院は多くのユダヤ人女性を受け入れた。ユダヤ人女性は、修道女の服を着て修道女に成りすまし、ゲシュタポの追及をかわした。

ポーランドでは、およそ一九〇の女子修道院がユダヤ人女性や子どもをかくまい、修道院の外でも活発に支援活動を行った。ポーランドの社会福祉局職員だったイレーナ・センドラーは、ワルシャワ・ゲットーからおよそ二五〇〇人の子どもを脱出させた女性だが、彼女はポーランドの修道女について次のように語っている。

「私は、修道院のシスターたちを信頼していました。シスターたちは、私が連れ出した子どもをすべて受け入れてくれました」

◉ゲットーでの生活

逃亡しなかったユダヤ人は、まずゲットーへ移住させられた。ポーランドのウッチにあったゲットーには、ジプシーも一緒に入っていた。ゲットーでは、飢えや病気のためユダヤ人が次々と亡くなったが、ユダヤ人問題の最終的解決を目指すナチスにとって、それは望ましいことだった。ポーランドのワルシャワ・ゲットーには、一九四〇年に四〇万人のユダヤ人が移住したが、そのうち一九四三年まで生き延びることができたのは六万人だった。ゲットーで配給される食料は、パンが一日に一八〇グラム、砂糖が一か月に二二〇グラム、ジャムと蜂蜜がそれぞれ一キロだった。一日の食事の量は、一般的な量の一〇分の一しかなかった。そのため、ユダヤ人はナチスの目を盗んで、ゲットーの外から食料を手に入れなければ生きてはいけなかった。

ゲットーの環境は劣悪だったが、その中でユダヤ人は信仰生活を守ろうとした。

ユルゲン・シュトロープ親衛隊少将（左から3番目の人物）。1943年のワルシャワ・ゲットー蜂起の時、鎮圧部隊の指揮を執った。隊員のうち16人が死亡し、90人が負傷した。

ロシア人捕虜

ドイツ人は、ロシア人捕虜に対してとても残酷だった。女性捕虜に対しても残酷な行為を行ったが、それはドイツ人がロシア人のことを共産主義者と見なし、忌み嫌っていたからである。そして、捕虜を人道的に扱うよう求めた1929年のジュネーヴ条約にソ連が参加していなかったため、ドイツ人の残酷な行為に拍車がかかった。ドイツ人は、ソ連が条約に参加しなかったということは、「捕虜が非人道的に扱われることをソ連が許可した」ということだと解釈していた。ドイツ人は、毒や銃を用いて多くのロシア人捕虜を処刑した。1942年、親衛隊全国指導者のハインリヒ・ヒムラーは、ウクライナの強制収容所へ次のような秘密命令を送っている。「ロシア人捕虜には特別な焼印を押すこと……ロシア人捕虜を苛酷な環境に置くこと……食料は極力与えず、非人道的に扱うこと」。ドイツ人にとって、ロシア人捕虜にじゅうぶんな食料を与えるという行為は「不必要な人道的行為」だった。

ソ連軍の女性パラシュート兵。ドイツ占領地域に空から侵入した後、捕らえられた。ロシア人捕虜は共産主義者と見なされ、残酷な扱いを受けた。

「安息日が始まる金曜日の夜には、蠟燭を灯しました」。ゲットーと強制収容所での生活に耐え、生き抜いたポーランドのユダヤ人女性エスター・プシビシェは次のように語っている。「ユダヤ教の祭日にも同じように蠟燭を灯しました。秋のヨム・キプル（贖罪の日）には断食をし、祈りました」

四月の過越祭《すぎこし》では、ヘブライ人がエジプトから脱出したことをみんなで祝った。過越祭では八日間、パン種入りのパンを食べてはならなかったが、ゲットーのパンはほとんどがパン種入りのパンだった。そのため過越祭の間は、とてもひもじかったが、パンを食べずに過ごした。

◉勇気ある蜂起

一九四四年、ワルシャワ・ゲットーのユダヤ人はすべて強制収容所へ移されたが、その一年前、ワルシャワ・ゲットーのユダヤ人は、親衛隊による移送を阻止するため、ゲットーの外から調達した武器を持って蜂起した。戦闘は一か月間続き、多くの建物が破壊され、ユダヤ人戦闘員一八〇人が死亡した。鎮圧部隊の方は一六人が死亡し、九〇人が負傷した。

ワルシャワ・ゲットーのユダヤ人たち。手を上げ、命令に従う意思を示している。食べ物も物資も乏しく、不潔で、恐ろしいゲットーでの生活の後、絶滅収容所へ移された。

鎮圧部隊を指揮したユルゲン・シュトロープ親衛隊少将は、「ワルシャワ・ゲットーの終わり」と題した報告書を提出した。その中でシュトロープはユダヤ人のことを「あの人間以下のクズども」と呼んだ。報告書によると、ユダヤ人の抵抗はとても激しく、ひとつの「ユダヤ戦闘部隊」は男性二〇人と女性二〇人で構成されており、「女性戦闘員は、いつも両方の手に拳銃を持って撃ち、ズボンの中には手榴弾を隠していた」という。

しかしその抵抗も虚しく、ワルシャワ・ゲットーのユダヤ人はすべて、強制収容所や絶滅収容所、強制労働収容所へ移された。他のゲットーのユダヤ人も同じ運命をたどった。

◉ブーヘンヴァルトの魔女

強制収容所の看守を務めていたイルゼ・コッホは、残酷な女性だった。コッホは一九三六年にカール・コッホ親衛隊大佐と結婚した。カール・コッホは評判の悪い人物だった。結婚の翌年、カール・コッホは、ヴァイマル近郊のブーヘンヴァルト強制収容所の所長に就任し、イルゼ・コッホは同収容所の看守になった。ブーヘンヴァルト強制収容所は、戦後、アメリカ議会が報告書の中で「虐殺工場」と呼んだ場所である。

イルゼ・コッホは体格の良い赤毛の女性だった。強制収容所ではその行状から「ブーヘンヴァルトの魔女」、あるいは「ブーヘンヴァルトの雌犬」と呼ばれていた。コッホはよく、強制収容所の中で馬に乗って遊んだ。大きな鞭を使いながら敷地内を駆け回った。囚人がコッホのことをちらりと見ただけで、それが気に食わないと言って鞭でしたたかに打つこともあった。また、殺害された囚人の皮膚を使い、手袋やランプシェード、ブックカバーを作っていたという。「珍しい刺青」が入った皮膚は必ず取っておくよう命じていた。

絶滅収容所への移動のため集められたワルシャワ・ゲットーのユダヤ人たち。この写真は、ユルゲン・シュトロープ親衛隊少将のアルバムに収められていた1枚。ニュルンベルク裁判（1945年-1946年）の時、アメリカの検察官がシュトロープのアルバムを証拠資料として提出した。

カール・コッホとイルゼ・コッホは、数々の犯罪行為を行っていた。そして一九四四年、カール・コッホは親衛隊から恐喝罪と殺人罪で告発され、一九四五年前半に処刑された。イルゼ・コッホは横領罪で告発された。しかし、裁判では無罪判決が下された。

◉報い

戦争が終わると、コッホはアメリカの軍事法廷において殺人罪で裁かれ、一九四七年に終身刑を宣告された。その後、ドイツのアメリカ占領区軍政長官代理ルーシャス・D・クレイ将軍の証言により、懲役四年に減刑されたが、この措置は激しい反発を呼んだ。そのためアメリカ議会上院の委員会は翌年に、コッホの過去の行為についての調査を行った。

一九四八年一二月二七日、委員会は、ブーヘンヴァルト強制収容所における囚人の殺害と虐待にコッホがかかわっていたとの結論を下した。委員会の報告書には「この残酷な女性が複数の殺人に関与していたことが、反論の余地なく証明された」と記されていた。

一九四九年、コッホは再逮捕され、西ドイツの法廷において戦争犯罪人として裁かれた。そして一九五一年一月一五日、再

び終身刑を言い渡された。コッホは無罪を主張し、国際人権委員会に訴えたが、助けを得ることはできなかった。コッホの精神鑑定を行った精神病医は、「変態的で、好色で、ヒステリーを起こしやすく、権力欲が異常に強い悪魔のような人物」と診断した。

コッホはその後も身の潔白を主張し続けた。しかし、やがて疲れ果て、一九六七年九月一日、ドイツ南部にあるバイエルン州アイヒャッハの刑務所において、独房の扉に結びつけたシーツで首を吊って自殺した。

コッホは、息子のウヴェに次のような言葉を残していた。「私は、死ぬことによってのみ救われます」

◉ステラ・マーカスの体験

一九四四年六月、オランダのユダヤ人ステラ・マーカスと母親は、大勢の女性とともに家畜用貨物列車に詰め込まれ、オランダのフュフト強制収容所からポーランドのアウシュヴィッツ強制収容所へ移された。マーカスが一四歳の時のことだった。アウシュ

アウシュヴィッツの駅に到着し、収容所への移動を待つ人々。すでに男性と女性に分けられている。子どもは女性側に入れられた。

ヴィッツに到着した時のことを、マーカスは次のように回想している。「収容所に入ると、何本もの煙突が目に入りました。煙突からは煙と炎が出ていました。辺りにはとても変な臭いが漂っていました」。その煙突は、死体焼却炉のものだった。

その時マーカスはまだ、強制収容所で大量殺害が行われていることを知らなかった。しかし、アウシュヴィッツ強制収容所には重苦しく不気味な雰囲気が漂っており、マーカスは、何かよからぬことが行われているのではないかという気がした。

「収容所の中では、親衛隊の隊員が忙しなく動き回っていました。私は『お母さん、私恐いわ。私、死にたくない』と言ったのを覚えています……私たちはぼろぼろの囚人服を渡されました。収容棟は大きく、壁に沿って三段ベッドが並んでい

ドイツ人に協力したため、見せしめとして丸刈りにされたフランス人女性たち。フランスのレジスタンス組織は、対ドイツ協力者を厳しく罰した。シェルブール

ました。ベッドは一段を六人で使いましたから、ぎゅうぎゅう詰めで寝返りも打てないほどでした。毛布はありませんでした。トイレは、細長い桶の上に、幾つもの穴を開けた木の板を載せたものでした」

◉労働と移動

アウシュヴィッツ強制収容所に到着すると、囚人は裸にされ、シラミを防ぐために頭髪、脇毛、陰毛を剃られた。そして数字の刺青を入れられた。それが囚人番号となった。強制収容所では囚人は労働に従事した。老人や小さな子どもは働くことができないため、ほとんどが到着後すぐに殺害された。マーカスと母親は、母親がエレクトロニクス関連の仕事をした経験があったため、テレフンケン社のエレクトロニクス工場で働くことになった。囚人は飢えに苦しみながら長い時間働いた。たいへん苛酷だったが、働ける者には、生き延びられる可能性が残っていた。

ビルケナウ強制収容所に到着した女性と子どもたち。強制収容所は不潔で、食べ物も衣服もまともなものは与えられなかった。多くの人がガス室で殺害された。1944 年

一九四四年の末になると、ソ連軍による砲撃の音がアウシュヴィッツ強制収容所でも聞こえるようになった。ソ連軍は東からドイツへ向かって進んできた。一九四五年二月、アウシュヴィッツ強制収容所の囚人は、別の強制収容所へ徒歩や家畜列車で移動させられた。移動はその後何度も行われた。徒歩で移動する場合は、雨やみぞれや雪が降る中、何もない田舎道を延々と歩かなければならなかった。マーカスは履いていた木靴が割れて、足に怪我を負った。その怪我の傷は一生残った。

歩けなくなった者は置き去りにされた。そして歩くことのできる者は、雨やみぞれや雪が降る中を収容所から収容所へと移動した。それが二か月間続いた。

◉殺して囚人を減らす

列車で移動する時は、「馬は八頭、人間は四〇人」まで載せることができると側面にペンキで書かれた貨車に、二〇〇人が詰め込まれた。そのため横になることはもちろん動くこともできず、息苦しかった。親衛隊は、この状況を変えるために囚人を殺害した。

「親衛隊は毎日、囚人を数人選び、夜に殺しました。死体は列車の外へ投げ捨てていました」

移動中は食べる物がなく、わずかな水だけで過ごす日もあった。赤キャベツの葉が何枚か手に入った時は、一枚を四人で分けて食べた。

一九四五年五月一日、マーカスと母親はデンマークにおいて解放された。その後、スウェーデンで療養し、八月にオランダの自宅へ戻った。しかし、父親は戻っていなかった。マーカスの父親もフュフト強制収容所に収監されていた。フュフト強制収容所で最後に父親の姿を見たのは、マーカスと母親がアウシュヴィッツ強制収容所へ移る三か月前の一九四四年三月二〇日のことだった。マーカスは父親が無事であることをひたすら願った。

「私はいつも外に出て、父が戻ってくるのを待っていました」

しかし、マーカスの願いは叶わなかった。マーカスが家に戻ってから三か月後の一九四五年一一月、マーカスのもとに知らせが届いた。マーカスの父親は、ドイツのニュルンベルク近郊のフロッセンビュルク強制収容所で亡くなっていた。

ソ連のウクライナ方面軍の若い女性兵士。道路に立ち、ウィーンを目指す軍の車両を誘導している。ソ連軍は 1945 年 4 月 7 日にはウィーン郊外に達した。

カナダ人女性捕虜の話

モナ・ルイーズ・パーソンズ（1901年-1976年）は、カナダのノヴァスコシア州で生まれた。女優となり、ニューヨークにおいて『ジーグフェルド・フォリーズ』にも出演し、その後オランダに移り住んだ。美しく、上品で魅力的なパーソンズは、オランダにおいてよく知られた存在だった。オランダ人の夫ウィレム・レオンハルト・パーソンズは裕福な実業家だった。

戦争が始まると、オランダはドイツ軍に占領されたが、パーソンズは社会的に高い地位にあったため、安全に暮らすことも可能だった。しかしパーソンズは、空からオランダに侵入した連合国軍兵士を支援する活動に参加した。1941年9月、パーソンズはアムステルダムの近くでゲシュタポに逮捕された。裁判では死刑を宣告されたが、上訴した結果、終身刑に減刑され、ドイツの捕虜収容所へ送られた。その後、ドイツ各地の捕虜収容所を転々とした。

戦争末期、パーソンズはドイツ北西部のフェヒタの捕虜収容所に入っていた。1945年3月24日、フェヒタの男性捕虜の移動が始まった。連合国軍はすでにライン川に到達していた。一方、女性捕虜は解放された。パーソンズは、捕虜のひとりだったウェンデリン・ファン・ボエッツェラー男爵夫人と話し合い、ドイツ人の叔母と姪だと偽って一緒にドイツから脱出することにした。夫人はドイツ語が達者だったが、パーソンズはドイツ語が話せなかったため、口のきけない知的障害のある女性を演じることにした。

ふたりは、北方のオランダとの国境を目指して歩き始めた。荒れた天気の日でも歩き続けた。ふたりとも裸足だった。足には水ぶくれができ、それが化膿した。食料や寝る場所を提供してもらうために、肉体労働も行った。パーソンズは身長が172センチもあるのに、体重が38キロにまで減ってしまった。

2週間後、ふたりが国境の近くまで来た時、カナダ軍とポーランド軍がドイツへ進攻した。その際の混乱の中で、パーソンズは夫人と逸れてしまった。そのため、後はひとりで北へ向かった。その途中でひとりのオランダ人農夫の助けによって、イギリス軍のもとへ行くことができた。こうしてパーソンズはようやく安全を得たのだった。

'The War Illustrated,' May 2nd, 1941 Registered at the G.P.O. as a Newspap[er]
[V]ol. 4 ★ INTO BATTLE WITH THE 'FORCES OF THE EMPIRE' ★ No. 8[7]

THE WAR ILLUSTRATED

4d Weekly

Edited by
SIR JOHN HAMMERTON
Editor of THE WAR ILLUSTRATED (1914-1920)
Writer of the famous War Film FORGOTTEN MEN

[I]t's Tow-row-row for the British Grenadier (1941 Model)!

第８章
ジャーナリスト

多くの死と悲しみをもたらした第二次世界大戦において、女性ジャーナリストは精力的に活動した。偏見や妨害にも負けることなく、戦争を記録し続けた。

第二次世界大戦が始まると、女性はさまざまな分野で活躍するようになった。記者やカメラマンとして活躍する女性も増えた。ジャーナリズムの世界は競争が激しく、ジャーナリストは情報をものにするために精力的に活動した。時には命を懸けてスクープを狙った。そして、新たな通信技術を用いて、情報を次々に新聞社や放送局へ送った。そのため第二次世界大戦では、かつてないほど多くの情報が人々に伝えられることになった。

◉蛇の群れ

一九四四年、ヨーロッパ戦線においてアメリカ陸軍第一軍、第三軍、第九軍による作戦が始まると、アメリカ陸軍航空軍の広報担当官バーニー・オールドフィールド大佐は、ジャーナリストのためのキャンプを設営した。取材に当たるジャーナリストは、凄まじい競争を繰り広げていた。「ジャーナリストたちの世界は尋常ではなかった」。オールドフィールド大佐は戦後のインタビューでこう語っている。「まさに生き馬の目を抜く世界だった……僕は、相争う蛇の群れを相

イギリスの雑誌。戦時中、前線のようすを国民に伝えたが、記事は厳しい検閲を受けていた。1947年まで発行された。

戦争を伝えた女性ジャーナリスト

第二次世界大戦中、アメリカからは127人の女性ジャーナリストが戦地へ赴いた。ここではその一部の女性ジャーナリストと、彼女たちがかかわっていた新聞、雑誌、組織、活動していた国と地域を紹介する。

マージョリー・アベリー　「デトロイト・フリー・プレス」（フランス、ドイツ、ノルウェー）
マーガレット・バーク＝ホワイト　「タイム」（北アフリカ、ソ連、ドイツ）
ジョーゼット・M・シャペル　「ルック」（硫黄島、沖縄）
ルース・B・コーワン　ＡＰ通信（北アフリカ、フランス）
ヴァージニア・コウルズ　北米新聞連合（イギリス、フランス、イタリア）
キャサリン・コイン　「ボストン・ヘラルド」（ベルギー、フランス、ドイツ）
ペギー・ハル・デュエル　「クリーブランド・プレイン・ディーラー」（中国、太平洋地域）
バーバラ・M・フィンチ　ロイター通信（太平洋地域）
ジャネット・フラナー　「ザ・ニューヨーカー」（フランス、ドイツ）
マーサ・ゲルホーン　「コリアーズ」（フランス、ドイツ、極東地域）
マーガレット・ヒギンス　「ニューヨーク・ヘラルド・トリビューン」（ドイツ）
ジョセフィン・ヘルプスト　「ニューヨーク・ポスト」（ドイツ）
アナリー・ホイットモア・ジャコビー　「タイム」（中国）
ヘレン・カークパトリック　「シカゴ・デイリー・ニュース」（イギリス、イタリア、フランス、ドイツ）
メアリー・P・ロッホリッジ　「ウーマンズ・ホーム・コンパニオン」（硫黄島、ドイツ）
リー・ミラー　コンデナスト・パブリケーションズ（フランス、ドイツ）
シェリー・マイダンス　「タイム」（フィリピン）
エレノア・C・パッカード　ＵＰ通信（アルバニア、フランス、イタリア）
アン・ストリンガー　ＵＰ通信（ドイツ）
ドロシー・トンプソン　「シカゴ・トリビューン」（ドイツ）
ソニア・トマラ　「ニューヨーク・ヘラルド・トリビューン」（北アフリカ、フランス、ドイツ）
メアリー・ウェルシュ　「ライフ」「ロンドン・デイリー・エクスプレス」（イギリス、フランス）
ラエル・タッカー・レアド・ワーテンベイカー　「タイム」（イギリス、ドイツ）

手にしているような気分でした」

戦時中、オールドフィールド大佐が設営したキャンプを拠点にして、一八二八人のジャーナリストが活動した。女性ジャーナリストも男性ジャーナリストと同様、仕事に対して情熱を持っていた。そして大胆で、並外れた行動力があった。アメリカの女性ジャーナリストは、当時のアメリカ社会に息苦しさを感じていた。社会の因習や女性の伝統的な役割を嫌い、もっと自由で刺激的でスリルのあることを求めていた。そのため女性ジャーナリストはアメリカを飛び出し、戦争が行われているヨーロッパへ渡った。そして多くの女性ジャーナリストが、戦地で活動するために結婚生活を犠牲にした。

マーガレット・バーク＝ホワイト。1942年、アメリカ陸軍航空軍の女性初の公式カメラマンとなった。第二次世界大戦と朝鮮戦争（1950年-1953年）の時、戦闘地域に入って活動した。

◉結婚生活の破綻

ドロシー・トンプソン、マーガレット・バーク＝ホワイト、ジョセフィン・ヘルプスト、ジャネット・フラナー、マーサ・ゲルホーンは、結婚後数年で離婚している。ゲルホーンは一九四〇年にアーネスト・ヘミングウェイと結婚したが、一九四五年に離婚した。その理由のひとつは、世間がゲルホーンのことを「有名な小説家の三番目の妻」としか見てくれなかったからだ。ゲルホーンの言葉によれば、彼女は「他の人の人生の脚注」でしかなく、それが耐えられなかった。バーク＝ホワイトは、一九三九年に小説家のアースキン・コールドウェルと結婚したが、ふたりの婚前契約書には、「結婚後もバーク＝ホワイトは自由に仕事を行い、コールドウェルはそれを認めなければならない」という約束が含まれていた。ふたりの結婚生活は三年で終わることになるが、バーク＝ホワイトはその間ほとんど、海外で仕事をしていた。コールドウェルと離婚した後、好きになった男性もいたが結婚はしなかった。女性ジャーナリストの中には、夫と離れて活動する間に、別の男性と不倫関係に陥る者もいた。

女性ジャーナリストは、家庭に収まることができなかった。そして大胆にも戦地へ向かった。政治的信念に突き動かされて戦地へ赴く者もいた。そして真実を知るために、どんな危険に直面しても怯まず、どんな恐ろしい光景からも目をそらさなかった。

バーク＝ホワイトは「タイム」誌のカメラマンとして、解放後の強制収容所にいち早く入った。そして、脱走防止用の電気柵の脇に横たわる、囚人たちの黒焦げになった死体を撮影した。クレア・ブース・ルースは、一九四二年にビルマのメイミョーで活動した。ルースは、戦闘後の惨状を目の当たりにして「震えが止まらなかった」と語っているが、それでも写真を撮り続けた。

◉戦闘地域へ入る

クレア・ブース・ルース。女性戦場カメラマンの草分けであり、戦前から女性の権利獲得運動も行っていた。

「ザ・ニューヨーカー」誌の挿絵。海上で、手紙の入った袋を軍艦に渡すようすが描かれている。

マーサ・ゲルホーンは、軍の取材制限に従わずに戦闘地域へ潜入した。一九四四年、イタリアで活動していたゲルホーンは、戦闘地域のひとつであるナポリへ向かった。取材許可は得ていなかった。ゲルホーンはキャンプの鉄条網を乗り越え、ヒッチハイクで航空基地へ行き、ナポリに行くパイロットに頼み込んで航空機に乗せてもらった。パイロットには、ナポリにいる婚約者にどうしても会わなくてはならないのだと嘘をついた。

ナポリでの活動について、ゲルホーンは次のように語っている。「取材許可証も何もなかったので苦労しました。食料や日用品は、自分で手に入れなければなりませんでした」

ノルマンディー上陸作戦開始日の翌日となる一九四四年六月七日には、イギリスからイギリス海峡を渡ってノルマンディーへ向かう病院船に密かに乗り込んだ。

「憲兵に見つかってノルマンディーへ行く目的を聞かれたら、『看護婦の活動を取材するため』だと答えるつもりでした。それならば見逃してもらえるだろうと思っていました。到着するまでは、ずっとトイレに隠れていました」。ノルマンディーに着くと、救護部隊の中に紛れ

ビルマで戦うイギリス軍兵士たち。クレア・ブース・ルースは危険で苛酷なビルマの戦闘地域に入り、撮影した。

て浜へ降りた。戦闘は浜のすぐ近くで行われており、辺りには砲撃音が鳴り響いていた。「救護部隊は、負傷兵を運ぶために担架を持って浜へおりて行きました。私は見つかってしまい、今度取材制限に従わなかったらアメリカへ送り返すと言われました」

オールドフィールド大佐は、ゲルホーンのような行動を取る女性ジャーナリストに対して理解を示した人物だった。オールドフィールド大佐は次のように語っている。「彼女たちは、危険を冒してでも真実を知りたかったのです。あるいは、ジャーナリストとして名を上げたかったのです。僕は、危険だからといって活動を制限すべきではないと思っていました」

◉さまざまな制限

女性ジャーナリストの取材活動は大きく制限されていた。オールドフィールド大佐はこう語っている。

「大隊救護部隊に看護婦が配属されている場合は、女性ジャーナリストも大隊本部が置かれている場所まで入ることができました。しかし、それ以上前線に近づくことは許されませんでした……女性ジャーナリストはもっと後方にある野戦病院に留まるべきだという意見や、女性ジャーナリストは戦闘地域に入るべきではないという意見も根強

マーサ・ゲルホーンと小説家アーネスト・ヘミングウェイ。この写真は、1940年の新婚旅行の時に撮影されたもの。結婚後、ゲルホーンは取材のためヨーロッパへ渡り、やがてふたりの結婚生活は破綻した。

く残っていました」

女性ジャーナリストは簡単には前線に近づけなかった。また、女性ジャーナリストは戦争末期まで、記者会見に参加できなかった。イギリスのバーナード・モントゴメリー将軍やアメリカのダグラス・マッカーサー将軍は、女性ジャーナリストが戦闘地域へ入ることに強く反対していた。マッカーサー将軍は、一九四五年二月の硫黄島の戦いの時には、女性ジャーナリストにも取材を許可しているが、島の沖合に停泊する病院船から出ることは許さなかった。

戦争が始まった当初は、アメリカから出るのも難しい状況だった。海外へ渡るために必要となる書類やパスポートが手に入らなかった。女性ジャーナリストが戦地で活動することに対して、陸軍省やパスポートを発行する国務省が難色を示していたからだ。両省は、報道機関の強い働きかけによって、ようやく渡航を許可するようになった。

女性ジャーナリストはあからさまな妨害も受けた。一九三〇年からAP通信社で働いていたルース・コーワンは、戦争が始まると北アフリカへ渡った。しかし、AP通信社のアルジェ支局局長ウェス・ギャラガーは、コーワン

ノルマンディー上陸に向けて準備を進めるアメリカ軍。マーサ・ゲルホーンは軍の許可を得ず、密かにノルマンディーへ渡った。

が戦闘地域に入ることを許さなかった。また、コーワンにアメリカへ戻るよう幾度も迫った。ギャラガーは女性嫌いを公言する人物でもあった。

◉報道部門への進出

第二次世界大戦以前、アメリカの女性ジャーナリストが取材するのは、ファッションや育児、料理など家事にかかわる物事、ちょっとした社会の出来事などだった。しかし戦争が始まり、男性ジャーナリストが特派員や兵士となって海外へ渡るようになると、女性ジャーナリストは重大な社会問題も扱うようになった。しかし、コーワンはそれだけでは満足できずに北アフリカへ渡った。そのためコーワンはギャラガーに何と言われようと、アメリカへ戻ることを拒否した。コー

ノルマンディー上陸作戦の準備を行うアメリカ軍。1944年6月6日に実行に移されたこの大作戦では、最大規模の陸海空軍の兵力が動員された。

オマハビーチへ接近するアメリカ軍。オマハビーチは、ノルマンディー上陸作戦において上陸地点となった5つの浜のひとつ。上陸後には血なまぐさい戦闘が繰り広げられ、甚大な被害が出た。

ワンは、活動中に数々の不平等な扱いを受けた。モロッコのラバトでは、キャンプの食堂に入れてもらえず、部屋で食事をしなければならなかった。それでも北アフリカで粘り強く活動を続けた。コーワンは後にフランスへ移動し、ノルマンディー上陸作戦後の戦況や、一九四四年八月の解放後のパリのようすも人々に伝えた。

第二次世界大戦前に、すでにアメリカを出て活動していた女性ジャーナリストも存在した。ドロシー・トンプソンは第一次世界大戦末期、アメリカ

ダグラス・マッカーサー将軍（1888年-1964年）。大胆で優れた軍人であり、南西太平洋方面総司令官として指揮を執った。

北アフリカのアルジェ。前線に近く、ジャーナリストの活動拠点となっていた。

赤十字社の広報ライターとしてパリへ渡った。その後、中央ヨーロッパに位置するウィーンへ移動し、フリーの記者として活動を開始した。トンプソンは、「フィラデルフィア・パブリック・レジャー」紙に情報を提供していた。

中央ヨーロッパでは、第一次世界大戦が終了した後も混乱が続いていた。中央ヨーロッパに君臨していたドイツ帝国とオーストリア＝ハンガリー帝国は、戦いに敗れて崩壊し、共和政となった。どちらの国も領土が縮小した。オーストリア皇帝カール一世は、一九一八年に退位を余儀なくされ、一九二一年に復位を目論んだが、失敗に終わった。トンプソンは、カール一世の復位へ向けた動きを取材した。トンプソンの記事は「パブリック・レジャー」紙の編集者から高い評価を受けた。ジャーナリストとして実力を認められたトンプソンは、「パブリック・レジャー」紙のパリ支局へ乗り込んで交渉し、パリ支局所属の記者となった。

硫黄島へ向かうアメリカ軍の輸送船団。硫黄島は、日本本土から1200キロ離れている。1945年2月

◉ベルリンでの活動

トンプソンは、ジャーナリストとして目覚しい活躍を見せた。一九二五年には「パブリック・レジャー」紙のベルリン支局局長に就任し、その後、「ニューヨーク・イブニング・ポスト」紙のベルリン支局局長も務めた。このふたつの新聞はカーティス社が所有していた。なお、トンプソンは、「パブリック・レジャー」紙のベルリン支局局長になる少し前に、ハンガリー人ジャーナリストのヨーゼフ・バードと結婚したが、すぐに離婚している。一九二八年には、後にノーベル文学賞を受賞することになるアメリカ人小説家シンクレア・ルイスと再婚するが、この結婚もやがて破綻した。

一九二〇年代後半のベルリンでは大きな出来事が続いた。アドルフ・ヒトラーと彼を指導者とするナチスは、一九二三年にミュンヘン一揆を起こした。ナチスはこの時には政権奪取に失敗したが、その後しだいに力を増し、一九三三年には政権を獲得し、ヒトラーはドイツ国首相となった。ナチスは急進的な右派政党だった。また、全体主義的であり、たいへん暴力的でもあった。そして、反ユダヤ主義を標榜し、アーリア人であるドイツ民族を「支配民族」として

戦場カメラマンのテレーズ・ボネイ。この写真は、1940年のソ連・フィンランド戦争の時に、フィンランドで撮影されたもの。胸の勲章は、フィンランドが、ボネイの勇敢さを讃えて授与した勲章。ボネイはおもに戦禍の中の民間人の姿を撮影した。

「コスモポリタン」誌。派手な女性誌だが、社会的な問題も扱っていた。1931 年には、ヒトラーのインタビュー記事を掲載した。インタビューを行ったのはドロシー・トンプソンである。

ドロシア・ラング

カメラマンのドロシア・ラングは、1895 年、ニュージャージー州のホーボーケンで生まれた。ラングは 1930 年代、世界恐慌後のカリフォルニア州の人々の暮らしを写真に収め、その窮状をアメリカ国民に伝えた。また、1935 年から 1942 年にかけて、貧困に喘ぐカリフォルニア州の農民を支援する農村復興事業に参加した。ラングは、困難な立場に置かれていた日系アメリカ人にも心を寄せ、1942 年からその姿を撮影し始めた。アメリカはパールハーバー攻撃後、日系アメリカ人を強制収容所に収監した。日系アメリカ人が日本の諜報活動に協力するおそれがあると考えたからだ。なお、日系カナダ人も同じく強制収容所に収監された。ラングは、日系アメリカ人は危険で信用できないという誤解を解き、彼らが勇気と品位を持つ人々であるということを伝えようとした。ラングは 1965 年にこの世を去った。

1938 年発行の「フォーチューン」誌の表紙。ドロシア・ラングの写真が掲載されている。ラングの写真は多くの出版物に掲載された。

1936 年、カリフォルニア州で活動中のドロシア・ラング。すでにジャーナリストとしての地位を確立していた。

ドロシア・ラングが撮影したサンフランシスコの若い日系アメリカ人。1942 年 6 月、サンフランシスコの日系アメリカ人 664 人が、内陸部の強制収容所に収監された。

強制収容所へ移動するため、サンフランシスコの管理所に集められた日系アメリカ人と、その姿を撮影するドロシア・ラング（後方右側）。

賛美していた。トンプソンは、ヒトラーとナチスは危険であり、警戒しなければならないとカーティス社に報告している。しかしトンプソンは、一九三一年に「コスモポリタン」誌の取材でヒトラーと会った時は、ヒトラーのことをそれほど危険だとは感じなかった。トンプソンは次のように回想している。

「私は少し緊張していました。気付け薬でも飲もうかなどと思いながら、カイザーホフ・ホテルの上階のロビーでヒトラーを待っていました。約束の時間から一時間ほど過ぎた頃、アル・カポネに似た護衛とともにヒトラーが現れ、足早に部屋へ入って行くのが見えました。それからさらに三〇分が過ぎ、ようやく部屋へ通されました……私は、ヒトラーはいずれ独裁者となるのではないかと考えていたのですが、インタビューを始めて五〇秒も経たないうちに、その考えは消えました。私は、世間を騒がせていたヒトラーという男を、まったく取るに足りない男だと判断したのです……ヒトラーは辻褄の合わないことをぺらぺらと喋り、つねにそわそわして落ち着きがありませんでした。私は、ヒトラーのことを『小物』だと思いました」

行進するナチ党員たち。ナチスは結党から権力の座に就くまでのおよそ10年間、通りを行進したり、大規模な集会を開いたりして存在を誇示した。

コヴェントリーの葬儀ミサ

1940 年 11 月 14 日の夜、イギリスのコヴェントリーは、ドイツ空軍による激しい空襲を受けた。街は破壊され、554 人が亡くなり、865 人が負傷した。「ニューヨーク・ヘラルド・トリビューン」紙と「ニューヨーク・タイムズ」紙の記者だったタニア・ロングは、空襲後に行われた葬儀ミサのようすを次のように伝えている。

「コヴェントリーの葬儀ミサには、美しさはなかった。葬儀ミサはとても暗く重苦しかった。会葬者は一様に青白い顔をし、薄汚れた服を着ていた。彼らは霧雨の降る中、破壊された街から共同墓地まで歩いてやって来た。共同墓地は、街から 3 キロ離れた空き地に設けられていた……式は簡単なものだった。コヴェントリーの主教は、土を盛って作った壇上に立ち、会葬者は共同墓地に向かって並んでいた。主教の紫色のローブが風に揺れていた。

式が終わると、会葬者は共同墓地の中をゆっくりと歩きながら、松材の棺の上に花を投げ入れていった。共同墓地に埋葬された人の多くは、身元が分からないままである」

◉再びドイツへ

その後、トンプソンは夫のシンクレア・ルイスと息子とともにアメリカへ戻り、バーモント州で暮らしはじめた。息子は一九三〇年に生まれていた。しかし、一九三三年にヒトラーが首相となり、その翌年に「長いナイフの夜事件」でナチス幹部が粛清されると、ドイツで取材したいという思いが強まり、トンプソンは夫と息子を置いて再びドイツへ渡った。息子の世話は使用人に任せた。ナチス政権下のドイツには、不穏な空気が漂っていた。ホテルの電話には盗聴器が仕掛けられ、人々はみな不安そうな顔をしていた。そしてトンプソンは、ドイツに戻ったことをすぐにナチスに気づかれ、国外退去を命じられた。

トンプソンは以前から、「ナチズムは危険であり、世界の平和を脅かしている」という内容の記事を何度も書いてい

大統領夫人エレノア・ルーズヴェルト（中央の女性）。この写真は、終戦後、女性のための社会福祉制度について話し合う集会の時に撮影されたもの。戦時中は雑誌や演説、ラジオ放送を通じて国民を励ました。

た。そのため、ゲシュタポからナチスの敵として目をつけられていた。ただ、トンプソンのナチスに関する記事は、アメリカではそれほど注目されてはいなかった。トンプソンはドイツに入国してから数日後、四八時間以内に退去するようゲシュタポに命じられた。トンプソンはやむを得ず、パリを経由してバーモント州の自宅へ戻った。

トンプソンが国外退去処分となったことについては、「シカゴ・トリビューン」紙の記者ジーグリット・シュルツが記事にし、トンプソンが「数々の反ドイツ記事を書いたため」ナチスから退去を命じられたという事実が、広く知られることになった。トンプソンは、自身が犯した「罪」について次のように語っている。

「私の罪のひとつは、ヒトラーのことを平凡な人間だと書いたことでした。ナチスは、ヒトラー総統はドイツを救うために神から使わされた救世主だと信じていましたから……ヒトラーが救世

1940年１月発行の「タイム」誌（上）と、1941年１月発行の「ウォー・イラストレイテッド」誌（下）。イギリスの首相ウィンストン・チャーチルが表紙を飾っている。チャーチルは劇的な演説と攻撃的な姿勢で国民を鼓舞した。アメリカにとって、戦時中のイギリスを象徴する存在だった。

主だということを否定したドイツ人は、刑務所送りになっていました。アメリカ人である私は国外退去処分で済みましたが、もっと重い処分を受けていた可能性もありました」

◉女ドラゴン

ジーグリット・シュルツも、ナチスとかかわった女性ジャーナリストだった。一九三五年、ドイツの外国人記者協会が、ドイツ空軍総司令官ヘルマン・ゲーリング元帥とその妻を昼食会に招待した。シュルツは昼食会の途中、ナチスは外国人ジャーナリストの活動の邪魔をしていると文句を言った。するとゲーリングは怒り、シュルツの出身地であるシカゴを「犯罪の巣窟」と呼んで侮辱した。そしてその後はシュルツのことを「シカゴの女ドラゴン」と呼ぶようになった。

シュルツはシカゴのノルウェー系の家庭に生まれた。八歳の時に両親とともにパリへ引っ越し、第一次世界大戦が始まる少し前に、ソルボンヌ大学を卒業した。その後ベルリンへ移り、一九一九年に「シカゴ・トリビューン」紙のベルリン支局で通訳として働き始めた。シュルツは語学に堪能で、フランス語、オランダ語、ドイツ語、ポーランド語を話すことができた。

第一次世界大戦が終わった頃はまだ、女性ジャーナリストが報道分野で活動するのは難しかった。数年後には、「ニューヨーク・ヘラルド・トリビューン」紙の副社長ヘレン・リードと大統領夫人エレノア・ルーズヴェルトの支援によって、報道分野で活動する女性ジャーナリストも増えるが、それまでは自分の才略で道を開くしかなかった。女性ジャーナリストは、時にははったりをきかせ、時には厚かましい行動に出た。トンプソンは、まずはフリーの記者として活動を始め、報道分野に進出していった。シュルツの場合は、「シカゴ・トリビューン」紙のベルリン支局の通訳から始め、しだいに報道にかかわるようになった。シュルツは、ヴァイマル共和政期のドイツの専門家や外交官、政府高官と交流を深めた。シュルツは、ドイツの政治についてとても詳しく、また、顔が可愛らしく魅力的だったため人々を惹きつけた。

◉広がる人脈

シュルツは若い女性だったが、しっかりした政治的意見を持っていた。それが評判となり、シュルツの意見を聞くために、政府要人がアドロン・ホテル内の支局を訪ねて来るほどになった。彼らは、第一次世界大戦後のドイツと他のヨーロッパ諸国のことを、シュルツやアメリカがどう見ているのかを知りたがった。シュルツは一九二五年、その能力や広い人脈が評価され、ベルリン支局局長に就任した。前任者はローマへ移動となった。

シュルツはその後も要人や外交官と親しく交わり、人脈を広げた。そしてその人脈を利用して、ナチスに近づいた。シュルツは、ナチスのことを危険

ヘルマン・ゲーリング国家元帥。派手好きで知られていた。1940年のバトル・オブ・ブリテンでは、ドイツ空軍総司令官として指揮を執った。しかし敗北を喫し、その後アドルフ・ヒトラーから冷遇された。

な存在だと考えていた。一九二九年、シュルツは知人からゲーリングを紹介してもらい、ベルリンのレストランで一緒に昼食をとった。そしてその後、ゲーリングを通じてヒトラーと面会できることになった。

面会の日、ヒトラーは、オーストリア式にシュルツの手の甲にキスをし、まるで暗示をかけるかのように、じっとシュルツの目を見た。トンプソンとは違い、シュルツはヒトラーのことを取るに足りない男だとは思わなかった。ただ、ヒトラーに対して嫌悪感を覚えた。シュルツは一九三〇年から、ヒトラーに定期的に会うようになった。ヒトラーに会うことができるジャーナリストは限られていた。

◉罠

シュルツは、一九三四年にトンプソンが国外退去処分となってから、用心深く活動するようになった。シュルツもドイツから追放されるおそれがあったからだ。ナチスが政権に就いてから、ドイツでは検閲が始まり、外国人ジャーナリストは監視されるようになった。ドイツ人は、それまで親しくしていた友人でもシュルツを避けるようになった。そしてナチスはシュル

「バルジの戦い」後のベルギーのバストーニュ。この写真はアメリカ軍によって撮影されたもの。連合国軍の補給トラックが街へ入っている。バルジの戦いは、ドイツ軍が最後の反攻作戦を行い、敗れた戦いである。1944年

バトル・オブ・ブリテン

ヴァージニア・コウルズは、アメリカのハースト・パブリケーションズとイギリスの「サンデー・タイムズ」紙を通じ、1940 年のバトル・オブ・ブリテンについて伝えた。イギリス空軍はこの戦いでドイツ空軍を破り、ドイツ軍の侵略を防いだ。

「兵士たちの目の前には、イギリス海峡の青い海が広がり、遠くには、フランスの海岸線がぼんやりと見えていた……穏やかな風の吹く日のことだった。兵士たちが背の高い草むらの中に身を潜めていると、まるで蚊の大群が押し寄せるように、数百の銀色の敵機が襲来した。対空砲が、振動しながら一斉に火を噴いた。砲弾は上空で炸裂した。その後には白い煙が残った。白い煙は小さく見えた。敵機は、白い排気煙を引きながら飛んでいた。時おり翼がきらりと光った。敵機のエンジン音と砲撃音が辺りに響き渡っていた。イギリス国民の運命は、太陽の光と風を受けて 4500 メートル上空を飛ぶ敵機を、どれだけ撃ち落とせるかにかかっていた」

自分の航空機の方へ駆け足で向かうパイロットたち。この写真は、バトル・オブ・ブリテンの時に撮影されたもの。1940 年

1940 年発行の「コリアーズ」誌。アメリカの参戦前に発行されたものだが、すでに戦争を意識し、空軍の戦力についての特集が組まれている。マーサ・ゲルホーンはこの雑誌の戦場特派員となった。

ツのことを、反ナチスのジャーナリストと見なすようになり、シュルツを陥れるために色々な罠を仕掛けるようになった。

一九三五年のある日、シュルツのベルリンの自宅に大きな封筒が届いた。シュルツは支局で仕事をしており、自宅には母親だけがいた。父親はすでに他界していた。封筒を受け取った母親は不審に思い、シュルツに連絡した。シュルツはすぐに自宅へ戻って封筒を開けた。封筒の中には、航空機エンジンの設計図が入っていた。航空機エンジンの設計図は、国家機密に属するものであり、それを持っていれば罪に問われることになるため、シュルツはすぐに燃やした。アドロン・ホテルに戻る途中、ひとりの男性がシュルツの前に現れた。その男性はナチスの諜報員で、ふたりの護衛を伴っていた。シュルツは諜報員に向かい、自宅に送られてきた設計図は処分したと告げた。そしてちょうど通りかかったタクシーに乗り、諜報員らに聞こえるように大きな声で、アメリカ大使館へ行って下

アメリカの女性ジャーナリスト、メイ・クレイグ。ドイツへの攻撃を終えてイギリスへ戻った爆撃機パイロットから話を聞いている。クレイグは大胆な女性で、V1 飛行爆弾や V2 ロケットによる攻撃を受けるロンドンから、そのようすを生々しく伝えた。

さいと言った。シュルツは、アメリカ大使館を通じて抗議するつもりだった。

しかしその後考えを変え、ゲーリングに直接抗議することにした。シュルツはゲーリングのもとへ行き、ナチスの諜報員が彼女を陥れるために罠を仕組んだと話した。するとゲーリングは顔をしかめ、それは君の思い過ごしだろうと答えた。そして、君はドイツとドイツ政府に敬意を払うべきだ、と付け加えた。ナチスの第二の実力者ゲーリングは、ナチスにとって都合の悪い記事を書くなと暗に言ったのだ。

◉「ジョン・ディクソン」

ゲシュタポやナチスの諜報員は、シュルツに監視の目を光らせていた。しかし、ナチス政権下のドイツで起こっている物事を伝えないわけにはいかなかった。そのため「シカゴ・トリビューン」紙はひとつの策を講じた。

「シカゴ・トリビューン」紙は一九三七年五月一五日から、ナチス・ドイツの姿を伝える連載を始めた。この連載を手掛けたのは、パリを拠点に活動するジョン・ディクソンという名のジャーナリストだった。ディクソンは「アメリカへ情報を伝えることが困難となったベルリン支局のジャーナリストたちに代わって情報を伝えるために、ドイツに潜入した人物」だった。連載では、ナチスが隠そうとしていたさまざまな事実が明らかにされた。ナチスの幹部は権力争いを繰り広げ、私腹を肥やしていた。青少年組織ヒトラー・ユーゲントは若者たちを操っていた。キリスト教は軽んじられ、国民はすべて監視下に置かれ、思想の自由をはじめとするさまざまな自由が奪われていた。ドイツは、暴力的な警察国家と化していた。

「ジョン・ディクソン」は、実はシュルツだった。シュルツはこの事実を誰にも明かしていなかった。仲間のジャーナリストの中には、記事の文体からその事実に気づいた者もいたが、彼らもそれを明かさなかった。こうしてシュルツは、ベルリン支局局長に留まったまま記事を書き続けた。しかし一九四〇年、シュルツはドイツを出ようと決心した。

◉ドイツからの脱出

一九四〇年、シュルツはアメリカのラジオ・ネットワークにおいて、作家のウィリアム・シャイラーと交代しながら、深夜のニュース番組のキャスターを務めるようになったが、ある放送日の夜に、ベルリンがイギリス空軍による空襲を受け、シュルツは榴散弾の大きな破片を脚に受けて大怪我を負った。その日、シュルツはなんとか出血を抑え、痛みに堪えながら放送を行った。

シュルツは以前から、危険な状況になったらドイツから出ようと決めていた。「シカゴ・トリビューン」紙ともそう約束していた。空襲による怪我は、シュルツが脱出を決めたひとつの理由だった。そしてもうひとつ大きな理由があった。ナチスは、「シカゴ・トリビューン」紙で連載を手掛けている「ジョン・ディクソン」という人物はシュルツなのではないか、と疑い始めていた。そのため、航空機エンジンの設計図をシュルツの自宅に送りつけたように再び罠を仕組むか、灯

マーサ・ゲルホーン。情熱的で恐れを知らない女性だった。作家活動を続けながら戦場特派員として活躍し、すばらしい業績を残した。

火管制時の規則を守らなかったなどと理由をつけて、シュルツを逮捕する可能性が高くなったのだ。

ドイツを出るのは簡単ではなかった。シュルツは一九四一年に入ってから脱出を試みたが、ナチスに妨害された。ナチスは、シュルツがナチス・ドイツの実態を知りすぎていたため、監視下に置いておきたかったのだ。その後、アメリカ大使館がナチスに圧力をかけたため、シュルツはドイツを出ることができた。この頃、アメリカはまだ参戦しておらず、ベルリンに大使館を置いていた。シュルツはスイスと南フランスを経由してスペインに入り、チフスに罹ったためしばらくスペインで過ごした後、ニューヨークへ渡った。一九四五年にナチス・ドイツが崩

メイ・クレイグ

メイ・クレイグは、メイン州の各新聞に情報を提供していた。男性から数々の妨害を受けていたクレイグは、次のように語っている。「私が死ぬ時には、私の心臓に『能力』という言葉が刻み込まれていることでしょう。私は、能力がないと言われ続けていますから。女性ジャーナリストは、能力がないという理由で、男性ジャーナリストと同じようには活動できないのです」

アメリカ軍兵士を取材するメイ・クレイグ。1945年

壊した後、シュルツは再びドイツの地を踏んだが、そこで見たのは、過去のナチスとの関係を否定する人々の姿だった。

◉戦後のドイツ

「ドイツ国民は、もはやナチスではない。いや、これまでも彼らはナチスではなかった」。ゲルホーンの「コリアーズ」誌の記事には、皮肉を込めてこう書かれている。「国民が互いに責任転嫁する姿というのは、見苦しいものだ。ドイツでは、上に立つ者は成功し続けなければならないようだ。一度失敗すれば、それまで従っていた人々が離れてしまう」

ゲルホーンは、一五年前の一九三〇年にヨーロッパで活動を始めた。芸術家が多く暮らすパリ左岸を拠点にして、「ヴォーグ」誌やUP通信、彼女の故郷の新聞である「セントルイス・ディスパッチ」紙に情報を提供していた。ゲルホーンは一度、招かれてドイツを訪問した。その時は、ナチスのことを危険だとは思わず、まだ若くて知性に欠け、馬鹿げた主張をする政党だと思うくらいだった。しかしやがてナチスの危険性に気づいた。

スペイン内戦において戦う国際旅団イギリス大隊の機関銃兵。マーサ・ゲルホーンは、スペイン内戦をきっかけに戦場特派員として活動するようになった。1937年

ゲルホーンは、世界恐慌後にアメリカ各地を旅し、その旅をもとに『私が見た困難』を執筆し、作家として名声を得た。『私が見た困難』が出版されたのは一九三六年だった。これと同じ年、スペイン内戦が勃発した。スペインでは一九三一年、共和派がスペイン国王アルフォンソ一三世を退位に追い込み、その後、共和派と国粋派が対立し、戦争が始まった。これは民主主義と専制主義との対立だった。そして一九三〇年代のヨーロッパには同様の対立が存在していたため、スペイン内戦はヨーロッパの政治情勢に強い影響を及ぼすことになった。ゲルホーンは共和派を支持していた。そして一九三七年三月、「コリアーズ」誌の戦場特派員としてスペインに入った。ゲルホーンの戦場特派員としての活動は、スペイン内戦から始まった。

◉「戦場を旅する人」

「私は、自分に戦場特派員が務まるかどうか分かりませんでした。分からないまま『戦場を旅する人』となったのです」。ゲルホーンは後にこう語っている。「スペインで戦争が

ニュージャージー州のアメリカ戦時情報局のカメラマン、エスター・バブリー。外交官との結婚を機に引退した。アメリカは、バブリーの写真は敵を倒す力になると考えていた。

1942年発行の「ライフ」誌。イギリス空軍婦人補助部隊（WAAF）の隊員が表紙を飾っている。シェイクスピアの戯曲『ハムレット』の台詞「何よりも、己自身に忠実であれ」が引用されている。

始まった時、私はドイツに滞在していました。国粋派を支持するドイツの新聞は、スペインの共和派のことを『赤い豚野郎』と呼んでいました。戦争の詳細は不明でしたが、スペインには、私が愛し、信じることを守るために戦う人々がいました。だから私は、戦場特派員としてスペインへ行こうと決心したのです」

スペインに入ったゲルホーンは、機械化された戦争の恐ろしさを目の当たりにした。そして後の第二次世界大戦でも、凄まじい破壊と死と恐怖に向き合うことになった。ゲルホーンは、スペインの首都マドリードのフロリダ・ホテルを拠点にしていた。ある日、マドリードが国粋派の砲兵隊から攻撃を受けた。

「突然、砲弾が飛んで来た。ホテルの外の花崗岩の丸石が、噴水のように上空に上がった。空気中には、銀色の火薬の煙がかすかに漂っていた」。ゲルホーンはその時のようすをこう記している。「部屋に戻ると、砲弾が空気を切って飛んでくる音が再び聞こえ、次に、耳を聾するような音が響いた。私は一瞬頭の中が真っ白になった。建物はしばらく揺れ動いていた……私たちは上の階へ行き、ひとつの部屋に入った。部屋の中にはわずかに火薬の煙が残っていた。木製の家具はばらばらに壊れ、壁は表面が剝がれ落ちていた。崩れて穴が開いた部分もあり、その穴から隣の部屋が見えた。ベッドの鉄の枠は捻じ曲がっていた」

マドリードは一九三九年三月二八日に陥落し、スペイン内戦は国粋派の勝利に終わった。そしてその後も四か月間、国粋派による弾圧が続いた。

大聖堂内での殺人

1944年8月26日、「シカゴ・デイリー・ニュース」紙の記者ヘレン・カークパトリックは、自由フランス軍とともにパリに入った。パリ市民はみな解放を喜び、祝っていた。ところが、この日の午後に暗殺未遂事件が起こった。狙われたのは、自由フランス軍を率いるシャルル・ド・ゴール将軍と3人の将軍だった。

「将軍たちは、午後4時15分に到着した。将軍たちが車から降り、私たちが敬礼した時だった。1発の銃声が辺りに響き渡った。続いて、私たちの足元に機関銃の弾が飛んできた。

将軍たちは大聖堂に逃げ込み、私たちもその後に続いた。大聖堂に入ったのは40人ほどだった……私たちは柱の陰に隠れた。体を低くするようにと誰かが私を引いた……突然、背後から機関銃の弾が飛んできた。何者かがパイプオルガンの陰から撃っていた……私は、皆殺しにされるのではないかと思った。銃声が堂内に反響し、外からも機関銃の連射音が聞こえ、火の手も上がった。機関銃の弾は、大聖堂の中央通路のタイルに無数の穴を開け、私の左側に並んでいた柱を砕いた。

犯人は警官によって殺害された。私たちは誰からともなく聖歌『テ・デウム』を歌い始めた。将軍たちは軍帽を外して祭壇の前に立っていた……私の後ろにいた女性は気を失っていた。私の横にいた男性は、弾に当たって亡くなった」

解放後のパリに入るシャルル・ド・ゴール将軍（前列の軍服姿の男性）。4年間、自由フランス軍の指揮官として、レジスタンス運動の先頭に立った。ヘレン・カークパトリックはシャルル・ド・ゴール将軍の凱旋パレードのようすを伝えた。1944年

◉さらなる戦場へ

スペイン内戦後、ゲルホーンは作家活動も続けながら、一九三七年から始まった日中戦争や一九三九年のソ連・フィンランド戦争、一九四四年に実施された連合国軍のノルマンディー上陸作戦などを精力的に取材した。戦後はドイツに入り、解放後のダッハウ強制収容所で取材を行った。

ゲルホーンは、戦地を股にかけて活動した女性ジャーナリストだった。ゲルホーンの記事には、ファシズムや専制主義から自由を守りたいという熱い思いに溢れていた。そしてゲルホーンは、戦渦に巻き込まれた人々にいつも心を寄せていた。

一九三八年、ゲルホーンはチェコスロヴァキアに入った。チェコスロヴァキアは小国だったが、領土を要求するアドルフ・ヒトラーに対し、兵を動員して抵抗しようとした。しかしドイツはその年の一〇月、ドイツ人が多く暮らすズデーテンラントを併合し、五か月後にはチェコを併合した。ゲルホーンは「民主主義への追悼」と題する記事を書き、ナチス・ドイツに支配されたチェコ人の恐怖と悲しみを伝えた。その記事は、一九三八年一二月一〇日発行の「コリアーズ」誌に掲載された。

一九三九年一一月末に始まったソ連・フィンランド戦争では、フィンランドから戦争のようすを伝えた。アーネスト・ヘミングウェイと結婚した後の一九四一年二月には、ヘミングウェイとともに中国へ渡った。日中戦争は開戦からすでに四年が経過していた。一九四三年後半にはロンドンに入り、イギリス空軍の爆撃機パイロットや、ポーランドやオランダの避難民から話を聞いた。また、軍病院をまわって取材した。ゲルホーンは、兵士の焼けただれた皮膚を目にしても怯まなかった。

イタリア戦線で戦うアメリカ軍兵士。
マーサ・ゲルホーンは、イタリアの危険な戦闘地域に入った。1944年

◉イタリアの戦闘地域

ゲルホーンは、一九四三年に初めて戦闘地域に入った。それまでは、戦闘のようすは兵士から話を聞いていたのだが、戦闘地域に入るという念願をついに叶えた。この頃には、不便で厳しい取材生活にもすっかり慣れていた。寒さや湿気、汚さなどにも耐えることができた。連合国軍は、北アフリカとシチリア島で勝利した後の一九四三年九月三日、イタリア本土に上陸した。その翌年の一九四四年、ゲルホーンは数人のジャーナリストとともに、ゴシック・ラインの近くの丘から戦闘のようすを観察した。ゴシック・ラインは、フィレンツェの北に築かれたドイツ軍の防衛線である。

ゲルホーンの記事は高く評価されていた。ゲルホーンの記事について、夫のヘミングウェイは次のように書いている。「彼女は、起こったことをありのままに伝える。彼女の記事を読むと、自分もその場にいるような気持ちになる」。

ダッハウ強制収容所の解放

1945年4月29日、ドイツ南部のダッハウ強制収容所がアメリカ第7軍によって解放された。「ニューヨーク・ヘラルド・トリビューン」紙の記者マーガレット・ヒギンスは、アメリカ陸軍の機関紙である「スターズ・アンド・ストライプス」紙の記者ピーター・フルストとともに、解放直後のダッハウ強制収容所のようすを次のように伝えた。

「強制収容所の門が開かれた時、収容所内にはまったく人影がなかった。後で分かったことだが、囚人たちは看守の命令に従わず、前の晩から収容棟に立て籠もっていたのだ……外に出れば殺されるため、囚人たちは結束して立て籠もりを続けていた。

私たちが収容所の中に入ると、門から180メートル離れた収容棟から『あなたたちはアメリカ人か?』という大勢の人々の叫び声が聞こえてきた。私たちがそうだと答えると、歓声が上がった。収容所では16の言語が飛び交っていた。

痩せ細り、ぼろぼろの服を着た囚人たちが、門に向かって駆けて来た。足を引きずりながら、あるいは這いながら門に向かって来る囚人もいた。彼らは泣き、『アメリカ万歳!』と叫んだ。そして興奮のあまり、ひとりの看守のことをアメリカ軍兵士だと思い込み、その看守を囲んで背中を叩き、代わるがわる強く抱き締め、最後には肩を並べて行進した。それはアメリカ軍兵士が制止するまで5分ほど続いた。

私は、最初に強制収容所の門を通ったひとりだった。そして最初に門へ駆け寄って来たのは、ポーランドのカトリックの神父だった……神父は私をぎゅっと抱き締めた。私はヘルメットをかぶり、ゴーグルをつけ、軍服を着ていたので、神父はしばらくは私のことを男性だと思っていた」

ダッハウ強制収容所のガス室の扉の前に立つアメリカ第7軍の兵士。マーガレット・バーク=ホワイトをはじめとするカメラマンや記者は、強制収容所の凄惨な光景を直視し、記録した。

ゲルホーンは、ゴシック・ラインから次のような文を「コリアーズ」誌に送っている。

「ある丘の稜線に蟻のように歩兵隊が現れる。歩兵隊は空を背景にして蟻のように見える。攻撃を行うために村へ向かっているのだろうか、と考えているうちに姿が見えなくなる。歩兵隊のその後のことは分からない。ある丘の頂をゆっくりと進んでいた戦車部隊が、突如隊列を崩し、視界から消える。ある谷の木々の後ろから、忽然《こつぜん》と戦車部隊が現れ、砲撃が始まる。道が静かで人影も何もない時は危険だ。戦場では、静けさほど怪しいものはない。一台のジープが、ある町の方へ向かって走り去る。その町が味方の手の内にあるのか、敵の手の内にあるのかは分からない」

◉目前の勝利

ソ連軍は一九四五年四月二五日、ドイツのエルベ川沿いのトルガウにおいて、西方から進んで来たアメリカ軍と出会い、その後ベルリンへ進んだ。トルガウからベルリンへ向かうソ連軍に同行

トルガウで出会ったアメリカ軍兵士とソ連軍兵士。この場面に立ち会ったジャーナリストはいなかったが、ヴァージニア・アーウィンが後に取材し、この時の兵士たちの喜びを伝えた。

した「セントルイス・ポスト・ディスパッチ」紙の記者ヴァージニア・アーウィンは、次のような記事を書いている。

「ベルリンを目指して進むソ連軍の隊列は、延々と続いていた。兵士たちはさまざまな乗り物に乗っていた。アメリカ軍の二・五トントラックに乗っている兵士もいれば、二頭立て四輪馬車や旧式の一頭立て二輪馬車、ジプシーの幌馬車、サリー型の幌馬車に乗っている兵士もいた。

干草を積んだ馬車もあり、兵士が干し草の上でのんびりと横になっていた……長い戦いによって襤褸になった軍服と軍靴で身を包んだ、赤軍の荒々しい兵士たちが、馬車に揺られながら軍歌を歌い、ウォッカを飲んでいた。兵士たちはまるで、休日のピクニックを楽しんでいるかのようだった」

◉ニュルンベルク裁判

ゲルホーンはイタリア本土での活動を終えた後、連合国軍のノルマンディー上陸作戦や、ドイツ軍が最後の反撃を試みたバストーニュの戦いのようすを取材した。解放後のダッハウ強制収容所にも入り、そこに広がる陰惨な光景を記録した。そして戦後は、ニュルンベルク裁判の取材を行った。ニュルンベルク裁判は、一九四五年から一九四六年にかけて行われ、ナチスの幹部二一人が戦争犯罪人として裁かれた。

ゲルホーンは、裁判について次のように記している。「この二一人の男たちは、かつてドイツを支配した一味の残党である。かつては自信に満ちていた男たちであり、ヒトラーのために尽くした、冷酷非道な、虚しい男たちである」

歓喜するパリ市民

ジャネット・フラナーは「ザ・ニューヨーカー」誌の記者として、1925 年からパリを拠点に活動していた。フラナーは、ヨーロッパにおいて連合国軍が勝利した 1945 年 5 月 8 日（VE デー）のパリのようすを、次のように伝えている。

「パリ市民は沸き返っていた。あちらこちらで大きな歓声が上がっていた。平和を祝う教会の鐘の音を掻き消すほどの、大きな歓喜の声だった。コンコルド広場では歓声が絶えることがなく、近くのアンヴァリッド（廃兵院）やルーヴル美術館の周りから撃たれた祝砲の音は、ほとんど聞こえなかった……まだレストランは閉まっており、食前酒もビールも楽しめなかった。食料は乏しく、みな空腹だった。でも、戦争と冬は終わり、平和と春が訪れた。パリ市民はひたすらパリの街を歩きながら、喜びの声を上げ、高らかに国家ラ・マルセイエーズを歌った。『栄光の日が訪れた……進め、進め……』」

ジャネット・フラナーと記者仲間のアーネスト・ヘミングウェイ。戦争末期、パリのカフェ・ドゥ・マゴでくつろいでいる。フラナーは「ザ・ニューヨーカー」誌のベテラン記者であり、小説家でもあった。

フラナーは 1925 年からパリで活動していた。戦時中は「ザ・ニューヨーカー」誌において「パリからの手紙」と題する連載を手掛けていた。アドルフ・ヒトラーやニュルンベルク裁判についての記事も書いた。解放後のパリにおいて、ラジオ放送にも携わった。

O.D. 91

第9章
娯楽と慰安

第二次世界大戦では、緊張状態に置かれた兵士や民間人を楽しませるために、映画女優や舞台女優、歌手など、エンターテインメントの世界の女性が惜しみなく協力した。

戦時中は、兵士や民間人に楽しみを与えることも重要だと考えられていた。そのため、有名なスターから無名のエンターテイナーまで、エンターテインメントの世界の人々が慰問活動を行っていた。赤十字社や救世軍などの組織も、それぞれが慰問活動を行った。イギリスでは、娯楽を提供する組織として、一九三八年に全国娯楽協会（ＥＮＳＡ）が設立された。設立者は演出家、映画製作者、映画監督として活躍していたバジル・ディーンである。アメリカでは、一九四一年に米国慰問協会（ＵＳＯ）が設立された。戦時中、全国娯楽協会の公演は、延べ五億人の観客を集めた。米国慰問協会の公演は、延べ一億七二〇〇万人を集めている。

◉苦労

全国娯楽協会や米国慰問協会の公演は人気を集めたが、エンターテイナーには苦労も多かった。例えば、全国娯楽協会では、移動に使える大型バスの数が限られていたため、小さな公演の

喜劇『オー・ダディ』（1935年）で主役を演じるイギリス人女優フランシス・ディー。戦前も戦中も、人々はしばしば現実から離れて映画や舞台を楽しんだ。

時はトラックを使わなければならなかった。さらに、そのトラックが舞台になることもあった。また、イギリスではガソリンの使用が厳しく制限されていた。全国娯楽協会のロビーナ・ヒントンは、夫のレッグとともに、自動車と小さなトレーラーを使って移動していた。ヒントンは次のように回想している。

「私たちのようなエンターテイナーは、組合を通じてガソリンの配給を受けることができましたが、量はじゅうぶんではありませんでした。ですから、移動の時は道を間違わないよう注意していました。道を間違えば、余分なガソリンを使ってしまいますから。下り坂の時は、エンジンを止めて走っていました」

◉スパンコール

ヒントンは、華やかな衣装を揃えるのにも苦労した。「古着屋で買った服に手を加えて衣装にしていました。公演用に特別にもらう配給切符でなんとか揃えていました。スパンコールがなかなか手に入らなくて困りました……私はスパンコールを一着持っていました。戦前に使っていたもので、まるで毛皮のように全体にスパンコール付きの衣装を一着持っていました。そのスパンコールを外して、新しい衣装に縫い付けていました。でも、とても大変だったので、もうスパンコールは付けないようにしようと衣装係に提案しました。それからは、絹のレオタードやスリットの入った長いシフォンのドレスが衣装になりました」

全国娯楽協会の公演は、管理が不充分な施設で行われることが多かったため、ヒントンは公演中に色々な災難に遭った。イギリス南東部沿岸のドーヴァーで行われた公演では、舞台の床が抜け、身体が腰まで落ちた。ドーヴァーはドイツ空軍による空襲や、イギリス海峡を挟んだ対岸か

国防義勇軍補助部隊（ATS）のダンス・バンド。戦時中は女性の演奏家や歌手が活躍し、女性楽団も生まれた。

らの砲撃を受けており、危険な場所でもあった。海軍の陸上基地で行われた公演では、舞台上をくるくると転がる場面があったのだが、舞台が掃除されていなかったため、立ち上がった時には泥まみれになっていた。

◉上品すぎる女優

全国娯楽協会の公演は、歌と踊りを中心とするフロアショーや喜劇、コント、綱渡りをはじめとする曲芸などでおもに構成されていた。そのため、いつも「シリアス」な役を演じていたスターの中には、公演への出演を拒む者もいた。その一方で、積極的に出演するスターもいた。映画女優アンナ・ニーグルはそのひとりだった。ニーグルは『ヴィクトリア女王』（一九三八年）の老いたヴィクトリア女王役など「重い」役をいつも演じていた女優だった。全国娯楽協会の公演の衣装に袖を通すことを恥だと考えるスターも少なくなかったが、ニーグルは誇りを持ってその衣装を着た。そして、サインを求められれば快く応じ、兵士らと一緒に写真撮影も行った。

ニーグルはたいへん上品な女優だったので、全国娯楽協会の幹部は当初、兵士向けの公演にニーグルが出演することに対して難色を示していた。ニーグルは兵士に受けないのではないか

イギリス軍の恋人

第二次世界大戦中は、ラジオも娯楽を提供していた。イギリスではイギリス放送協会（BBC）が音楽番組などを放送していた。音楽番組では、切ない恋の歌や愛国心を刺激するような歌が流されていた。歌手のヴェラ・リンは、日曜日の夜の 30 分のラジオ番組『心を込めて、ヴェラ・リン』の中で歌を歌っていた。また、リンは同じ番組の中で、戦地の兵士からの家族へのメッセージや、家族からの兵士へのメッセージを伝えていた。リンの番組はとても人気があったが、政府からは批判を受けていた。政府は『心を込めて』は極めて感傷的であり、兵士の士気を低下させると考えていた。しかし、イギリス放送協会は批判を受けながらも番組を続けた。

リンは、哀調を帯びた歌をよく歌っていた。リンの歌には、離ればなれになった恋人たちが感じる切なさや、戦争によってもたらされる悲しみが表現されていた。しかしそうした歌にも、聴く人に希望を与えるような歌詞が盛り込まれていた。

希望の歌

リンの代表歌のひとつ『また会いましょう』には、「どこかは分からないけれど、いつかは分からないけれど、また会いましょう、太陽が輝く日に……」という一節がある。

『ドーヴァーの白い崖』もリンがよく歌った歌だが、この歌にも、聴く者が希望を持てるような歌詞が含まれている。「明日は、ドーヴァーの白い崖の上を青い鳥が飛ぶでしょう。だから待ちましょう。明日は、世界が自由になり、愛と笑いと永遠の平和が訪れるでしょう」

イギリスには、リンよりも歌が上手くて綺麗な女性歌手が幾人もいたが、それらの歌手よりもリンは国民を惹きつけた。リンの夫ハリー・ルイスはイギリス空軍兵士であり、リンは夫と離ればなれになっていた。しかし、リンは気丈に自分の務めを果たしていた。それが国民を惹きつけた理由のひとつだった。リンは、戦時下の女性のあるべき姿を国民に示す存在だった。

リンは全国娯楽協会の一員として、インドやビルマへも渡り、歌を歌った。そしていつしか「イギリス軍の恋人」と呼ばれるようになり、引退後もそう呼ばれ続けた。リンは、引退後も幾度かテレビ番組に出演している。1994 年には、ノルマンディー上陸作戦に関する番組に出演し、1995 年には、ヨーロッパ戦勝記念日を祝う番組に出演している。

と考えたからだ。また、ニーグルの夫で映画製作者のハーバート・ウィルコックスは、ニーグルの女優としての評価が下がることを懸念し、ニーグルが歌ったり踊ったりすることには反対していた。そのため、人気のミュージカル・ソングを歌ってほしいという依頼が来た時には断った。妻が出演する公演を手掛けた時には、妻のために、公演の演目に高級感のある演目を取り入れた。

ニーグルは、夫が手掛けた公演について次のように語っている。「公演の前半は、オペラ歌手のメイ・コフィーの歌、俳優によるシェイクスピア劇の一節の朗読、美しい男女のバレエダンサーの踊りでした……それから舞踏会のような踊りがあり、私は短いミュージカル・コメディに出演しました。後半は『ヴィクトリア・レジーナ』の一幕が上演され、最後に、メイ・コフィーが愛国歌『ルール・ブリタニア』を歌いました」

この公演は、全国娯楽協会の幹部が望むようなものではなかった。幹部はとくに『ヴィクトリア・レジーナ』は公演にそぐわないとして、演目から外すよう求めた。しかしウィルコックスは求めに応じなかった。公演に参加したピアニストのビリー・ミルトンによると、ロンドンのドルリー・レーン劇場で行われた『ヴィクトリア・レジーナ』の通し稽古とその後の公演において、幹部は次のような反応を見せたという。

「公演は、月曜日から、ソールズベリー平原のブルフォード・キャンプで始まりました。全国娯楽協会のお偉方は、通し稽古を見て、『アンナ・ニーグルもあの劇も駄目だ。兵士たちには絶対

兵士の前で歌うヴェラ・リン。慰問公演では、兵士は憧れの歌手や俳優に間近に接することができた。

に受けない。彼らの好みではないよ』と言っていました。ところが、アンナも劇も大好評！　兵士たちは大歓声を上げていました。お偉方は口々に『信じられない！』と言って驚いていました」

◉ミラマントからスカーレットまで

ウィルコックスはこの公演をきっかけに、他の公演にもシリアスな演目を取り入れるようになった。また、ニーゲルは、テレンス・ラティガン作の『涙なしのフランス語』などの喜劇でも活躍した。ベテラン女優シビル・ソーンダイクはフランス、ベルギー、オランダ、ドイツでの公演でシェイクスピア劇に出演した。

同じくイギリスのベテラン女優エディス・エヴァンスは、一七世紀の劇作家ウィリアム・コングリーヴの喜劇『世の習い』でミラマント役を演じた。ミラマント役はエヴァンスの当たり役のひとつだった。兵士たちは『世の習い』を単なるどたばた喜劇だろうと思いながら観始めたが、時代衣装に身を包んだエヴァンスの真剣な眼差しと威厳に満ちた演技に、兵士は声を呑むこともあった。そして最後には喝采を送った。

映画や舞台で活躍していたヴィヴィアン・リーは、全国娯楽協会の慰問団スプリング・

時代衣装姿のフランシス・ディー。美しくて色気があり、戦前から戦中にかけて最も人気のあった女優のひとりだった。

パーティーの一員として北アフリカを訪れた。北アフリカで全国娯楽協会の公演が行われるのは初めてのことだった。リーは、一九三九年に公開された映画『風と共に去りぬ』で演じたスカーレット・オハラを再び演じ、兵士を魅了した。イギリス空軍の娯楽組織カイロティクスのローランド・クームスは、次のように回想している。

「あの公演のことは今でも鮮明に覚えています。会場は満員でした。人いきれでむんむんしていました……ヴィヴィアン・リーは『風と共に去りぬ』の幾つかの場面を演じました。彼女のスカーレット・オハラは息を呑むほど美しかった。そして、切ないほど故郷が恋しくなりました……」

シリアスな演目だったため、兵士には不評なのではないかと心配される中で公演は始まったが、結果は大成功だった。上演後は、出演者たちへの拍手喝采が止まなかった。

◉クラシック音楽

全国娯楽協会はクラシック・コンサートも開いていたが、当初は同様の心配をしていた。演奏家たちも同じように心配していた。実際、協奏曲や交響曲、オペラ、室内楽といった類いの音楽を「エリート」が聴く音楽だとして毛嫌いする兵士は大勢いた。クラシック音楽をまったく聴いたことがないという兵士も少なくなかった。演奏する曲には、ドイツ人作曲家の曲も含まれてい

全国娯楽協会の会員ミュリエル・ミラー。協会本部が置かれていたドルリー・レーン劇場の楽屋口で、門衛に身分証明書を見せている。1944年、ロンドン

マイラ・ヘス

マイラ・ヘスは、聴く者の心に響く演奏によって人々を魅了したイギリスのピアニストだった。海外でも人気があり、第二次世界大戦以前から海外公演も行っていた。1939年には、アメリカでの演奏旅行を計画していた。しかしヨーロッパで戦争が勃発したため、計画をすべて中止した。ヘスは、海外でさらなる名声を得る機会を捨て、空襲を受けて苦しんでいるロンドン市民のためにコンサートを行う決心をしたのだ。

「ロンドンの公共施設の多くは閉鎖されていました」。ヘスは後にこう語っている。「コンサートは開かれなくなっていました。夜は灯火管制が敷かれていて、外を出歩けなかったからです」

ランチタイム・コンサート

ロンドンでは、夜にコンサート会場まで移動するのは困難だった。そのためヘスは、日中にコンサートを開いた。会場は、トラファルガー広場に面して立つナショナル・ギャラリーだった。ヘスのランチタイム・コンサートは好評を博し、空襲の危険に晒されながらも続けられた。ある日、コンサート中に空襲が始まった。ナショナル・ギャラリーの外で爆弾が炸裂し、建物が大きく揺れ、観客は出口へ向かって逃げ始めた。しかし、ヘスはまるで何事もなかったかのように平然と演奏を続けた。

ヘスはロベルト・シューマンやバッハ、ベートーヴェン、モーツァルトの曲を弾いた。モーツァルトの27曲あるピアノ協奏曲はすべて演奏した。ナショナル・ギャラリーで開いたコンサートの回数は、1944年までの5年間に1300回に達した。1941年、ヘスはロイヤル・フィルハーモニック協会からゴールド・メダルを授与された。これは偉大な音楽家のみに贈られる、最も名誉ある賞である。また、ヘスはこれより前に、国王からデイムの称号（男性に授与されるナイトに相当する称号）を授与されている。

クラシック・コンサートに訪れた人々。戦時中は娯楽が少なかったため、クラシック音楽を聴いたことがなかった者もコンサートに足を運んだ。

たため、反発を招くおそれもあった。しかし、そうした心配は杞憂に終わった。一九四〇年一〇月、ハンプシャー州のオールダーショットにおいて最初のクラシック・コンサートが開かれたが、上演後、出演したオペラ歌手のマギー・テイトやピアニストのアイリーン・ジョイスは称賛を浴びた。その後、七つの演奏家グループや交響楽団が演奏旅行を開始した。

ジョン・ハルトン空軍基地で開かれたクラシック・コンサートに舞台技術者として携わったジョン・フォスケットは、次のように語っている。「初めは、クラッシックなんて誰も聴きはしないだろうと思っていました。ところが、毎回五〇〇人から七〇〇人の兵士が集まっていました……アイリーン・ジョイスは『主よ、人の望みの喜びよ』を弾きました。濃い紫色の舞

全国娯楽協会のポスター。さまざまな職業の男女が公演を楽しむ姿が描かれている。

台幕を背景に、彼女とグランドピアノが淡い青色のスポットライトに照らされ、とても幻想的でした」

◉特殊な戦場

戦地の指揮官の中には、全国娯楽協会の活動を快く思わない者もいた。つねに戦いに備えていなければならない軍にとって、慰問団は邪魔者でしかないと考えていたのだ。

また、民間人が戦闘地域の近くまで来るのは危険だった。慰問団の存在が軍の作戦に支障をきたし、兵士の危険につながる可能性もあった。一九四〇年から一九四三年まで地上戦が繰り広げられた北アフリカでは、とくに女性エンターテイナーの存在が問題視された。北アフリカでは、他の地域と比べて軍の規律を保つのが難しかった。北アフリカは延々と砂漠が続き、街がなく、遊牧民の他には人がほとんどいないため、女性と接触する機会もほとんどなかった。そのような環境下に置かれた兵士のもとに女性が行けば、問題が起こるおそれがあった。その女性がイギリス人女性であり、肉体的な魅力を持つ女優やダンサーならばなおさらだった。

◉カイロに留まる

こうした理由から、北アフリカ戦線の軍は当初、慰問団がエジプトの首都カイロとスエズ運河周辺地域から出ることを許さなかった。そのため慰問団は、活動することを許された地域内にいる休暇中の兵士や病院の負傷兵を相手に公演を行った。しかし、まれに砂漠の戦闘地域に近い場所まで入ることもあった。そして一九四二年にエル・アラメインの戦いが始まると、慰問団は第八軍に同行することを許された。第八軍は、ロンメル将軍率いるドイツ・アフリカ軍団を撃破しながら砂漠を進んでいた。

この間に、兵士と慰問団の女性とが性的関係を持つことはなかったのだろうか。とくに士官は、公演後の交流会などで女性を独占できただろうから、深い仲に陥りやすかったのではないだろうか。慰問団のひとつであるハロー・カンパニーの団長レッグ・レヴァーは、団の女性に不貞を働いた者はいないと主張している。

「僕たちは、チュニジアのオレンジ畑が広がる場所で軍と一緒に生活していましたが、問題はひとつも起きませんでした。うちの団の娘は、みんなきちんとしていましたから。尻軽はひとりもいませんでしたよ」

◉誤解

全国娯楽協会や米国慰問協会、軍

傷病兵の前で歌う歌手。戦時中は、華やかな衣装を着た女性が、兵士にしばしの夢を与えていた。1941 年

リリー・マルレーン

『リリー・マルレーン』は、1915年に書かれたドイツの詩をもとに作られたドイツの歌だが、第二次世界大戦中、ドイツ軍兵士だけでなくイギリスなど他の国の兵士にも愛される歌となった。初めは、北アフリカ戦線のドイツ・アフリカ軍団の兵士が歌っていたこの歌が、イギリス第8軍に伝わった。そして歌詞が英語に翻訳され、イギリスの人気歌手アン・シェルトンが歌って広く知られるようになった。アメリカでは、ハスキーな声が魅力の歌手マレーネ・ディートリッヒが歌い、流行した。ディートリッヒはドイツ出身で、女優としても活躍していた。

　敵国の歌である『リリー・マルレーン』が愛されるようになった理由のひとつは、歌詞がたいへん抒情的だったからだろう。

兵営の大きな門の前に
立っていた街燈
あの街燈がまだあるのなら
また会おう
街燈の下でまた会おう
昔のように、リリー・マルレーン

ふたりの影は
ひとつになる
僕らは愛し合っているから
人もそう思うだろう
きっとそう思うだろう
僕らが街燈の下に立てば
昔のように、リリー・マルレーン

喇叭が鳴り
歩哨が帰営の時間だと叫ぶ
遅れたら三日間の罰を受けることになる
僕は戦友のもとへ帰るから
君にさよならを言う
君と一緒にいたいけれど
君と一緒に、リリー・マルレーン

覚えているよ
君の気取った歩き方
夜を照らす街燈
でも僕のことは忘れてしまったのだろうか
もしも僕が帰らなければ
誰と一緒に街燈の下に立つのだろう
誰と一緒に、リリー・マルレーン

寂しい場所で
土の上で
僕は夢のように思い出す
君のその唇を
霧が渦巻く夜
僕は街燈の下で君を待つよ
昔のように、リリー・マルレーン

マレーネ・ディートリッヒ。米国慰問協会の一員として精力的に活動した。公演中は人々と触れ合い、サインを求められれば気軽に応じた。彼女のハスキーな歌声を好まない者もいたが、多くはその歌声に魅力を感じていた。

には誤解があった。彼らは、兵士は女性が脚などを見せて色っぽく踊り、卑猥な冗談を言い、淫らな話をすることを望んでいると思っていた。しかし多くの兵士は、そうした類いのものよりももっと欲していたものがあった。それは、母国についての情報だった。兵士が戦地に持ってきている妻や子どもの写真は、兵士がいつも取り出して眺めていたので汚れてぼろぼろになっていた。それほど兵士は家族を恋しく思っていた。そしてその家族が暮らす母国のことを心配していた。だから兵士は慰問団の女性に、母国や女性や子どもたちのようすを聞きたがった。

慰問団の女性は、物資が不足し、配給制が敷かれ、空襲を受け、男手がない情況の中、女性や子どもがどのように暮らしているのかを兵士に語り聞かせた。兵士には、異国の地で母国の女性の声を聞くのも慰めとなった。慰問団の女性は、家族からの便りがしばらくなく、家族に何か悪いことが起こったのではないかと不安がる兵士がいれば、家族は大丈夫だと言って励ました。また、親身になって兵士の話を聞いた。

◉公演中の空襲

砂漠や前線の近くで活動する慰問団は、厳しい環境下に置かれていた。ハロー・カンパニーの女性はトレーラーで寝起きしていた。男性はテントを使っていた。公演は、夜ではなく日中に行っていた。野外公演だったため、夜に照明を点けて行えば、空襲の標的となる危険があったからだ。

しかし、日中でも空襲を受ける時があった。ハロー・カン

化粧をするダンサー。この後、フランスのドイツ軍兵士のための公演に出演する。肌を露出した衣装を着ている。

パニーは、寸劇や歌、喜劇、手品などを行っている最中に幾度か攻撃された。ドイツ空軍の戦闘機が突然舞台と観客席の上空に現れ、機銃掃射を行い、爆弾を落とした。歌手のアリス・デリシアも、公演中に空襲を受けた。しかし、デリシアは国旗ユニオン・ジャックを摑み、上空のドイツ空軍に向けて大きく振りながら歌い続けた。

◉シチリア島を訪れたスター

北アフリカにおける戦いは、大部隊だったドイツ・アフリカ軍団の降伏により、一九四三年六月に終わり、ドイツ軍兵士は捕虜となった。その三か月後、連合国軍はシチリア島を経てイタリア本土へ上陸した。連合国軍がシチリア島を占領してから一か月後の一九四三年九月二〇

グレイシー・フィールズとイギリス海外派遣軍の兵士たち。フィールズは「僕らのフィールズ」と呼ばれ、愛された歌手だった。1940 年、フランス

日、ヨークシャー州出身の歌手グレイシー・フィールズが、シチリア島の病院を訪れた。フィールズは高く澄んだ声を持つスターだった。そのため、会場に集まったおよそ八〇〇人の負傷兵や看護婦は、フィールズの名前が告げられると、驚きで声を失った。

「誰もが、まさかという気持ちだったのだ」。ドルリー・レーン劇場の代表としてシチリア島に入っていたヴァージニア・ヴァーノンは、こう書き残している。「会場はしんとなった。観客は、舞台にフィールズが現れても、しばらくは信じることができないようだった。そして拍手喝采が巻き起こった。初めの三〇分間、フィールズは観客を大いに笑わせた。それから『アヴェ・マリア』を歌った。彼女の歌にみんな涙を流した。そして最後には、会場が再び笑いに包まれた。負傷した兵士も他の人も、グレイシー・フィールズと過ごした時間を生涯忘れることはないだろう」

フィールズのシチリア島滞在は一〇日間と短かったが、その間に六万人以上がフィールズの公演を楽しんだ。フィールズは、一九四三年九月三日にイギリス第八軍がイタリア本土へ上陸した時には、第八軍に同行しようと考えていたが、後にアメリカでのラジオ番組の仕事が控えていたため、それは実現しなかった。フィールズがアメリカへ渡る時、シチリア島の兵士はとても残念がった。

◉才能豊かなグレンフェル

ジョイス・グレンフェルは歌手、女優、作家、画家、音楽家として活躍する才能豊かな女性だった。グレンフェルは一九四四年初めから、伴奏者のヴィオラ・タナードとふたりで慰問活動を開始した。ふたりは北アフリカやマルタ島、シチリア島、イタリア南部、カイロ、イラクの首都バグダード、ペルシア（イラン）、インドなど各地をまわった。

グレンフェルとタナードは、一九四四年一月一四日に北アフリカに向けて出発した。そのおよそ二週間後には、アルジェのヴィラ・デジョユの病院で公演を行ったが、環境が整っていなかったから苦労した。

「二月一日火曜日。今日は大変な一日だった」。グレンフェルは公演日記にこう綴っている。「病院の中庭に、こげ茶色の大きなテントが幾つか張ってあった。テントの中には六〇ほどのベッドが並び、負傷兵が横になっていた。テント内は薄暗く、通路は狭かった。テントだから音響効果は当然望めなかった。でも、今までテントの中で歌った人はひとりもいないということを聞き、それならばなおさらここで歌おうと思った。初めはテントの中央に立って歌った。それから、テントの端から端まで歩きながら歌った。兵士たちは喜んでくれた。時には彼らも一緒に歌った……」

グレンフェルは各地での公演を見事にやり遂げた。バグダードにおいて全国娯楽協会の公演のまとめ役を務めていたロバート・ハービンは、グレンフェルのことを次のように評価している。

ジョイス・グレンフェル。歌手や喜劇女優として活躍した。戦時中は北アフリカと中東を精力的にまわり、単独で公演を行った。

「もし、僕が誰かに勲章を贈ることができるなら、グレンフェルに贈りたい。僕たちはいつも、トラックの荷台に小さなピアノを載せて紐で括り付け、それからグレンフェルとタナードも荷台に乗せました……そしてふたりは公演先へ向かいました。護衛には、軍曹がひとり付くだけでした。グレンフェルは決して不平をもらさず、ペルシアとイラクに展開する各部隊をまわり、兵士を楽しませました。グレンフェルは天使のような女性でした」

◉米国慰問協会

全国娯楽協会の慰問活動には、グレイシー・フィールズやジョイス・グレンフェルといった著名な歌手や俳優が協力していたが、米国娯楽協会の慰問活動にも、世界に名立たるハリウッドスターが協力している。一九三〇年代、ハリウッド映画は隆盛を極めていた。グレタ・ガルボ、ベティ・デイヴィス、オリヴィア・デ・ハヴィランド、ベティ・グレイブル、クローデット・コルベール、陽気な「ブラジルの爆弾娘」カルメン・ミランダなどが世界の人々を魅了し、男優ではクラーク・ゲーブル、ジェームズ・スチュワート、ドン・アメチー、ジョン・ペインらが活躍していた。

米国慰問協会は、アメリカ軍兵士のための公演や社交クラブの運営を行うため、一九四一年二月に設立された。一〇か月後にパールハーバー攻撃が起こると、ハリウッドスターも米国慰問協会の活動に参加するようになった。ハリウッドスターの中には、戦時債権の購入を国民に呼びかける者や民間防衛に従事する者、米国慰問協会と同じく慰問活動を行う勝利委員会の一員となる者もいた。また、映画俳優は徴兵猶予を受けることができたが、ジェームズ・スチュワートやダグラス・フェアバンクス・ジュニア、ロバート・テイラーをはじめとする多くの男優が入隊した。

ハリウッド女優ヴェロニカ・レイク。戦時中は長い髪を短く切り、同じように髪を短くするよう女性工場労働者に呼びかけた。髪が長いと、機械に巻き込まれる危険があったからだ。

ピンナップ

戦時中は、戦地の兵士のために、肌を露出した、若く美しい女性のピンナップが製作された。妻や恋人に会えない兵士の寂しさを癒やすことを目的として作られていたため、性的欲求をいたずらに刺激するポルノグラフィーのようなピンナップは少なかった。アメリカ軍兵士の間で人気だった女優ベティ・グレイブルのピンナップも、グレイブルの小ぶりなお尻やすらりとした脚が強調されていたが、いやらしさはまったくなかった。

戦地の若い兵士の中には、性的欲求を抑えることができず、節操なく女性と関係を持つ者もいた。それが原因で性病に罹る兵士も少なくなく、軍では大きな問題となっていた。ピンナップには、兵士の性的欲求を抑える効果も期待されていた。

ドイツのピンナップ。スリムで可愛く、はつらつとした笑顔の女性が写っている。この女性のように、故郷の妻や恋人を思わせるような親しみやすい女性のピンナップが人気だった。

映画俳優が徴兵猶予を受けることができたのは、映画が娯楽としてだけでなく、プロパガンダの媒体としても重視されていたからだ。映画はアメリカでもイギリスでも、一九三〇年代にはすでに多くの観客を集めるようになっていたから、プロパガンダに使えば大きな効果が期待できた。

◉プロパガンダ映画

イギリスの戦時中の映画では、女性は逞しく描かれた。映画の中の女性は、どんな問題も乗り越えた。また、どんな困難に直面しても明るさを失わなかった。いつも怯え、嘆いてばかりいる悲観的な女性も登場したが、そのような女性は、例えば空襲の場面では、彼女たちが恐れていた通りに、瓦礫に埋もれて亡くなってしまう。一方、逞しく明るい女性の方は生き残った。

プロパガンダ映画には、重い内容のものや家庭的なもの、娯楽性の高いものなど色々なものがあった。イギリスのプロパガンダ映画のひとつ、『Went the Day Well?』（一九四二年）には、イ

煙草の広告。映画女優クローデット・コルベールが兵士を慰問する姿が描かれている。この広告は、彼女が所属するパラマウント社や彼女の次の映画の宣伝にもつながった。

ギリスに上陸したドイツ軍兵士に女性たちが立ち向かう姿が描かれている。現実には、ドイツ軍がイギリスに上陸することはなかったが、イギリスは一九四〇年にはその危機に直面していた。この映画は、アメリカ探偵作家クラブの巨匠賞受賞者であるグレアム・グリーンの小説をもとに製作された。イギリスのひとつの村が舞台となっており、登場人物はほとんどが女性である。ソーラ・ハードとエリザベス・アレンが演じる婦人農業部隊のふたりの隊員は、ライフル銃でドイツ軍兵士を撃退し、ベテラン女優マリー・ローアが演じる村の地主は、手榴弾で子どもたちを救う。ミュリエル・ジョージ扮する村の郵便局長は、村を守るためにはやむを得ないと涙を流しながら、斧でドイツ軍兵士を殺害する。

◉『ミニヴァー夫人』と『ハリウッド玉手箱』

『ミニヴァー夫人』(一九四二年)は、ハリウッドのメトロ・ゴールドウィン・メイヤー社が製作した映画で、愛する国のために戦うイギリスの人々の姿が描かれている。この作品はアカデミー賞を受賞している。ミニヴァー夫人を演じたのは、イギリスの女優グリア・ガースンである。作品の舞台は、ロンドン郊外のベルハムという名の架空の町だ。町の人々は、戦前はいたって平穏に暮らしており、彼らの関心は車や高級品、年に一度の花の品評

歌手や映画女優として活躍したブラジル出身のカルメン・ミランダ。果物で飾った帽子をかぶる彼女の独特の格好を、多くの人が真似た。戦時中は、ロンドンのウインドミル劇場で公演を続けた。ウインドミル劇場は、空襲下でも「我々は決して閉鎖しない」と宣言していた。

会などに向けられていた。

しかし、戦争が始まってすべてが変わった。空襲も受けるようになった。町の人々は、空襲や家族を失った悲しみに耐え、自己を犠牲にして国のために行動した。ある日、ミニヴァー夫人は、不時着して怪我を負ったドイツ軍パイロットが茂みの中に隠れているのを見つけた。夫人はパイロットを家へ連れて帰り、傷の手当てをした。その時夫人は、イギリスは決してナチス・ドイツに屈しないとパイロットに告げた。

『ハリウッド玉手箱』は、一九四四年にハリウッドで製作された、アメリカらしい陽気なミュージカル映画だ。コール・ポーターが音楽を担当し、ジョーン・クロフォードやアイダ・ルピノ、バーバラ・スタンウィック、ロイ・ロジャースといった主役級のスターが出演している。この映画の主人公は、アメリカ軍のひとりの若い兵士である。兵士は、米国慰問協会が運営するハリウッドの酒場を訪れ、憧れの映画スターであるジョーン・レスリーと出会い、一晩デートをする。そして、夢のような時間を過ごした後、兵士はニューギニア戦線へと向かう。

◉グレイブルのピンナップ

戦時中は、スターがピンナップ・ガールとして兵士に楽しみを与えていた。ベティ・グレイブルはとくに兵士に人気があった。グレイブルは人形のように愛らしく、脚がすらりと長く、いかにもアメリカ人女性らしい雰囲気を持ち、美しい歯ときらきらした笑顔が印象的な女優だった。戦前は、二四本の映画で主役を務めていながら、いまひとつぱっとしない存在だったが、戦争が始まると、グレイブルのピンナップが人気を集めるようになった。笑顔で肩越しに振り向く豊艶な後ろ姿のピンナップはとくに評判となり、数百万枚用意された。兵士は、グレイブルのピンナッ

ベティ・グレイブル。人形のような可愛らしさと輝くような笑顔で人々を魅了した。戦前は24本の映画で主演を務めていたが、それほど注目されていなかった。戦争が始まると一気にスターダムに躍り出た。

プを壁や扉、ロッカーの中、ベッドの上に貼った。グレイブルがこれほどまでに人気だったのは、彼女が性的な魅力だけでなく、懐かしい故郷や近所の娘、母親のアップルパイなどを思い出させるような雰囲気を持っていたからだ。

◉スターによるもてなし

アメリカ本土で任務に就く兵士や一時帰国した兵士は、夢のようなひと時を過ごすことができた。一九四二年、オスカー女優ベティ・デイヴィスと俳優のジョン・ガーフィールドは、ハリウッドに酒場「ステージドア・キャンティーン」を開いた。この酒場では、ハリウッドスターが兵士のために料理を作り、給仕をし、一緒にダンスを踊った。

マレーネ・ディートリッヒは調理場で料理に腕を振るい、色っぽいヘディ・ラマーや喜劇女優のベティ・ハットン、歌手のジュディ・ガーランド、二人組の喜劇俳優アボットとコステロが給仕を務めた。そして兵士は、ベティ・グレイブルとのダンスに胸をときめかせ、ダイナ・ショアやビング・クロスビー、フランク・シナトラの歌

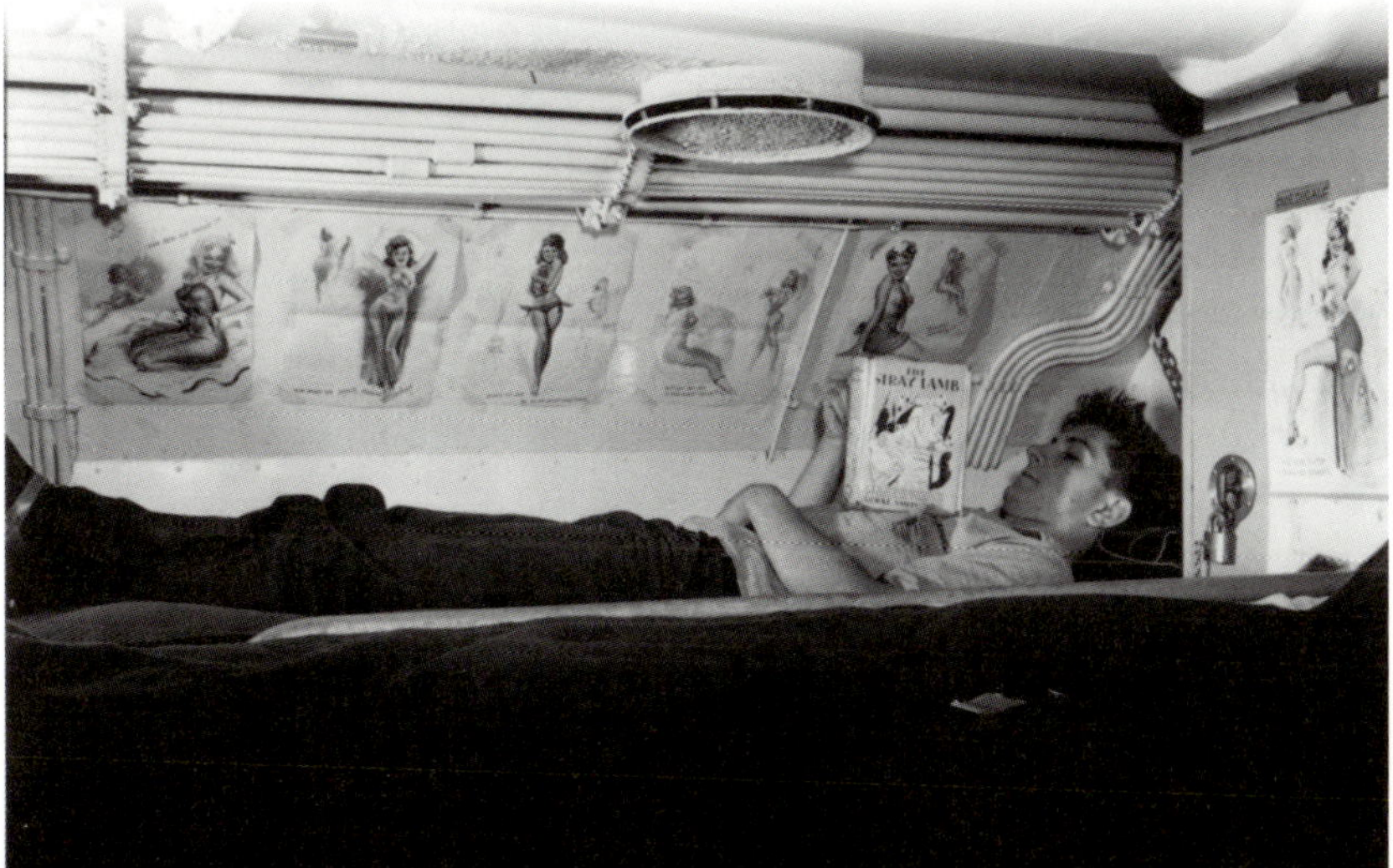

ベッドの上で休日を過ごす潜水艦乗組員。ベッドのまわりに、肌を露出して艶かしいポーズを取る豊満な女性の絵が貼ってある。戦時中は、ベティ・グレイブルのピンナップをはじめとする多くのピンナップが製作された。

に酔いしれた。

一九四三年には、ビクトリー・キャラバンと名づけられた慰問団が、三週間かけてアメリカ各地をまわった。この慰問団には、クローデット・コルベールやオリヴィア・デ・ハヴィランド、ジョーン・ベネット、ローレル&ハーディー、ケーリー・グラントなどのスターが参加しており、慰問団は兵士から熱烈な歓迎を受けた。ロードムービーにおいてビング・クロスビーやボブ・ホープと共演した、美貌のドロシー・ラムーアが慰問した工場では、製造が一時中断したという。

◉海外での慰問活動

米国慰問協会の慰問活動には多くのハリウッドスターが参加した。しかし、海外での慰問活動に参加するスターは少なかった。一九四二年四月、初めてハリウッドスターの慰問団がイギリスへ渡った。慰問団には、スリランカ人の母親を持つマール・オベロンなどが参加した。しかし、ハリウッドスターがわがままだったことや、イギリスの全国娯楽協会の慰問団との間に軋轢《あつれき》が生じたことなどから、慰問団の活動は順調には進まなかった。

ハリウッドスターは、仕事の都合上、海外での慰問活動には簡単には参加できなかった。アメリカ国内での活動ならば、仕事の合間を縫って参加することが可能だったが、海外となるとそうはいかなかった。海外慰問活動には三か月間に及ぶものもあった。アン・シェリダン、キャロル・ランディス、ポーレット・ゴダードは海外での慰問活動に参加したが、参加した期間は短かった。シェリダンは、予定を切り上げて帰国した。そのため批判も受けた。アメリカ陸軍の機関紙「ラウンドアップ」は、彼女たちはもっと時間をかけて多くのキャンプをまわるべきだった、と書いた。また、シェリダンが予定より早く帰国したことについては、慰問活動が辛くて嫌になったたから途中で投げ出した、と書いて厳しく非難した。これに対してシェリダンは、仕事の都合で帰国したのだと反論した。シェリダンは、自分の宣伝のために海外慰問活動に参加したのだろうとも非難されたが、これに対しては「宣伝したいのなら、国内で慰問活動をする方がずっと効果があるわ」と言って怒りを露にした。

海外慰問活動は予定が変更になる場合が少なくなく、それで参加をためらう者もいた。シェリダンは、海外へ渡る前に、ニューヨークで一か月間足止めを食った。勝利委員会が開いた大きな集会において、グレイシー・フィールズやケイ・フランシスが行った海外慰問活動についての講演を聴き、海外慰問活動への参加を決めるハリウッドスターもいたが、その数は少なかった。

◉ボブ・ホープの海外慰問

ボブ・ホープとジョー・E・ブラウンは、多くのハリウッドスターがアメリカから出るのをためらう中、世界各地のアメリカ軍兵士を慰問した。映画会

イギリスに駐留するアメリカ軍兵士の前で踊るイギリス人女性。アメリカ軍は1942年からイギリスに駐留し、2年後にはノルマンディー上陸作戦を実行に移した。

兵士がくつろげる場所

米国慰問協会は、エンターテイナーによる公演を企画する他に、各地で社交クラブを運営していた。この社交クラブでは、地元の若い女性が兵士をもてなしていたため、社交クラブには家庭的な雰囲気があった。兵士は女性と話をし、ダンスを楽しむことができた。

ニューヨーク近郊のキャンプ・キルマーの社交クラブは、兵士の間でよく知られていた。キャンプ・キルマーは、アメリカ東海岸から海外へ派遣される兵士のための、主要な中間準備地域だった。社交クラブの女性は、苛酷な戦場へ向かう兵士を心を込めてもてなしていたため、兵士から「キャンプ・キルマーの恋人」と呼ばれていた。

女性たちは、国に貢献したいという思いから、社交クラブで働くようになった。「私たち姉妹は、戦争が始まってから1年間は、ただぶらぶらと過ごしていました」。エレノア・デフェリポはこう回想している。「でもそれではいけないと思い、私たちは社交クラブで働くことにしたのです……社交クラブへはバスで通っていました。いつもクッキーなどお菓子を焼い

ハワイのクリス・ホームズ社交クラブのようす。制服を着た女性たちが、アメリカ海軍航空隊パイロットと踊ったり、話をしたりしている。

て持って行きました。そのお菓子と、社交クラブのホットドッグやサンドウィッチで兵隊さんをもてなしていました。もちろんダンスの相手もしました……一緒に踊りましょうと次々に申し込まれるので、舞踏会の花形になった気分でした。仕事が終わると、またバスに乗って帰りました」

社交クラブの決まり

社交クラブには、いくつかの決まりがあった。女性は、自宅の電話番号を兵士に教えてはならなかった。兵士と外出することも禁じられていた。しかし、手紙を書くことは許されていた。エレノアは次のように告白している。「私は色々なものを編んで、兵隊さんにこっそり渡していました！」

エレノアの妹ポーラは、たくさんの兵士と手紙のやり取りをしていた。「私は地図を用意していて、兵隊さんから手紙を受け取ると、その兵隊さんがいる場所に星印を付けていました。私は、兵隊さんを元気づけるために手紙を送り続けました……病院へ行き、怪我をしている兵隊さんを励ますこともありました」

アメリカ海軍婦人予備部隊（WAVES）の隊員。アイオワ州オタムア海軍航空基地において、フットボールの試合のチアリーダーを務めている。1943 年 10 月

社の反対も押し切って実行に移した。ホープは、一九四三年からアラスカ州アンカレッジやヨーロッパ、北アフリカ、南太平洋地域、アイスランドをまわった。ホープには、ふたりの美しい歌手が同行していた。ホープの妻ドロレスと、フランセス・ラングフォードである。ラングフォードは、ラジオ番組の司会者としても活躍していた。女優でもあり、二八本の映画に出演している。第二次世界大戦中は、アメリカ軍兵士にもっとも人気のある女性スターのひとりだった。

戦時中に製作された名作『カサブランカ』(1942年)の一場面。酒場を経営する皮肉屋のリック(ハンフリー・ボガート)は、自分を犠牲にして愛するイルザ(イングリッド・バーグマン)を救う。

アイヴィ・ベンソン

ヨークシャー州出身のアイヴィ・ベンソンは、ピアノや電子オルガン、クラリネット、サクソフォンを演奏することができる優秀な演奏家だった。第二次世界大戦中は、女性だけの楽団を結成して活躍した。

戦争が始まると、男性演奏家も次々と出征した。そのためベンソンの楽団は、多くの演奏依頼を受けるようになった。当初、女性楽団の演奏は「男性楽団の演奏より劣るだろう」と思われていた。しかし、ベンソンの楽団は決して引けを取らなかった。

母鶏

その理由は、ベンソンが団員を厳しく指導していたからだ。また、楽団は『淑女よ善良なれ』の演奏を得意としていたが、ベンソンは団員がこの曲の名の通り、善良であることを望んだ。さらにベンソンは規律を重んじた。団員のひとりは、ベンソンは「雛たちを躾ける母鶏」のようだったと語っている。ベンソンは、団員が規律を乱すような行動を取った時は、厳しく叱った。

ベンソンの楽団は、イギリス各地の舞踏場や劇場で演奏した。ロンドンのパラディウム劇場では、22 週間連続で演奏を披露した。そして 1943 年には、イギリス放送協会（BBC）の専属楽団に選ばれた。ただしこの決定は、男性楽団の激しい反発を招いた。

ベンソンの楽団は、1982 年まで活動を続けた。ロンドンの歴史あるサボイ・ホテルでの演奏が、楽団の最後の演奏となった。楽団の活動が高く評価されるようになると、入団を希望する男性演奏家も現れたが、ベンソンは、ドレスを着ることができる人のみを受け入れる、と言って男性の入団を認めなかった。

イギリス南西部のトーキーにおいて演奏する楽団とアイヴィ・ベンソン。ベンソンの女性楽団は戦時中に高い評価を受け、戦後も活動を続けた。1953 年

第10章 戦争が終わって

第二次世界大戦中、女性はひとつのことを知った。それは、女性には女性が伝統的に担っていた仕事以外の仕事も行う能力がある、ということである。そしてそのことを知った女性は、戦後、新しい未来を切り開いていくことになった。

第二次世界大戦は、世界に破壊をもたらした。そしてこの戦争によって、さまざまな物事が変化した。女性たちの人生も大きく変わった。ヨーロッパの女性の中には、アメリカ軍兵士やカナダ軍兵士と結婚してアメリカやカナダへ移住し、新しい人生を歩き始める者もいた。

イギリス人女性の場合、アメリカ軍兵士と結婚してアメリカへ移住した者はおよそ七万人、カナダ軍兵士と結婚してカナダへ移住した者はおよそ四万八〇〇〇人だった。カナダでは、ノヴァスコシア州にあるハリファックス港第二一埠頭が、移住者の入り口となっていた。

配給制度の下で暮らしていたイギリス人女性は、アメリカやカナダへ渡る船の中で出された白いパンや果物が何よりも嬉しかったらしく、食べ物のことがとくに鮮明に記憶に残っているという。

ヒルダ・ブラッドショーはカナダ軍兵士と結婚し、一九四六年七月二八日に〈アキタニア〉号でカナダへ入った。ブラッドショーは、船上での初めての食事の時、白い丸パンを見てとても驚

破壊されたヨーロッパの街。都市や町や村、そして生活を再建するのは容易ではなかった。

いた。そして、その白い丸パンを食堂から船室へ持って帰り、船酔いのため部屋に残っていた他の女性たちに見せた。

「みんなも驚いて、しばらくは白いパンをただ見つめていました」。ブラッドショーはこう語っている。「私たちは、白いパンなんて何年も食べていませんでしたから」

オランダ人のオルガ・レインズはカナダ軍兵士と結婚し、戦争が終わるとカナダへ移住した。一九四〇年にドイツ軍に占領されてから、オランダの人々はずっと飢えに苦しんだ。一九四四年から一九四五年にかけての冬には、寒さと疫病のため多くの人が亡くなった。

「その後カナダ軍がやって来て、私たちを解放してくれました」。レインズはこう回想している。「私はかなり体が弱っていて、解放後もしばらくは何もできませんでした……一九四五年六月の最初の週に、カナダ軍兵士のロイドと出会いました。解放から一か月後のことでした。私は会った瞬間に恋に落ちました……一九四五年一二月二四日、私とロイドはカ

原子爆弾投下後の長崎。1945 年 8 月 9 日、広島に続いて長崎に原子爆弾が投下された。たった 1 発の爆弾によって、15 万人以上が死傷した。

ナダ軍の許可を得て、ハールレムの古く美しい市役所で結婚式を挙げました」

夫は先にカナダへ帰国し、レインズは一九四六年八月に、ロッテルダムから〈レディー・ロドニー〉号に乗り、ハリファックス港第二一埠頭へ向かった。

「船室には私の他に三人の女性がいました。全員カナダ軍兵士の花嫁でした……船室には豪華なバスルームがついていました。食堂の食事はとてもおいしかったです。皮がカリカリの丸パンやベーコンエッグ、オレンジが出ました。初めての食事の時は、嬉しくてみんなで泣きました」

レインズのように、結婚してヨーロッパを離れた女性は幸運だったと言えるだろう。というのも、ヨーロッパでは戦後も困難な状況がしばらく続いたからだ。戦争で受けた傷は簡単には癒えなかった。ヨーロッパでは六年間にわたって惨たらしい破壊と略奪と殺戮が繰り返され、亡くなった人の数はおよそ五〇〇〇万人に上った。

ヨーロッパは戦争によって荒廃した。一九四九年

解放後のパリ。連合国軍の兵士が市民に食料を配っている。ドイツ軍に占領されていた時のフランスの人々の１日の摂取カロリーは、わずか 1000 キロカロリーであり、人々は飢えていた。

まで連合国軍の占領下に置かれたドイツでは、たくさんの家族が窮乏生活を送った。首都ベルリンでも、女性や子どもが通りの瓦礫をひとつひとつのけて、服やベッド用のリネン、道具類、食べ物を探した。

戦時中は、多くの人が何らかの理由で故郷を離れて暮らしていた。ポーランド人の場合、労働力としてドイツに強制連行された人が多かった。そうした人々も戦争が終わると故郷へ帰ったが、ユダヤ人の中には、故郷で再び迫害を受けることを恐れて、故郷に帰らず難民キャンプに入る者が少なくなかった。難民キャンプに入ったユダヤ人は、アメリカやパレスティナなどヨーロッパ以外の土地へ移住することを望んだ。戦後、ヨーロッパでは反ユダヤ主義が厳しく糾弾された。しかし、ユダヤ人を憎悪する者がいなくなったわけではなかった。とくにルーマニアやポーランドでは、ユダヤ人に対する憎悪が根強く残った。ユダヤ人の苦しみは戦後も続いた。多くのユダヤ人家族は戦時中に引き裂かれ、戦後も互いの消息が分からないままだった。

◉終わらない苦しみ

「ユダヤ人のほとんどは、ホロコーストによって家族や親

ベルリン市民。1945年にイギリス軍がベルリンに入ると、多くの市民が喜んだ。「恐ろしい」ソ連軍に捕らえられずに済んだからだ。

戚を失いました」。戦時中、強制収容所に収監されていたエスター・サイバイシュはこう語っている。「私は両親と兄弟、いとこ、友達と離ればなれになりました。戦争が終わり、国際連合や赤十字社の助けを借りて、みんなを探しましたが、誰も見つかりませんでした。遺体でも見つかれば、それを埋葬し、心の整理をつけることもできたでしょう。でも遺体すら見つからず、みんなガス室で殺されたのだろうか、焼却炉で燃やされ灰になってしまったのだろうか、などということばかり考えるようになりました。その恐ろしい考えが、いつまでも頭から離れませんでした」

日本軍の捕虜となり、苛酷な捕虜生活を送ったことが原因で、戦後も苦しみ続ける者もいた。

イギリス人のバーバラ・セイモアの両親と叔父、叔母は植民地のシンガポールで暮らしていた。セイモアはイギリスに残り、イギリスの学校に通っていた。一九四一年にシンガポールが日本軍に占領され、両親たちは捕虜となった。その後、一九四五年まで捕虜収容所で過ごし、イギリスに帰国した。

「みんな、まるで別人のように変わっていました」。

戦後、ドイツのソ連占領区とイギリス占領区の境界区域から、イギリス占領区の一時収容所へ移動したドイツ人たち。一時収容所では馬小屋も収容棟として使用された。

セイモアは、家に帰って来た両親たちについてこう語っている。「みんな痩せ細り、青白い顔をしていました。そして何かに怯えるような表情をしていました。母は、明るく陽気で、活動的な女性でしたが、帰国してからは、あまり話をせず、人前にも出たがりませんでした。叔母のひとりは、よく夜中に叫びながら目を覚ましました。そして、日本軍兵士がいるかもしれないと言って家の中を捜しまわりました。叔母のそうした行動は何年間も続きました」

◉不幸な結末

戦争によって、多くの若い女性が夫を亡くし、子どもをひとりで育てなければならなくなった。また、婚約者を亡くし、愛する男性と結婚して家庭を持つという夢を断たれた。戦後、生活のために働きに出るようになった女性もいたが、それにともなって問題も起きた。

「私の家の数軒隣りに、マレー夫人は住んでいました」。パトリシア・アルバートはこう回想している。「夫人は戦争でご主人を亡くしました。夫人の家には貯えがなかったので、夫人は働きに出ました。外で働くのは初めてだったようです。子どもの世話は、夫人の母親に任せていました。夫人は、子どもに寂しい思いをさせているからと言って、稼ぎが少ないのに、毎日のように子どもにプレゼントを買い与えていました。とても甘やかすので、子どもは我が儘になりました。お金がなかったり、疲れていたりでプレゼントを買うことができずに手ぶらで帰ると、子どもがものすごい癇癪を起こすこともあったようです。ある日、私が友だちと通りで遊んでいると、夫人の子どもがやって来て、私たちの邪魔をしました。だから私は子どもを叱りました。ところが私の母は、子どもを叱った私を咎め、罰したのです。信じられないでしょう？　父親を亡くして可哀そうだからと、大人は子どもが何をしても許していました」

◉家庭へ戻る

戦時中、女性は工場の仕事や役所の仕事、専門的な仕事、鉄道やバスの仕事など、伝統的に男性が担っていた仕事に従事した。そして、多くの女性がこうした仕事にやりがいを感じるようになった。仲間とともに働く喜びを知り、自分の隠れた能力に気づいて自信を持つようになった女性もいた。しかし戦争が終わると、女性は次々に解雇された。戦争から帰って来た男性が再び雇用されたからだ。再雇用は、男性に約束されていたことだった。

看護婦や軍の女性とは違い、工場などで働いていた女性はほとんどが解雇され、家庭へ戻ることになった。家庭へ戻ることを喜ぶ女性も大勢いた。家事を行いながら外で働くことに疲れていた女性、育児に専念したいと思っていた女性、女性の居場所は家庭であるという伝統的な考え方を持っていた女性は、みな喜んだ。

一方、解雇されたことを残念に思う女性もいた。テキサス州の女子大学で歴史学を教えるバーバラ・プレスナルは次のように語っている。

女性は戦時中、女性が「弱い性」ではないことを証明した。戦後は多くの女性が家庭に戻ったが、女性には自立心が芽生えていた。

「私の母は、カリフォルニア州ロングビーチの造船所で働いていました。母には、仕事に対する熱意がありました。どんな仕事もきちんとやり遂げていました。でも、戦争が終わると、残念ながらお払い箱になりました。溶接工として働いていた知り合いの女性は、今でも、溶接加工が施された物を目にするたびに『溶接の仕事をもっと続けたかった』という気持ちになるそうです」

◉抗議

女性の中には、解雇を不当解雇だとして抗議する者もいた。グラマン社の航空機製造工場で働いていたオティリエ・ガットゥスは、ハリー・トルーマン大統領に次のような手紙を送った。
「私は戦争で夫を亡くしました。ですからこれからは、私が母と子どもを養っていかなければなりません。私は三年半、会社のために誠実に働きましたが、解雇されました。私は旋盤加工において、熟練工として認められています。しかし、私が女性であるため雇ってもらえないのです」

溶接工のノナ・プールは、再び働きたいと思ってある工場を訪ねた。その時のことをプールは次のように語っている。
「私は、工場の男性に『すみません、私を溶接工として雇ってもらえませんか？』と尋ねました。すると男性は私を見て鼻で笑い、『君が腕の良い溶接工でも、雇うのは無理だ。うちにはご婦人用のトイレがないからね』と答えました。だから私は『それなら、おまるを持参しますので、カーテンだけを用意していただければ結構です』と言ってやりました」

ミシガン州ハイランドパークにあるフォード社の工場で働いていた女性は、デモ行進を行った。およそ二〇〇人がプラカードを掲げ、工場のまわりを行進した。プラカードには「女性を差別するな」、「なぜ女性を雇わないの？」といった文言が記されていた。

◉変化の種

男性が伝統的に担っていた仕事は、女性が伝統的に担っていた仕事よりも社会で重視され、やりがいがあった。そして給料が高かったため、自立することも可能だった。国に貢献しているという自負心を持つこともできた。女性たちが、そうした仕事を続けたいと思うのは当然だった。

女性は、戦争が始まると、それまで男性が伝統的に担っていた仕事に従事した。そして戦争が終わると、その仕事から離れた。

戦後は、再び働くことを望む者は、戦前と同じように、女性が伝統的に担っていた仕事に就くしかなかった。例えば、戦時中に溶接工として働いていた女性は、戦後はタイピストとなり、造船に従事していた女性は、食料雑貨店の店員となった。女性が伝統的に担っていた仕事に従事する者には、昇進する機会はほとんどなく、少ない給料しか支払われなかった。彼女たちはもう、戦時中のように「男性並み」には稼

ヨーロッパにおいて連合国軍が勝利した1945年5月8日（VEデー）、ロンドンのストランド街を腕を組んで行進する空軍婦人補助部隊（WAAF）の6人の隊員。この日、ロンドンでは祝典が催され、人々は深夜まで勝利を祝った。

ぐことはできなかった。

しかし、戦時中に知識や技術を身につけ、難しい仕事もこなしていた女性たちは、そのことを誇りに思い、その誇りを失うことはなかった。アメリカの戦時情報局は、戦時中、女性の仕事への参加を促すために、女性にも難しい仕事を行うことのできる能力があると言って女性を励ました。そして、実際に自分たちに能力があることに気づいた女性は、その能力を発揮したいと思った。また、将来、自分の娘たちにもその能力を発揮してほしいと思った。そのため、女性は戦い始めた。第二次世界大戦では、女性は、枢軸国の侵略から国を守るために男性とともに戦った。そして戦後は、働く場における平等を勝ち取るために戦ったのだ。

戦後の日本

日本は、1945年から1952年までアメリカの占領下に置かれた。その間、日本の社会はさまざまな面で変化した。戦前の日本は軍国主義であり、国民は国の命令に服従し、裕仁天皇を神のように崇め、天皇のために身を捧げた。日本人女性の社会的地位は低かった。戦後は、アメリカ的な民主主義が導入され、日本の「アメリカ化」が進み、少女を含む女性にも男性と同様に進歩的な教育が施されるようになった。しかし、男性中心の考え方は根強く残り、女性の社会的な地位は低いままだった。会社や役所において高い地位に就く女性や専門職に就く女性、あるいは自由な生活を楽しむ女性の数は、アメリカやイギリスと比べるととても少なかった。

東京の連合国軍総司令部の近くで、恋人のアメリカ軍兵士と過ごす日本人女性。総司令部の最高司令官を務めたのはダグラス・マッカーサーだった。占領統治が始まった当初、軍は兵士が日本人女性と交際することを禁じていたが、禁止令はすぐに解かれた。

［わ］

［A-Z］

［し］

［す］

［せ］

［う］

［え］

［お］

［か］

索　引

【著者】**ブレンダ・ラルフ・ルイス**　Brenda Ralph Lewis
作家・ジャーナリスト。歴史ノンフィクションを中心として多くの著作がある。1997年から1998年にかけ、ダイアナ皇太子妃の生涯を描いた作品シリーズを完成させた。過去にイギリスの新聞4紙で王室担当記者として活躍した経験をもち、「ロイヤルティ」誌に定期的に寄稿している。イギリス、バッキンガムシャー在住。おもな邦訳書にダークヒストリー・シリーズ『図説イギリス王室史』『図説ヨーロッパ王室史』『ローマ教皇史』（いずれも原書房）など。

【訳者】**松尾恭子**　まつお・きょうこ
1973年熊本県生まれ。フェリス女学院大学卒。英米翻訳家。おもな訳書にセリグマン他『写真で見る ヒトラー政権下の人びとと日常』、マクナブ『図表と地図で知るヒトラー政権下のドイツ』など。

写真《しゃしん》でみる
女性《じょせい》と戦争《せんそう》

●

2013年4月15日　第1刷

著者…………ブレンダ・ラルフ・ルイス

訳者…………松尾《まつお》恭子《きょうこ》

装幀…………岡 孝治

発行者…………成瀬雅人

発行所…………株式会社原書房

〒160-0022 東京都新宿区新宿 1-25-13
電話・代表 03(3354)0685
http://www.harashobo.co.jp
振替・00150-6-151594

印刷…………シナノ印刷株式会社
製本…………小髙製本工業株式会社

ISBN978-4-562-04915-8, Printed in Japan